"자기를 다룬 책 자체도 많지 않을뿐더러, 우리가 의미하는 '자기'를 결정적으로 명확하게 보여 주는 좋은 책을 찾기란 쉽지 않다. '심리치료에서 자기를 다루는 법'은 최첨단 과학과 실제 임상 사이에서 놀라울 정도로 아름다운 균형을 잡으며, 임상가가 효과적으로 다양한 자기 관련 문제를 중재할 수 있도록 돕는다. 뛰어나게 명료한 문체와 임상 사례가 중요한 요점을 쉽게 이해하게 해 준다. '자기'가 정확히 무엇을 의미하는지, 그리고 어떻게 하면 자기와 관련된 기능을 향상 시킬 수 있는지 파악하는 것은 임상 심리학 분야에서 중대하고 장기적인 도전 과제였다. 이 책은 우리를 크게 발전시킬 것이다. 강력히 추천한다!"

— 커크 스트로살 박사Kirk Strosahl, PhD, 수용전념치료 공동 창시자이자 〈Inside This Moment〉 공저자

'심리치료에서 자기를 다루는 법'은 우리의 이해와 자기와 임상 실제에 힘을 실어줄 정보의 금맥이다. 이 책은 '자기' 경험에 대한 우리의 가장 진보된 연구 결과를 정리한 훌륭한 안내서다. 수용전념치료 기술을 심화하고 싶은 누구라도, 또는 인간이 되어간다는 것과 '자기'를 가지는 것이 과연 무엇인지 이해하고자 하는 그 누구라도 이 책을 보기를 권한다.

— 데니스 디치 박사Dennis Tirch, PhD, 자비중심치료 센터의 창립자이자 마운트 사이나이 의과 대학의 임상 조교수, 〈자비의 과학: 수용전념치료 지침서〉 공저자

"참으로 뛰어난 책이다. 저자들은 '자기'라는 복잡한 현상에 대한 해박한 지식을 발휘해 기초 과학에서부터 심리치료에 대한 실용적이고 임상적인 권고에 이르기까지 작업을 해내고야 말았다. 연구자와 임상가 모두에게 중요한 일독이 될 것이다."

— 니클라스 퇴네케Niklas Törneke, MD, 〈언어적 관계를 배우기〉와 〈Metaphor in Practice〉 저자

"'심리치료에서 자기를 다루는 법'만큼 이론을 삶으로 가져올 수 있는 책은 없을 것이다. 저자들은 자기를 발견하는 매혹적인 여정으로 우리를 데려간다. 어떻게 자기가 발달하고, 어떻게 자기가 우리를 심리적 고통으로 끌고 가며, 어떻게 자기를 안녕과 성장의 근원으로 삼을 수 있을지 안내한다. 이 책에서 소개된 최신 관계구성이론 연구를 통해 자기를 개념화하는 새로운 방법과 여러 혁신적이고 실용적인 도구를 발견하길 바란다."

— 메티유 빌레트 박사Matthieu Villatte, PhD, 바스티르대학교 상담 및 건강 심리학과 조교수, 〈Mastering the Clinical Conversation〉 공저자

"이 훌륭한 책에서는 '자기'의 개념에 대한 통찰과 최신 지견을 제공한다. 이 책을 통해 자기에 대한 여러 다른 감각, 자기'들'이 발달하는 과정, 그 과정에서 발생하는 문제, 그리고 이에 대해 우리가 치료적으로 접근하는 방법을 배울 수 있다. 우리 자신과 내담자를 도울 수 있는 임상적으로 유용한 자료가 이 책 속에 산더미처럼 쌓여 있다. 만약 수용전념치료 속 맥락으로서의 자기나 과정으로서의 자기 같은 복잡한 개념을 이해하느라 씨름하고 있다면(솔직해지자, 우리 모두 그렇지 않은가?), 이 책이 개념을 정확하게 잡아 줄 것이다. 모든 맥락행동과학 임상가의 책장에 반드시 소장되어야 할 책이 한 권 더 늘었다."

— 러스 해리스Russ Harris, 〈The Happiness Trap〉과 〈수용전념치료 핵심과 적용〉 저자

"사람들과 함께 작업하는 우리 모두는 심리적 문제가 근본적으로 '자기'에 관한 문제라는 것을 알고 있다. 전통적으로 행동주의는 다른 심리치료 분파와 달리 '자기' 개념에 대해 다루지 않았다. 이 특별한 책은 마치 그에 대한 반전처럼 행동 분석과 관계구성이론에 기반을 두고 '자기'를 전면 중앙에 내세운다. 저자들은 과학적이고 실용적인 체계 안에서 자기가 어떻게, 그리고 왜 중요한지 분명하게 보여 준다. 그 기저에는 기능적 맥락주의와 맥락행동심리학이 흐른다. 이 책을 읽는 동안, 관계구성이론에 기초한 자기의 생성과 유지의 기전에 대해 이해하게 될 것이다. 새로운 단어 '자기화', 즉 우리가 우리의 반응에 어떻게 언어적으로 반응하는지 설명하는 용어도 배우게 될 것이다. 저자들은 건강한 자기화를 위해 무엇이 필요한지, 어떤 유형의 문제와 주제가 발생할 수 있는지 설

명한다. 독자는 '자기화'에 대한 문제를 측정하고 평가하며 다루는 방법에 대한 풍부한 정보를 발견하게 될 것이다. 이 책은 관계구성이론 연구에 견고한 기반을 두고 쓰였지만, 사람들을 돕는 우리 모두가 유용하게 쓸 수 있는 훌륭하고 실용적인 접근법을 제시하고 있다고 믿어 의심치 않는다."

— 조앤 달 박사케JoAnne Dahl, PhD, 스웨덴 웁살라대학교 심리학 교수, 공인 심리사이자 심리치료자, 동료-심사 트레이너이자 국제맥락행동과학회(ACBS) 회원

심리치료에서 자기를 다루는 법

저자_ 루이스 맥휴 / 이안 스튜어트 / 프리실라 알마다
역자_ 나의현 / 곽욱환 / 김문성 / 이두형 / 조철래 / 맥락행동과학 연구회

초판 1쇄 인쇄_ 2021. 08. 05.
초판 1쇄 발행_ 2021. 08. 17.

발행처_ 삶과지식
발행인_ 김미화
편집_ 박시우(Siwoo Park)
디자인_ 다인디자인(E.S. Park)

등록번호_ 제2010-000048호
등록일자_ 2010-08-23

서울시 강서구 강서대로45라길 55-22, 102호
전화_ 02-2667-7447
이메일_ dove0723@naver.com

ISBN 979-11-85324-57-9 93180

• 이 책은 저작권법에 따라 보호받는 저작물이므로 무단전재와 무단복제를 금합니다.
• 이 책의 내용 일부 또는 전부를 이용하려면 반드시 저작권자와 삶과지식의 서면 동의를 받아야 합니다.

A CONTEXTUAL BEHAVIORAL GUIDE TO THE SELF

Copyright ⓒ 2019 by Louise McHugh, Ian Stewart, Priscilla Almada
All rights reserved.

Korean translation copyright ⓒ2021 by LIFE&KNOWLEDGE PUBLISHING
Korean translation rights arranged with New Harbinger Publications
through EYA (Eric Yang Agency)

이 책의 한국어판 저작권은 EYA (Eric Yang Agency)를 통해
New Harbinger Publications와 독점 계약한
삶과 지식이 소유합니다.
저작권법에 의하여 한국 내에서 보호를 받는 저작물이므로
무단 전재 및 복제를 금합니다.

A CONTEXTUAL BEHAVIORAL
GUIDE *to the* SELF

심리치료에서 자기를 다루는 법

맥락행동심리치료 가이드

루이스 맥휴 Louise McHugh / 이안 스튜어트 Ian Stewart / 프리실라 알마다 Priscilla Almada

· · ·

나의현 / 곽욱환 / 김문성 / 이두형 / 조철래
맥락행동과학 연구회

목차

감사의 글		IX
서문: 실전에서 자기의 역할을 이해하기 - 과학의 길을 걸어야 하는 이유		X
서론: 자기가 중요하다		1
1장	기능적 맥락주의와 맥락행동심리학	7
2장	관계구성이론	27
3장	관계구성이론과 자기	55
4장	자기화의 획득	69
5장	세 가지 자기화 레퍼토리	97
6장	자기 내용 문제	113
7장	건강한 자기화를 향해	127
8장	자기화 문제 평가하기	159
후기		189
역자 후기		191
참고문헌		193
색인		203

감사의 글

이전 판 원고에 대한 피드백과 의견을 보내 주신 로빈 월서, 니클라스 퇴네케, 러스 해리스, 메티유 빌레트, 에밀리 산도즈에게 진심으로 감사드립니다. 또한, 이 책이 결실을 보도록 도와주신 뉴하빙거의 편집진과 제작팀, 카밀 헤이즈, 테실리아 하워어, 제니 가리발디, 클랜시 드레이크, 제시 버슨, 자비에 캘러헌, 미슐 워터스의 노력에 감사를 전합니다.

서문

실전에서 자기의 역할을 이해하기
-과학의 길을 걸어야 하는 이유

잠깐, 이상한 질문 하나를 진지하게 던져보겠다. *당신은 누구인가?*

이 질문에 반응할 수 있는 가짓수는 너무나도 많다. 또한, 이 질문을 당신이 살면서 피할 수 있을 거라고 생각하지도 않는다. 취업 면접장에서 당신 자신에 대해 면접관으로부터 받은 질문에 답해야 하는 상황은 지극히 평범할 뿐만 아니라, 만약 당신이 이 질문에 대답하지 못한다면 직업을 구하긴 어려울 것이다. 첫 데이트를 하는 도중에도 어쩌면 '당신이 하고 싶은 걸 말해줘요.'와 같이 약간 조정될 수는 있겠지만, 질문이 가지는 전반적인 메시지는 동일할 것이다. 즉, 당신은 다른 사람과 쉽게 나눌 수 있는 잘 짜인 자기 개념self-concept을 가지고 있어야 한다. 이러한 언어적 도전에 잘 대처하지 못한다면 아마 두 번째 데이트는 없을 것이다.

인간 공동체는 이 부분에 대해 명확하다. 우리 각자는 자신의 역사, 선호, 행위의 이유, 경험, 목표, 감정, 자기 평가, 성격 및 이와 유사한 수백 가지 주제와 영역에 대해 잘 정립된 방식으로 이야기할 수 있어야 한다. 우리는 머리끝부터 발끝까지 우리 자신에 대해 알고 대비하며, 기꺼이 필요에 따라 그 정보를 공유할 수 있어야 한다.

우리의 이야기, 설명, 평가는 단지 사회적 의사소통에만 사용되는 것이 아니다. 이것들은 우리의 행동에도 영향을 미친다. 자신이 무가치하다고 믿는 사람은 자신이 가장 위대하다고 믿는 사람과는 다르게 행동할 것이다. 두 자기 개념 모두 문제가 될 수 있지만, 핵심은 이것이 아니다. 핵심은 바로 우리의 자기 개념이 차이를 만들어 낼 수 있다는 것이다.

우리의 자기 서술self-description 내용은 실제로는 우리가 이 내용과 맺고 있는 관계에 비해 중요하지 않을 수 있고, 내용의 겉모습은 우리를 현혹할 수 있다. 예를 들어 자신이 멍청하다고 굳게 믿는 사람은 자신이 똑똑하다고 믿는 사람과 어떤 면에서는 예상했던 것보다 더 비슷할 수 있다. '나는 멍청해'라는 말은 서술처럼 보이지만, 이는 '나는 *다른 사람들보다* 더 멍청하다'는 남몰래 하는 비교이다. '나는 똑똑해'라는 말은 이러한 사실 자체를 제시하는 것처럼 보이지만, '나는 *다른 사람들보다* 더 똑똑하다'는 훨씬 더 강력한 의미를 지니고 있을 수 있다. 따라서 긍정적이든 부정적이든 이러한 비교와 여기에 대한 집착은 우리를 타인으로부터 *분리*시킬 수 있으며('나는 당신보다 낫다-또는 못하다'), 동시에 어떤 집단에 소속되기 위해 우리가 이를 사용할 수도 있다('너는 내가 필요해-나는 똑똑하니까' 또는 '너는 나를 돌봐줘야 해-나는 멍청하니까').

자기 인식self-awareness과 의식 자체가 자기에 관한 문제를 알아차림의 각 순간으로 확장시킨다. 복도를 걸어가거나 냉장고를 열 때, 샤워를 하거나 친구와 악수할 때, 우리는 이러한 행동 양식을 자기에 대한 표현으로 여긴다. 그리고 우리가 이것을 알아차릴 때, 마치 자기가 이것을 알게 되는 것처럼 보인다. 우리가 파티에 머무르는 방식은 직장에 머무르는 방식과는 다를 것이며, 이는 마치 거의 매 순간 여러 개의 자기가 경쟁하는 듯하다.

당신은 누구인가?

이는 강력한 질문이며, 당신은 이 질문을 피할 수 없다. 모든 정신 행동건강 임상가 또한 이 질문을 내담자에게 적용해야 하기에 이것을 피할 수 없다. 이 책은 앞서 언급한 자기에 대한 모든 표현, 그리고 더하여 이들의 인지 행동적 기반과 실용적 함의에 관해 탐구한다. 당신이 자기 설명, 성격, 자기 인식, 관점 취하기, 의식에 대한 다면적인 문제를 해결하고, 관련 경험을 생물심리사회적 과정에 대한 이해하기 쉬운 조합으로 표현하는 데 필요한 다양한 개념적 도구를 광범위한 과학 연구 프로그램에 기반을 두고 제공한다.

'자기'라는 용어의 다양한 의미가 더욱 온전히 이해되고, 의미들의 근본 원리가 밝혀진다면, 임상 실제에서 자기 문제를 어떻게 다룰지에 대한 고찰은 더 쉬워질 것이다. 예를 들어 경직된 자기 개념은 사회 언어적 공동체 내에서의 개인의 역할과 위치에 대해 단순하고 지나치게 일반화된 규칙을 키우는 공동체의 방식이 원인일지도 모른다. 이들 규칙은 매우 부정확하게 적용될 수 있다. 다시 말해, 규칙들은 낙인과 편견의 불공정한 표현일 것이다. 여기에는 유혹이 도사리고 있다. 임상가가 내담자의 자기 개념에 직접적으로 도전하여 변화시키려는 유혹이다. 많은 치료자가 이 유혹에 빠져들지만, 이는 종종 생각 이상으로 어려운 과정이 된다. 임상적으로 자기 개념이 무엇인지 근본적으로 재정의하고 사고와 행동 시스템에서 자기 개념의 입장을 바꾸도록 내담자를 돕는 것보다, 새로운 일련의 규칙을 설계하고 역할에 대한 새로운 평가를 하는 것이 훨씬 더 어려울 수 있다.

건강한 자기화selfing는 학습될 수 있는 기술이지만, 어떠한 사회도 이에 대해 적절한 교육을 제공치 않는다. 문제의 한 가지 측면은 자기에 대한 전문적이지 않은 이론들이 이를 가로막고 있다는 것이며, 또 다른 측면은 건강하지 못한 자기화가 다른 이들에게 이익을 줄 수 있다는 것이다. 예를 들어 만약 광고 회사에서 어떤 제품을 자기 개념 문제를 불건전하게 다루는 방식에 대한 해결책으로 제공할 경우, 이 불건전함은 영리 기업에 이익이 된다. 이것이 바로 임상가가 자기 관련 문제에 대해 신중하고 과학적인 사고를 해야 하는 중요한 이유 중 하나이다. 과학적 이론과 자료로 뒷받침되지 않는 문화가 좋은 길잡이가 되어 줄 것이라 단순히 믿을 수는 없기 때문이다.

자기에 대한 전근대적인 비과학적 이해가 분명 만연하기에, 이 분야에서 과학의 길을 걷는다는 건 쉬운 일이 아니다. 그럼에도 과학의 길을 걷는 것은 중요하다. 과학의 길 위에서 얻는 이해는 임상 작업이 새롭고 유용한 탐구 영역을 열어나갈 수 있게 만드는 강력하고 창조적인 영향력을 가지고 있기 때문이다.

과학 분야의 전문가들이 탐구하며 집필한 이 책은 당신 자신뿐 아니라 당신의 내담자와 함께 과학의 길을 걸어갈 방법을 알려줄 것이다. 폭넓고, 일관되게 또한 두려움 없이, 이 책은 현대 행동과 인지 과학을 *당신은 누구인가?* 라는 핵심 질문에 곧장 가져오며, 적절하고 유용한 일련의 해답을 추구하는 데 있어 한 치도 양보하지 않는다. 당신뿐 아니라 당신이 만나는 내담자의 삶 또한 이 책에서 찾은 해답을 통해 영향을 받게 될 것이다.

— 스티븐 C. 헤이즈
네바다주립대학교 심리학 교수

서론

자기가 중요하다

사람들이 인생에서 마주하는 많은 주요 심리적 도전, 예컨대 진로 선택이나 성공적인 대인 관계를 맺고 유지하는 방법 또는 삶 속 부정적 사건에 대처하는 기술 같은 것들은 근본적으로 자기self에 관한 문제(이하 자기 문제)이다. 다시 말하자면 사람들은 다음과 같은 질문을 던지며 살아갈 수밖에 없다.

- 나는 누구인가?
- 나는 무엇을 원하는가?
- 나는 무엇을 믿고 있니?
- 나는 무엇을 느끼는가?
- 나는 인생에서 무엇을 하기 원하는가?

표 1.1에서 제시한 정신치료에서 자주 나타나는 자기 문제에 대한 다양한 예시를 살펴보면, 우리 모두 살면서 한 번쯤 이런 문제들을 겪게 된다는 사실을 알 수 있다. 이처럼 자기라는 문제가 가지는 중심성과 보편성을 고려했을 때, 내담자와 그들에게 조언하고 치료 작업에 함께하는 임상가 또한 자기라는 경험의 기저에 있는 심리 과정을 반드시 이해해야 한다.

표 I.1 비교적 흔한 자기 문제

문제	문제를 나타내는 전형적 표현
가치에 관한 명료성 부족	내가 무엇에 관심이 있는지 정말 모르겠어.
자기 옳음(독선)	나는 너보다 정직해. 그런 거짓말은 절대 안 해.
마음의 자동 조종 모드	미안, 깜박했나 봐. 너무 바빠서 감당이 안 돼.
내적 경험으로부터 위협을 느낌	이런 느낌을 참을 수 없어.
관점의 결여	그 사람 마음이 어떤지는 관심 없어. 자기가 자초한 거라고!
다른 사람의 시선에 과도하게 주의를 기울임	제가 기분을 상하게 했나요? 저한테 화나셨어요?
다른 사람과의 연결성 부족	나랑 안 맞는 것 같아. 난 걔네들과는 달라.
개인적 경직성	그렇지만 이게 나인걸.
공허감	텅 빈 느낌이야. 나에겐 아무것도 없어.
고통스러운 자기 판단	뭐라고 말을 했어야만 했어. 난 너무 나약해!

이 책에서는 아래 두 가지 접근에 기초하여 자기 문제를 이해하고 다루는 고유한 방식을 제시할 것이다.

1. 맥락행동과학Contextual behavioral science(또는 CBS, Hayes, Barnes-Holmes, & Wilson, 2012): 인간 행동을 이해하는 현대 과학 접근
2. 관계구성이론Relational frame theory(RFT, O'Connor, Farrell, Munnelly, & McHugh, 2017): 인간 언어와 인지에 관한 맥락행동과학 접근

우리는 맥락행동과학/관계구성이론의 용어로 우리의 자기에 대한 감각sense of self이 유아부터 성인까지 어떻게 발달하는지, 건강한 자기뿐만 아니라 자기의 문제를 일으키는 과정의 특징은 무엇인지에 관한 이해를 제공하고자 한다. 전체를 아우르는 핵심은 맥락

행동과학/관계구성이론이 임상 작업과 어떤 연관이 있는지, 임상가인 당신이 이에 관한 지식을 이용하여 어떻게 임상 실제를 개선할지, 특히 자기와 관련된 문제가 있는 내담자가 있을 때 이를 표적으로 하는 특성 개입을 어떻게 고안할 수 있을지에 관한 것이다.

맥락행동과학 접근은 당연하게도 초창기의 심리학에서 자기 주제를 다루었던 것과는 상당한 거리를 둔다. 과거 많은 심리학적 접근 중에서 상당수 자기에 관한 특히 중요한 통찰을 제공해 왔다. 예를 들어 윌리엄 제임스(1981) 같은 초기 심리학자는 I(주체)와 me(객체) 사이의 구분을 강조했다. 정신역동 전통에 있는 많은 사상가가 인간 심리에서 자아(ego)의 위치를 두고 논쟁을 벌였다. 인본주의와 이를 계승한 긍정심리학 전통에서는 무엇이 심리적 건강을 구성하는지에 대해 지대한 관심을 보였고 둘 다 건강한 자기를 진작시키는 것을 핵심 성분으로 본다. 더 최근에는 인지 발달 및 신경인지 접근에서 자기와 자기의 발달 과정에 관한 풍부한 경험적 자료를 쏟아내고 있다. 이런 주요한 접근들이 우리의 지식 기반에 상당히 기여해 왔다는 점은 의심의 여지가 없다. 그러나 1장에서 설명하겠지만, 맥락행동과학 접근은 이런 다양한 접근과 다른 한 가지 독특한 핵심적 특징을 가진다. 바로 맥락행동과학은 행동 개입에 근본적인 강조점을 둔다는 점이다. 맥락행동과학 관점에서, 행동에 영향을 줄 수 있는 실제 개입의 가능성은 그저 단순히 덧붙인 생각이 아닌 그 자체로 근본이 되는 이론적 요구 사항이다. 이것이 무엇을 의미하는지는 1장에서 자세히 다룰 예정이므로 여기에서는 맥락행동과학은 실용성을 강력히 지향한다는 점을 이해하도록 하자.

어쩌면 당신은 맥락행동과학 이외의 다른 접근에서도 임상가와 치료자에게 자기 주제를 실제로 다루는 방법에 대해 영향을 주었다고 말할 수도 있을 것이다. 예를 들어 정신분석이나 인지행동치료와 같은 여러 다른 임상 패러다임의 치료 과정에서 각자의 명칭에 따른 이론적 접근에 기초하여 자기와 관련된 심리 과정을 언급한다. 하지만 1장에 자세히 설명한 대로 다른 심리학적 접근에 깔린 근본적인 철학적 가정에서는 행동 개입을 요구하지 않기 때문에, 이들 접근에서는 개입과 관련된 직접적인 조작 변수(즉, 환경 변수)의 상세 사항을 요구히지 않는다. 즉, 이러한 접근에는 이론과 실제 사이에 일관되고 상호 생산적인 연결이 없다는 뜻이다. 대조적으로 맥락행동과학은 철학 자체에서 실제적 영향을 *요구하는* 유일한 접근이다. 따라서 이론은 실제와 밀접하게 연결되어 있다. 이어지는 장에서 이 점이 보다 분명해지기를 바란다. 결과적으로 이론은 실제 결과를 촉진할 때 의의가 있고, 그 실제는 과학을 기반으로 진화하고 개선될 수 있다. 앞서 말했듯이 맥락행동과학 접근의 이러한 핵심 양상을 1장에서 더욱 자세하게 설명할 것이다. 지금은 맥락행동과학의 독특한 장점은 행동 변화에 근본적인 강조점을 두는 데 있다는 정도로만 언급하겠다.

　이 책의 목적은 자기에 관한 맥락행동과학/관계구성이론 접근을 소개하고 논의하며, 이러한 관점에서 자기가 무엇인지 이해하도록 돕는 것이다. 자기에 관한 문제가 드러나는 징후, 그리고 당신과 작업하는 개인과 집단의 삶 속에서 자기 주제가 불거질 때 이를 다루는 방법에 대해 초점을 맞추고자 한다. 여기에는 맥락행동과학의 몇 가지 기본 개념에 대한 이해가 선행되어야 하므로, 1장에서는 맥락행동과학에 깔린 철학과 이론적 가정을 제시하고 행동에 관한 기본적 과학 접근인 행동 분석을 기능적 맥락주의와 행동 분석을 탐구하는 '맥락'에서 소개할 것이다.

　행동 분석은 2장에서 소개하는 관계구성이론의 기반이 된다. 관계구성이론은 인간의 언어와 인지에 관한 기능적 맥락주의적이자 행동 분석적인 설명으로, 특히 이 책에서 이끌어 낼 자기 과정self process에 관한 핵심 이론을 설명해 준다. 2장에서는 언어와 인지에 대해 관계구성이론이 제시하는 기본 과정(즉, 관계 구성)과 인간의 언어와 생각의 핵심 양상 발생에 관계 구성이 미치는 영향에 관해 설명할 것이다. 핵심 양상은 언어 참조 linguistic reference, 규칙 따르기, 일관성 등을 일컬으며, 이들은 각각 자기 및 다른 심리적 관련 개념의 구성을 이해하는 데 있어 중요한 역할을 한다.

　3장에서는 자기에 관한 관계구성이론의 구체적 적용을 논한다. 이 장에서는 자기(또는 행동주의 관점에서 보다 적절한 용어로 *자기화*, selfing)에 대한 초창기의 기본 행동 분석적 정의, 즉 자신의 반응에 대한 반응이라는 정의로서의 자기에 대한 내용부터 시작한다. 그런 다음 비록 자신의 반응에 대한 반응이 자기의 핵심 양상임에도 불구하고, 이 설명이 자기라는 현상을 설명하는 데에는 충분치 않다는 점에 대해 다룬다. 놓치고 있는 핵심 성분이 바로 관계 구성이다. 관계 구성이 자신의 반응에 대한 반응과 결합할 때, 언어 및 상징적 자기 개념self-concept이 가능해진다. 이러한 복잡 미묘한 행동 패턴이 우리가 관계하는 자기 개념과 관련된 복잡성을 가능케 하는 것이다.

　4장에서는 생애 초기 자기 발달의 기원을 철저히 탐구하고, 초기에 출현하는 레퍼토리 결함과 함께 교정 가능한 부분을 모색할 것이다. 즉 우리에게는 익숙한 정교한 자기 감각을 개발하는 적절한 훈련을 일부 아이들은 받지 못하고, 그로 인해 자기에 대한 충분한 감각을 습득하지 못하는 기전에 대해 살펴본다. 또한, 자기화 레퍼토리 발현이 실패하는 조건(발달지연, 사회 환경 결핍, 또는 양쪽 모두)을 설명하고, 적절한 훈련이 어떻게 이러한 문제를 교정할 수 있는지 들여다볼 것이다.

　반면 적절한 훈련을 받으면 그 결과로 충분히 발달한 언어적 자기가 발현한다. 이는

5장에서 다룰 예정으로, 우리가 자신과 환경을 비롯하여 세상에 대해 관계 구성할 수 있게 되면 전형적으로 세 가지 독립된 자기화 레퍼토리가 발현한다. 이후 이들 자기화 레퍼토리는 우리 삶에서 심리적 중추 역할을 한다. 이 장에서는 세 가지 레퍼토리를 각각 자세히 기술하고, 맥락행동과학 접근이 자기에 대해 다른 심리적 접근과 어떤 차이점을 갖는지 확인할 것이다.

하지만 그와 동시에 이 세 가지 자기화 레퍼토리를 습득했다는 사실이 심리적 건강을 보장하지는 않는다. 상황은 여전히 잘못될 수 있다. 사실, 이러한 레퍼토리의 깊이와 복잡성은 실제로 잘못될 수 있는 더 많은 범위가 있다는 것을 의미한다. 이는 주로 자신이 어떤 유형의 사람인지를 포함하여 스스로에 대한 생각들로 구성된 자기 개념의 레퍼토리에 관한 것이다. 6장에서는 자기 개념에 관한 학습 양상이 어떻게 우리를 경직된 자기 제한적 행동 양식에 갇히게 만드는지 탐색하며 자기 개념에 관한 주제를 자세히 들여다 볼 것이다.

이어지는 7장에서는 이전 장에서 나온 이론과 개념들을 가지고 어떻게 유연한(즉, 건강한) 자기가 증진되도록 유도할 수 있을지 보여 주고자 한다. 치료자가 내담자와 하는 작업에서 건강한 자기를 고취하기 위해 목표로 삼을 수 있는 핵심 영역을 제시하고 설명할 것이다.

이를 위해서는 치료자 또한 내담자의 자기화 레퍼토리가 현재 맥락에서 어떻게 작동하고 있는지에 대해 기능에 기반을 둔 타당한 견해를 가져야 한다. 마지막 장인 8장에서는 자기화에 대한 기능 평가를 하는 방법에 대해 살펴볼 것이다.

맥락행동과학 커뮤니티 안팎의 여러 저자와 함께 자기와 관점 취하기perspective taking에 관한 책을 편집하고 난 다음, 우리 두 사람(루이즈 맥휴와 이언 스튜어트)은 자기 및 대인 관계 분야에서 연구 성과와 전문성을 보여 준 프리실라 알마다와 이 책을 공동 집필하게 되었다. 여행은 유쾌했고 우리 모두에게 보람찼다. 이 책이 당신이 내담자의 활력 있는 삶과 건강한 자기화 패턴을 키워주는 치료 기법을 개발하는 데 효과적인 안내서가 되기를 바란다.

1장
기능적 맥락주의와 맥락행동심리학

Functional Contextualism and
Contextual Behavioral Psychology

코끼리를 만난 5명(6명 또는 7명……)의 맹인이 나오는 잘 알려진 우화를 보면 맹인들은 각자 코끼리의 한 부분을 만지면서 나무, 뱀, 벽, 밧줄 등이라 한다. 다양한 형태로 전승된 이 우화는 우리의 과학적 진리에 대한 기본 가정이 어떻게 세상에 대한 과학적 접근에 영향을 주는지 보여 주는 은유이다.

이 책을 집필한 핵심 목적 중 하나는 맥락행동과학 견지에서 내담자와의 작업을 이해하는 데 도움을 주는 방식으로 인간의 자기를 설명하는 것이다. 이를 위해서는 맥락행동과학 접근의 바탕이 되는 근본 철학적 가정과 그 가정에 기초한 과학에 대한 설명이 선행되어야 한다. 즉 자기에 관한 작업을 바로 여기에서부터 시작할 것이다. 표 1.1에 이 장에서 사용할 주요 용어에 대한 정의를 실었다.

표 1.1 행동 분석에 대한 주요 전문 용어

용어	의미
선행 사건 (antecedent)	앞선 사건, 조건, 원인, 구절 또는 단어. 선행 사건은 행동 직전에 일어나는 사건이다.
유인적(appetitive)	행동을 강화할 가능성이 있는 자극을 기술하는 형용사.
혐오적(aversive)	행동을 처벌할 가능성이 있는 자극을 기술하는 형용사.
행동(behavior)	유기체가 하는 모든 것(걷고, 말하고, 생각하고, 느끼고, 보고, 춤추고, 기억하고 등등).
결과(consequence)	해당 행동을 강화 또는 처벌하는 성과.
맥락(context)	행동이 일어나는 환경 조건 또는 상황.
변별 자극 (discriminative stimulus)	표적 행동의 빈도에 영향을 주는 결과를 가질 가능성이 있는 모든 사건.
소거(extinction)	(반응적 조건화이든 조작적 조건화이든) 조건화를 일으켰던 수반성이 더는 작동하지 않는 과정. 전형적인 결과는 조건화 효과의 반전이다.
기능(function)	맥락에 따라 뜻이 달라지지만, 모든 맥락에서 '기능'은 대략 단어의 사전적 의미(즉, 사물의 기능이란 사물이 작동하는 방식)가 있다. '자극 기능'이란 자극이 반응에 미치는 영향을 나타내며, '반응 기능'이라 함은 특정 반응이 생성하는 환경적 결과를 나타낸다.
일반화(generalization)	개인의 능력이나 기술이 배웠던 특정 범위 이상으로 확장되는 효과(엄밀하게 말해서 이 용어는 자극과 반응 사이의 물리적 유사성에 기초한 확장만을 의미함).
동기 조작 (motivating operation)	조작적 조건화에서 결과의 순간적인 효과성을 바꾸기(늘이거나 줄이기) 위해 행해지는 어떤 것.
조작적 학습 (operant learning)	개인의 행동이 결과에 따라 (형태, 빈도, 강도에서) 변화되는 학습의 한 형태.
처벌(punishment)	특정 반응에 수반하여 무언가를 추가했을 때, 시간이 지나며 결과로써 반응이 줄어드는 것(형과 다투는 아이를 꾸짖었을 때 다투는 빈도가 줄어들 수 있음).
강화(reinforcement)	특정 반응에 수반하여 무언가를 추가했을 때, 시간이 지나며 결과로써 반응이 늘어나는 것(아이가 앉았을 때 음식을 주는 것은 앉는 행동의 빈도를 늘릴 수 있음, 자기 방을 치우는 아이에게 칭찬을 제공하면 계속 방을 치울 가능성을 높일 수 있음).

반응적 학습/반응적 조건화(respondent learning/respondent conditioning)	두 개의 자극 간 짝짓기나 연합을 통해 하나의 자극(조건 자극, CS)이 두 번째 자극(무조건 자극, US)의 발생을 알리게 되는 학습 형태(조건 자극이 무조건 자극을 예상하게 함으로써 결국 무조건 자극과 일부 동일한 반응을 일으킴).
조형(shaping)	최종적인 바람직한 반응 형태의 연속 근사치에 대한 변별 강화를 통해 행동이 변하는 과정.

우리의 근본 가정이자 *세계관*인 *기능적 맥락주의*(Hayes, Barnes-Holmes, & Roche, 2001)를 소개하며 이 장을 시작하고자 한다. 그다음 기능적 맥락주의가 지지하는 심리학에 대한 핵심적인 과학 접근, 즉 *맥락행동심리학*을 소개할 것이다. 맥락행동심리학의 핵심 과학 개념인 조작자operant(행동을 '환경을 조작하는 것'으로 개념화함)에 대한 기술을 통해, 인간 행동을 설명하려는 우리 접근의 핵심이 잘 전달되기를 바란다. 이 기술은 또한 자기에 관한 설명의 중심에 있는 언어에 대한 맥락적 행동 접근, 즉 *관계구성이론*(RFT)을 설명하는 토대를 마련할 것이다.

기능적 맥락주의 세계관The Worldview of Functional Contextualism

과학적 세계관은 과학 행위 자체의 속성과 목적에 관한 기본적 이해를 구성하는 일련의 철학적 가정이다(Biglan & Hayes, 1996을 참고). 과학의 속성과 목적에 있어 과학자들 사이에 이견이 있다는 것을 알게 되면 아마 놀랄 것이다. 어쩌면 당신은 과학이 무엇이고, 과학자들이 무엇을 해야 하는지에 대해 과학자들 간 항상 어느 정도 합의점이 존재하리라 여겼을지도 모른다. 하지만 실제로는 그렇지 않다. 과학자들 사이에도 근본적인 철학적 차이가 있고, 그들의 과학적 기여에 이 차이가 반영된다. 모든 과학자가 자신의 기본적인 철학적 세계관을 강조하지는 않지만, 맥락행동과학 지지자들은 두 가지 이유에서 이를 강조한다.

1. 맥락행동과학에서 추정하는 가정들은 과학 영역에서 비전형적이기 때문이다.
2. 과학 행위의 목적을 명시하는 실천이 맥락행동과학의 철학적 가정 안에 내재하여 있기 때문이다.

더욱 명확히 이를 표현하기 위해 과학 철학적 세계관 전반에 대해 간략하게 정리한

다음, 현재 가장 주류인 세계관을 소개하고 이에 대한 중요한 대안으로 기능적 맥락주의를 다루며 기능적 맥락주의의 핵심 가정을 설명할 것이다.

세계관은 *근원 은유*root metaphors와 *진리 기준*truth criteria 측면에서 차이를 보인다(Hayes, Hayes, & Reese, 1988; Pepper, 1942; Zettle, Hayes, Barnes-Holmes, & Biglan, 2016). 근원 은유란 우리가 관심을 두는 과학 분야에 대해 생각하고 상호 작용하는 상식적인 방식이며, 진리 기준은 우리가 과학 영역에 대해 말하는 것이 진실인지 아닌지를 결정하는 수단이다. 세계관의 구체적 예시를 들기 위해 심리과학 분야를 포함하여 가장 대중적이고 널리 퍼진 과학 세계관인 *기계론*mechanism을 생각해 보자. 이 세계관의 근원 은유는 기계이다. 다시 말해서 우주와 그 안에 있는 모든 것을 하나의 거대한 기계로, 즉 특정 효과를 일으키기 위해 함께 상호 작용하며 작동하는 부분들로 이루어진 하나의 물체로 여길 수 있다는 것이 기계론의 핵심 가정이다. 나아가 기계론에서 과학의 목적은 조사 대상의 부분을 발견하고, 그런 다음 가능한 한 자세하게 해당 부분과 부분들 간의 상호 작용을 기술하는 것이다. 기계론적 세계관의 진리 기준은 이론에 따라 기술된 대로와 실제 발견된 대로의 세계(이 책의 목적에 따르면, 인간 행동의 세계) 간 대응성correspondence이다. 실제는 예측 검증predictive verification, 즉 과학자가 예측한 것을 검증함으로써 확증된다. 이는 기계론을 자신의 접근 방식으로 택한 과학자가 세계의 특정 부분이 작동하는 방식에 대한 자신의 이론을 만들고, 실험 결과가 자신의 예측과 정합하면(서로 들어맞으면), 이론의 정확성이 뒷받침된다는 것을 의미한다.

기계론적 세계관은 대중적이다. 우리는 기계론 기저에 깔린 뿌리 깊은 가정을 알 필요가 있다. 또한, 그것이 얼마나 만연하고 영향력을 행사할 수 있는지 깨달아야 한다. 심리학에서 상당수의 연구가 기계론적 가정에 기초하거나 최소한 기계론으로부터 강력한 영향을 받았다. 기계론 관점에서 인간의 행동을 이해하고자 하는 연구자는 행동을 기계와 같은 기저 정신 체계가 작동한 산물로 본다. 기계론에서는 또한 이론에 부합하여 사람들이 예측한 대로 행동하는지 평가함으로써 자신의 이론을 시험한다. 과학적 진리를 발견하려는 이러한 접근이 심리학 분야에서 널리 받아들여져 왔다. 인지심리학은 기계론적 접근의 분명한 예시로, 오랜 시간 심리학에서 주도적인 위치를 차지했다. 인지심리학은 인간의 마음과 뇌를 환경에서 입력된 감각 정보를 처리하고 그 출력으로 행동이 일어나는 컴퓨터와 비교한다. 이러한 심리학의 하위 분야는 사회인지심리학, 인지발달심리학과 같은 다른 하위 분야에도 영향을 미쳤다. 기계론적 가정은 인지심리학의 반대로 보일 법한 잘 알려진 다른 심리학 패러다임에서도 찾아볼 수 있다. 예를 들어 행동주의 심리학에서 존 왓슨과 다른 이론가들은 행동을 기계와 유사한 상호 작용(근접한 자극-반응 관계)으로 환원시켰다. 이후 기계론은 심리학에 심대한 영향을 끼치게 된다. 하지만 그 우위에도 불구하고 기계론이 유일하게 실행 가능한 과학적 세계관은 아니다. 점점 인기를 끄는 대안은 *맥락주의contextualism*(실용주의로도 불림)이다.

맥락주의의 근원 은유는 *맥락 내 사건event-in-context*이다. 이는 어떤 현상을 탐색할 때, 탐색자는 그 현상이 어떤 특정 맥락에 위치하며 어떻게 관계하고 있는지 살펴보아야 한다는 사상을 반영한다. 예를 들어 어떤 종이 자신이 속한 생태계에 어떻게 참여하고 있는지를 보는 것이다. 심리학 분야에서 행동에 관심을 두고 더욱 특정해서 말하자면, 맥락주의자의 근원 은유는 *맥락 내 행위act-in-context*(맥락 안에 있는 특정 행동)이다. 예를 들면 아이가 새로운 소리(맥락)를 들을 때 고개를 돌린다거나(행위/사건/행동), 성인이 친구와 대화(맥락) 중에 농담을 던지는(행위) 것이다. 어떤 행동의 의미나 기능을 정하는 데 있어 행위가 일어나는 맥락을 아는 것이 결정적이라는 점이 이 은유의 핵심이다. 같은 행동이 다른 맥락에서는 완전히 다른 기능을 가진다. 예를 들어 땀을 흘리고 숨차하며 최대한 빨리 뛰어가는 여자를 상상해 보라. 그녀는 나쁘고 혐오적인 무언가를 피하려 할 수도 있고(예, 사나운 개를 피하기), 좋고 유인적인 무언가를 얻으려 할 수도 있다(예, 마라톤에서 결승점을 향해 뛰어가기). 또는 바에서 술로 밤을 지새우는 사람을 생각해 보자. 겉보기에 같은 행동일지라도 회사 동료들과 편안하게 터놓고 얘기하려 하는 행동과 외로움을 달래려고 혼자서 술을 마시거나 우울을 피하려고 하는 행동은 서로 다르다. 두 사례에서 행동의 *지형topography*(그 행동이 겉보기에 어떤지)은 비슷하나 그 맥락은 다르며, 행동의 기능과 의미는 각 맥락에 따라 극단적으로 달라진다.

행동은 맥락 안에서만 의미가 있다는 생각이 맥락주의의 핵심 양상이며, 이는 맥락주의의 진리 기준과 직접 연결된다. 기계론의 진리 기준인 '예측 검증'뿐만 아니라, *형식주의formism*와 *유기체론organicism*의 진리 기준 또한 과학은 궁극적으로 객관적 실제를 정확히 기술하리라는 사고에 기반을 둔다[Pepper(1942)와 Hayes(1988)를 참조하라]. 하지만 맥락주의에서 과학 분석은 맥락적으로 정해지는 활동이므로, 이러한 정확한 기술은 원리상으로라도 도출될 수 없다고 본다. 오히려 맥락주의에서의 진리 기준은 미리 정해둔 목표의 성취 여부에 따른다. 누군가의 분석이 그 목표 달성을 촉진하였다면 진리이고, 그렇지 않았다면 진리가 아니다. 이론상 목표 자체는 똑똑해 보이기, 부자 되기, 사람들 감동 주기, 친구 만들기 등 무엇이든 가능하다. 하지만 현실에서 대다수 맥락주의자는 제한된 수의 집단 구성원 모두가 사전 정의한 목표를 공유하며, 따라서 어떤 종류의 분석을 참으로 간주하는지(진리 기준을 충족하는지)에 대한 척도를 공유한다(Hayes, 1993을 참조).

'기능적' 맥락주의로 알려진 맥락주의 유형이 인간 행동의 이해라는 테두리 안에서 자기에 대해 접근하려는 우리의 바탕을 이루는 철학이다(Hayes, 1993). 기능적 맥락주의가 공유하는 목표는 행동을 *예측*prediction하고 그 행동에 *영향*influence을 주는 것이며, 여기에는 이후에 다루어질 정밀성precision, 범위scope, 깊이depth가 동반된다. 따라서 기능적 맥락주의 관점에서 최소한 원리적으로라도 행동을 예측하고 행동에 영향을 줄 수 있다면 그 분석은 참이다.

예를 들어 아이들이 자신의 행동에 이름을 붙이고 다른 사람의 행동과 구분하는 방식에 관심을 두는 임상가를 상상해 보자. 기계론적 이론가(인지심리학 이론가 등)라면 이를 특정 연령대에서 구체적 방식으로 정보를 처리하는 특유한 신경 또는 정신 구조(도식)의 발달로 인한 것이라고 상정할 것이다. 그런 다음 이러한 이론적 개념에 기초한 행동 양상이 실제로 예측한 대로 일어나는지 시험할 것이다. 이론이 해당 행동을 정확히 예측했다면 그 이론의 진리 여부는 뒷받침된다. 대조적으로, 기능적 맥락주의자는 자신의 이론적 기술이 아이들의 행동 방식에 관한 과거와 현재 수행에 대해 자신이 알던 바에 기초하여 이를 예측할 뿐만 아니라, 분명하고 특정한 방식으로 아이들의 행동 방식에 영향을 주는 것이 무엇인지(예, 아이의 학습 이력에서 이와 관련된 자기화 레퍼토리의 가속화 시점)를 최소한 이론적으로라도 보여 주어야만 만족할 것이다.

영향이 기능적 맥락주의 분석의 핵심 목표라는 사실은 영향을 주는 변수를 특정하는 과정이 분석에 *필요하다*는 것을 의미한다. 어떤 아이가 자신과 남의 행동을 정확하게 이름 붙이는 행위를 배우는 경우, 우리는 과학자이자 임상가로서 아이의 행동에 확실하고 효과적으로 영향을 주는 '조작 가능한' 변수가 무엇인지 알 필요가 있다. 이는 결국 아이가 자신의 행동을 남의 행동과 구분하는 행위에 일관되게 영향을 주는 것으로 보이는 환경 변수를 실험적 관찰과 분석을 통해 특정할 수 있어야 함을 뜻한다. 이러한 환경 변수에는 *선행 사건* 변수(행동 전에 오는 것들)와 *결과*변수(행동에 따라오는 것들)가 있다. 이후에 다룰 내용 중, 예를 들어 관계구성이론 연구에서 나온 근거는 다른 사람의 행동과 반대되는 자신의 행동에 이름을 붙이는 학습에서 핵심 부분은 '나'와 '너' 또는 이와 동등한 단어가 있을 때 적절하게 반응하는 학습이라 주장한다. 즉, '내가 지금 뭘 하고 있지?', '너는 그때 뭘 하고 있었지?' 같은 질문에 적절히 반응하는 법을 배우는 것이다. 이런 단서는 선행 사건으로 간주할 수 있으며, 반면 아이가 이러한 선행 사건에 적절히 반응할 때 주어지는 주변 사람들의 칭찬이나 미소는 결과가 될 수 있다. 중요한 핵심은 이러한 변수들이 조작 가능하다(직접 영향을 줄 수 있다)는 점이다. 자기와 타인을 구분하는 아이의 학습에 관심을 둔 과학자와 임상가는 각기 다른 상황에서 반응에 선행하는 사건의 속성(예컨대 '나', '너'와 같은 단서가 제시되는 빈도나 일관성) 또는 반응에 따른 결과의 속성(예컨대 수반되는 칭찬이 주어지는 빈도나 일관성)을 조작할 수 있을 것이다. 이번 장의 다른 절과 이 책의 다른 장에서 이러한 영향을 결정하는 분석 유형에 대해 더욱 자세히 탐구할 것이다.

기능적 맥락주의 접근에서 행동에 영향을 주는 조작 가능한 변수를 특정하는 과정이 필요하다는 점은 이 접근을 매우 실용적인 세계관으로 만들 뿐만 아니라, 결과적으로 임상가가 이를 잘 받아들이게 한다. 임상가의 목표는 단순히 이론적이거나 추상적인 이해가 아니라 성공적 개입이기 때문이다. 기능적 맥락주의에 기반을 둔 이론적 접근은 유익한 행동 변화 촉진을 위해 임상가가 조작할 수 있는 환경 변수(예컨대 이전 예시에서 아이에게 제시한 질문 속 '나' 또는 '너'와 같은 단서)를 반드시 특정한다. 이는 과학과 임상(실용)적 진보가 손에 손잡고 함께 나아가며, 과학적 통찰이 실제와 직접 관련이 있다는 뜻이다.

앞서 기능적 맥락주의의 목표를 소개할 때 예측과 영향은 정밀성, 범위, 깊이와 함께 한다고 언급한 바 있다. 모든 조건이 동일한 경우, 각 이론의 상대적 적합도는 이 세 가지 추가적인 기준에 따라 더욱 지지받는다.

- *정밀성*precision 기준은 어떤 현상이 설명될 수 있는 각기 다른 방식의 최대 가짓수에 제한을 둔다.
- *범위*scope 기준은 가능한 넓은 범위의 현상에 적용할 수 있는 설명을 만들어 내고자 한다.
- *깊이*depth 기준은 분석 수준level을 가로질러 최대의 일관성을 확보하고자 한다 (예를 들어 심리학 수준에서 한 설명이 신경생리, 사회학 등의 수준에서 한 설명과 부합한다).

이러한 세 가지 추가적인 기준을 충족하려 노력하는 임상가는 예측과 영향이라는 핵심 기준을 넘어 과학적 효과가 더욱 높은 쪽으로 분석 방향을 잡게 된다.

기능적 맥락주의를 다른 세계관과 구분해 주는 핵심 양상은 행동 영향behavioral influence을 진리 기준의 한 부분으로 보고 있다는 점이다(Hayes, 1993). 맥락주의의 다른 주요 형태인 기술적descriptive 맥락주의는 예측과 영향보다는 개인적 이해를 목표로 삼는다. 한편 기계론과 같은 비(非)맥락주의 세계관에서는 실제를 정확히 기술하는 것을 최종 목적으로 두고, 분석 목표는 이 목적을 달성하기 위한 수단으로 본다. 사건 예측을 설명의 정확성에 대한 충분하고 강력한 하나의 실험으로 보기 때문에, 예측 가능성 단독으로도 과학 분석에 따른 적절한 결과물로 여긴다. 따라서 한 가지 유형의 행동을 다른 유형의 행동에 기초하여 예측하는 상관 분석(예를 들어 우울 유형 행동에 따라 알코올 사용 정도를 예측)은 대부분의 심리학 하위 분야에서 사용하는 적절한 분석 전략이다. 그러나 기능적 맥락주의에서는 이러한 분석이 도움은 되지만 그 자체로는 충분치 않다. 행동에 영향을 줄 수 있는 조작 가능한 변수를 특정하지 않았기 때문이다. 단순히 행동 자체의 예를 드는 것만으로는 부족하다.

이제까지 다룬 내용을 다시 한번 요약하자면, 모든 과학 행위는 특정 세계관에 속해 있으며, 각 세계관은 근원 은유(과학 활동의 속성에 관한 일련의 철학적 가정)와 진리 기준을 내포한다. 우리가 따르는 과학적 접근인 맥락행동과학은 기능적 맥락주의에서 유래하였으며, 근원 은유는 맥락-내-행위이고 진리 기준은 행동에 대한 예측과 영향의 달성 여부이다. 하나의 세계관으로서 기능적 맥락주의가 갖는 고유한 요구 사항, 즉 행동에 대한 영향은 맥락행동과학을 실용적인 접근법이 되도록 했다(Hayes, Barnes-Holmes, & Wilson, 2012). 이러한 기본 철학 가정을 설명하고 해석하는 것이 중요한 이유는 이 가정이 심리과학만이 아니라 그 과학이 지지하는 실제 개입의 속성 또한 규정하기 때문이다. 이 경우 심리과학은 맥락행동심리학(즉, 맥락적 행동 분석)이며, 이와 관련된 핵심 개념이 이번 장 끝부분에서 다룰 조작자operant이다.

맥락행동심리학이란 무엇인가?
What Is Contextual Behavioral Psychology?

이 절에서는 맥락행동심리학contextual behavioral psychology, 다시 말해 심리학 분야에서 맥락행동과학의 적용을 정식으로 소개할 것이다. 맥락행동심리학의 핵심은 행동 분석 또는 조작적 심리학operant psychology이다. 우리는 조작자에 대한 행동 분석 개념을 이 접근 방법의 근간으로 설명할 것이다. 비록 여기 제시한 작업이 B. F. 스키너의 조작적 심리학에 기초하지만, 맥락행동심리학과 전통적인 행동 분석의 바탕이 되는 철학적 가정 간 미묘한 차이점에 대해서도 언급할 것이다. 두 접근의 범위와 궁극적 접근이 갖는 의미가 다르므로, 먼저 이들 차이를 명확히 해 두는 것이 필요하다.

급진적 행동주의와 기능적 맥락주의
Radical Behaviorism and Functional Contextualism

앞서 설명했듯이 맥락행동과학의 한 부문인 맥락행동심리학의 토대가 되는 과학 철학은 기능적 맥락주의이다. 한편 행동 분석의 토대가 되는 과학 철학은 급진적 행동주의로, 이는 맥락주의의 조금 다른 변형이다. 기능적 맥락주의의 지적 뿌리가 급진적 행동주의에 있기에 두 철학은 매우 밀접히 관련된다. 행동 분석의 토대로서 급진적 행동주의를 발전시킨 스키너는 심리과학의 목표는 행동에 대한 예측과 조절을 달성하는 데 있다고 주장했다(Skinner, 1974를 보라). 스키너는 특히 행동에 대한 조절을 얻을 필요를 고려하여 심리학이 행동의 환경 결정 인자를 확인하는 데 초점을 두어야 한다고 주장했다. 환경 결정 인자는 과학자나 임상가가 조작할 수 있으므로, 이를 통해 사람의 행동에 영향을 미치는 것이 가능하기 때문이다. 스키너에게 오직 적절한 설명이란 행동의 원인이 되는 환경 변수environmental variables를 구체적으로 명시하는 심리학 이론뿐이었다.

스키너가 환경 결정 인자로 확인한 두 가지 주요 군class은 선행 사건(행동에 앞선 것)과 결과(행동에 뒤따르는 것)이다. 선행 사건의 예시로는 나와 대화하던 상대방이 내가 말해도 된다는 신호로서 대화 중 잠깐 쉬는 것을 들 수 있다. 내가 질문을 했을 때 상대방으로부터 답을 얻는 것은 결과에 대한 예시가 될 수 있다(물론 이것은 선행 사건, 행동, 결과, 즉 ABC로서 유명한 3항 수반성의 핵심 개념이다. 이것이 행동 분석 조작자를 정의하며, 곧 이 수반성에 대해 다룰 것이다.) 스키너와 다른 행동 분석가들은 실험실에서 이러한 변수를 조작하고 그 결과로 일어나는 행동 변화를 관찰함으로써 행동에 대한 선행 사건과 결과의 효과를 연구하는 것으로 조작자 개념을 사용했다(1974). 윤리 문제와 연구대상자 모집의 어려움으로 인해 주로 실험실에서 동물을 대상으로 하였으나, 그들은 이런 비(非)인간 동물 대상 연구가 인간 행동에 대한 효과적인 기능 분석으로 가는 단계로 보았다. 그리고 스키너에게는 이것이 궁극적인 목표였다.

스키너는 주류에서의 행동에 대한 설명은 행동을 다른 행동의 원인으로 인정하는 것이라 주장하며, 이와는 대조적으로 행동에 대한 자신의 설명은 행동의 환경 결정 요인을 특정하는 것이라 강조했다. 예를 들어 일부 사회인지 이론가들은 과업에 실패하는 원인은 낮은 자기 효능감 때문이라고 설명할 수 있다. 주류 심리학에서는 이런 유형의 설명을 당연하게 여기겠으나, 여기에는 두 가지 암묵적 가정이 들어 있다.

1. 자기 효능감을 포함한다고 여겨지는 생각이나 인지 양상은 과업 실패 같은 외현 활동overt activity과는 다르다고 가정한다.

2. 인지가 외현 활동의 원인이라고 말하는 것이 합당하다고 가정한다.

스키너는 이 두 가지 가정을 기각했다.

첫 번째 가정의 기각에 대해 말하자면, 스키너는 유기체가 하는 모든 것을 행동의 한 유형으로 보았다. 여기에는 공동체에 의해 검증될 수 있는 관찰 가능한 외현 활동만이 아닌 생각과 느낌과 같은 개인만 알 수 있는 내현 또는 사적 활동도 모두 포함된다. 이것이 행동 분석이 다른 형태의 행동주의와 다른 점이다. 예를 들어 행동 분석은 방법론적 행동주의methodological behaviorism 입장, 즉 과학으로 분석할 현상은 공적으로 관찰 가능해야 한다는 주장과도 다르다. 행동 분석에서는 행동에 대한 예측과 조절을 획득하는 실용적 목표가 관찰이 갖는 과학적 가치를 결정한다. 따라서 행동 분석에서는 이 목표 달성에 도움이 된다면 자신 또는 타인의 사적 경험을 언급하는 것을 용인할 수 있다. 앞선 예시를 참조하자면, 과업의 실패*뿐만 아니라* 낮은 자기 효능감도 행동의 유형으로 고려할 수 있다. 이는 스키너가 기각한 두 번째 가정, 즉 인지가 행동의 원인이라는 가정으로 이어진다. 우리가 방금 보았듯이 스키너는 인지도 행동으로 보았다. 따라서 스키너에게 '인지-행동 설명cognitive-behavior explanation(또는 그의 언급처럼 '정신주의 설명mentalistic explanation')'은 그저 '행동-행동적 설명'일 뿐이었다. 이 설명에서는 단순히 행동을 예측하는 것이 아닌, 조절하는 데 사용될 수 있는 조작 가능한 잠재적 환경 변수를 명시하지 않았으므로 스키너는 이 또한 기각했다. 앞선 예시에서 자기 효능감은 과업 수행과 연관이 있으므로 과업 수행 여부를 예측하는 데에는 이 설명을 사용할 수 있으나, 자기 효능감은 직접 조작될 수 없기에 결국 과학자가 표적 행동(과업 수행)에 영향을 주지는 못한다. 스키너가 선언했던 과학적 목표인 행동에 대한 예측과 조절 방침에 따라 이를 더 잘 설명하려면, 자기 효능감과 과업 수행 모두가 특정 과업에 대한 개인의 노출 수준과 기능적으로 관련되는(노출 수준에 영향받거나 조절되는) 것으로 보아야 한다(노출 수준은 환경적으로 조작 가능한 변수이다).

스키너가 행동 분석 설명과 정신주의 설명 사이를 구분한 것과 별도로 그의 급진적 행동주의 철학의 중요한 측면은 *분석 재귀성analytic reflexivity*이다. 이는 분석 대상자의 행동에 적용한 유형의 분석을 자기 자신의 행동에도 동일하게 적용할 수 있어야 한다는 분석가의 인식을 뜻한다. 달리 말하면 과학자의 행동 또한 그 무엇보다 조작적 용어로 설명되어야 할 행동, 즉 특정 대상이나 결과를 얻기 위해 특정 맥락에서 도출되는(드러나는) 행동이라는 것이다. 분석 재귀성의 중요한 함의는 심리적 설명이나 이론은 맥락 의존적이므로, 실제에 대한 완전하고 객관적인 설명(소위 전지적 시점)을 제공할 수는 없다는 데 있다.

　이러한 기술을 미루어볼 때 급진적 행동주의는 특성상 맥락주의적이며 기능적 맥락주의와도 매우 유사하다는 점은 명백하다. 맥락의 중요성 강조, 실용적 진리 기준, 분석의 재귀성 인정과 같은 몇 가지 특징이 이들의 유사성을 강력히 시사한다. 더욱이 급진적 행동주의가 기능적 맥락주의의 지적 선조라는 점을 고려한다면 이 정도 수준의 유사성은 예상되는 부분이다. 하지만 이러한 유사성에도 불구하고 두 가지 접근 사이에는 미묘한 차이가 존재한다. 일례로 급진적 행동주의는 과학적 분석의 목표를 행동에 대한 예측과 *조절*control로 보지만, 기능적 맥락주의는 그 목표가 행동에 대한 예측과 *영향*influence이다. 맥락행동과학 주창자들이 '조절'보다 '영향'이라는 용어를 선호한 데에는 철학적 이유와 함께 정치적 이유도 있다. 철학적 측면에서 '조절'이라는 용어는 행동의 변동성과 무관하게 행동에 대한 *독점적인* 영향을 일컫는다. 반면 맥락행동과학 모델에서 행동은 다양한 결정인자를 가지며, 행동에는 변동성이 예상될 뿐만 아니라 변동성이 존재하는 편이 바람직하다. 정치적 측면에서 보자면, 남을 '조절'하려는 욕구는 고압적이며 침습적으로 들려 거부감이 생기지만 '영향'이라는 용어에는 이러한 거부감이 덜 든다. 아울러 이런 차이점과는 별개로 기능적 맥락주의는 예측과 영향에 대한 요구와 함께 특정 차원(정밀도, 범위, 깊이)을 명시한다. 이는 과학적 진보를 촉진하리라 기대되고 예상되는 이론 분석 유형에 대한 중요한 지침이다. 또한, 기능적 맥락주의는 과학 분석을 위한 진리 기준으로서 특정 목표를 고르는 것이 하나의 *선택*이라고 보지만, 급진적 행동주의는 이를 인정하지 않고 단순히 진리 기준으로서의 특정 목표를 주장한다. 따라서 엄밀히 말하자면 급신적 행동주의 접근은 기능적 맥락주의와 비교하였을 때 그 목표에 있어 다소 교조적으로 보일 수 있다.

　이 마지막 차이를 통해 두 접근 사이의 또 다른 차이를 이해할 수 있다. 급진적 행동주의와 기능적 맥락주의 모두 맥락주의 형태를 띠지만, 기능적 맥락주의가 보다 의식적이며 그로 인해 더욱 의도적이다. 기능적 맥락주의는 자신이 맥락주의의 한 유형임을 인정하고, 실용주의 목표를 택하기로 한 사실을 받아들이고, 그 목표를 선택한 특정한 이유에 대해 명백히 밝힌다. 이 접근은 스키너의 급진적 행동주의에서 맥락주의 특성을 드러내 놓고 인정하지 않은 점과 대조된다. 스키너가 자신의 철학적 가정에 보였던 양가적 태도는 급진적 행동주의를 토대로 한 행동 과학, 즉 행동 분석의 특징이 된다. 예를 들어, 행동 분석에 대한 스키너의 저술에는 기계론과 맥락주의 양쪽 모두 다소 모호하게 반영되어 있어 행동 분석을 맥락주의 접근으로 보아야 하는가에 대한 논쟁이 진영 내에서 벌어지곤 했다. 그러나 행동 분석의 맥락주의 특성이야말로 분석을 적용할 때 확연히 구별되는 특징과 효과를 드러내는 지점이라는 의견이 강력히 주장되며, 우리 또한 여기에 동의한다(Zettle et al., 2016을 참조). 따라서 전통적으로 맥락행동과학 연구자들은 행동분석 개념과 방법을 그들의 기본적인 과학 작업의 핵심으로 사용했고, 이 책의 이어지는 부분에서도 여기에 대해 논할 것이다. 그러나 행동 분석을 *맥락주의 접근으로* 해석하고 강조한다는 점을 다시금 분명히 해 두고자 한다. 행동 분석을 맥락주의로 해석하면 전통적인 행동 분석에서 합당하다 여겼던 개념과 방법보다 더욱 광범위한 일련의 개념과 방법들이 심리학 연구에서 당위성을 갖게 된다. 그리고 이것이 실제로 맥락적 행동 과학 분야에서 일어난 일이다. 확장된 범위의 예를 관계구성이론에서 확인할 수 있으며, 행동 분석의 맥락주의적 해석에 따른 이 이론을 2장에서 다룰 것이다. 또한, 자기와 같은 복잡한 현상을 탐구할 때에도 관계구성이론을 통한 이론적 확장의 결과로서 이 확장은 특별한 의미로 쓰이게 된다. 따라서 전통 행동 분석이 아닌 행동 분석의 맥락주의적 해석에 관심을 두고 있다는 점을 강조하기 위해 우리는 '맥락행동심리학'이라는 용어를 사용할 것이다(물론 이는 맥락행동과학의 과학적 적용을 뜻하는 논리적 명칭이다). 어느 경우라도 맥락행동심리학의 핵심에는 행동 분석의 개념과 방법이 위치하며, 이제부터 여기에 대해 논하고자 한다.

행동 분석: 조작적 학습 Behavior Analysis: Operant Learning

행동 분석과 맥락행동심리학 둘 다 핵심 개념은 조작자이다. '조작자'라는 단어는 효과를 만들어 내거나 힘을 가하는 것 또는 영향을 준다는 의미가 있는 '조작하다operate'와 어원이 같다. 우리는 조작적 행동을 통해 결과를 만들고자 세상을 조작하고, 이 결과는 다시 미래에 그 특정 행동이 반복될 가능성에 영향을 준다. 이미 언급한 대로 조작자는 3항(ABC) 수반성으로도 알려져 있다. 거듭 말하자면 3항이란 이전의 조건 또는 상황을 뜻하는 선행 사건(A), 그 조건 또는 상황에서 일어난 '대응responding' 내지는 '반응the response'으로 불리는 행동(B), 행동에 수반하여 미래 그 특정 행동(반응)이 일어날 가능성에 영향을 주는 결과(C)이다. 조작적 학습의 예로서 *과자를 얻기 위해*(C) *자판기 투입구에*(A) *동전을 넣는*(B) 아이를 상상해 보라. 이런 결과를 줬을 때 아이는 미래에 비슷한 상황에서 같은 행동을 할 가능성이 클 것이다. 이 사례는 행동이 결과에 기초하여 일어날 가능성이 *커지는* 강화reinforcement의 개념을 설명한다. 두 번째 사례로 *뜨거운 스토브에*(A) *손을 대서*(B) *화상을 입은*(C) 아이를 상상해 보자. 이 경우 아이는 비슷한 상황에서 같은 행동을 반복하기 주저할 것이다. 이 사례는 그 결과에 기초하여 행동이 일어날 가능성이 줄어들었으므로 처벌punishment에 해당한다.

조작자 개념을 자세히 알아보기 전에 이 개념이 맥락주의의 철학적 기반, 더 구체적으로는 기능적 맥락주의의 기반과 어떻게 일관되는지 간단히 다루고자 한다. 맥락주의의 근원 은유는 맥락-내-행위이다. 조작자는 맥락-내-행위의 전형적인 예시로, 행위 또는 행동(B)은 선행 사건(A)과 결과(C)를 포함하는 맥락에서 일어난다. 한편 조작자 개념은 기능적 맥락주의의 진리 기준인 행동에 대한 예측과 영향을 가능케 한다. 환경과 행동 사이의 관계를 분석함으로써 반응에 영향을 주는 환경 변수에 대한 조작이 가능해진다. 마지막으로 조작자 개념은 정밀성, 범위, 깊이 기준을 달성하는 데도 효과적이다. 예를 들어 강화의 경우 특정 자극을 수반적으로 제시한 후 반응을 증가시키는 사건만이 강화물로 분류될 정도로 정밀하다. 또한, 매우 간단한 행위(눈 깜박임)부터 매우 장기간의 행위(책을 쓴다)까지, 간단한 현상(손가락의 움직임)부터 복잡한 현상(오케스트라 연주)까지 무한한 종류의 각기 다른 맥락 안의 행위를 연구하는 데 사용될 수 있으므로 상당히 넓은 범위를 가지고 있다. 마지막으로 강화 학습의 생물학적 기반을 확인할 수 있는 신경 수준을 비롯한 다른 수준의 분석에서도 조작자 개념을 일관되게 적용할 수 있으므로, 조작자 개념은 깊이 기준 또한 달성한다.

지금까지 조작자 개념이 어떻게 일반적으로는 맥락주의, 특별하게는 기능적 맥락주의의 전형적인 예가 될 수 있는지 다루었다. 이제 조작자 자체로 다시 돌아가서 3항 수반성과 관련된 A, B, C를 좀 더 자세히 살펴보고, 이어서 조작자를 하나의 군^{class}(群) 개념으로 살펴볼 것이다. 이러한 배경지식은 추상적이고 이론적으로 보일 수도 있지만, 기능적 맥락주의 관점에서 자기 과정을 이해하고 작업하는 데 있어 반드시 필요한 내용이다. 여기서 펼쳐 보이는 섬세한 관련 지식이 이후 다룰 자기 관련 내용을 더욱 명확히 이해하는 데 도움이 되길 바란다.

행동 BEHAVIOR

조작자의 핵심은 관련된 특정 반응, 즉 유기체의 행동이다. 앞서 언급하였듯이 이 반응은 매우 간단하고 단순한 것(버튼 누르기)에서부터 매우 장기간의 복잡한 것(차를 디자인하기)까지 망라된다. 현재 시점에서 이들 활동은 어떤 맥락 안에서 일어난다(예를 들어, 나는 누군가에게 전화를 걸거나, 호텔에서 서비스를 요청하거나, 디지털 기기로 음악을 재생할 수 있다). 이 맥락에는 특정 행위가 미래에 다시 도출될 가능성을 바꿀 수 있는 결과가 포함되며, 특정 행위의 결과를 암시하는 선행(변별) 자극도 포함된다. 조작자는 단지 행동만이 아니라 선행 사건, 행동, 결과 이 세 가지 모두로 구성된다. 2장에서 보게 되겠지만 언어적 인간의 학습은 자기의 복잡한 레퍼토리를 포함하여 대단히 신속하고 생성적generative이므로, 인간은 다른 종의 학습을 훨씬 뛰어넘는 특별한 종류의 조작을 익히게 된다. 그럼에도 불구하고 발달의 아주 초기에 나타나는 기본 조작 반응은 우리의 학습 이력에서 매우 중요한 부분이다. 이 반응이 방금 언급한 특별한 종류의 조작 학습을 포함할 뿐만 아니라 그 토대가 됨은 두말할 필요가 없다. 따라서 여기에서 기본 조작 학습의 특징을 반드시 짚고 넘어가야 한다.

결과CONSEQUENCES

반응 이후에 일어나는 결과는 행동에 대한 환경의 두 가지 영향 중 하나이다(곧 보겠지만 선행 사건이 또 다른 하나의 분류에 해당한다). 특정 자극의 수반적 제시에 기반을 두어 반응의 빈도가 늘어난 것을 *강화*라고 한다. 결과 자체는 *강화제/reinforcers*이며 여기에는 일차 또는 생물학적 강화제와 이차 또는 조건화된 강화제가 있다. 강화의 전형적 예를 동물 실험에서 들자면, 쥐가 레버를 누를 때마다 음식이 주어지면 쥐가 레버를 더 자주 누르는 것을 볼 수 있다. 인간 행동에서 강화의 예로는 갓난쟁이 동생이 '쿠'라는 소리를 낼 때마다 어린 소녀가 반응하면(아마도 그 소리가 재미있을 것이다), 아이는 누나의 반응에 대한 결과로써 그 소리를 더 자주 내는 것이다.

일차/primary 강화제(물, 음식, 성행위, 적당한 온도, 수면 등)는 우리가 이런 강화를 주는 것을 찾도록 진화적으로 적응된 자극을 말한다. 이들을 얻으려는 작업은 유기체의 생존과 번식 가능성을 높여 주기 때문이다. *이차/secondary* 또는 *조건화된/conditioned*강화제는 일차 강화물과의 연합을 통해 강화되는 자극이다. 자극 연합을 통한 학습은 *반응적 조건화/respondent conditioning*로 불리며(*고전적 조건화/classical conditioning* 또는 *파블로프 조건화/Pavlovian conditioning* 로도 불림), 아주 기본적이고 강력한 학습 형태이다. 여기서는 중립 자극과 *무조건 자극/unconditioned stimulus*(US)의 연합을 통해 하나의 자극으로 이전에 일어났던 반사 반응(무조건 반응)이 그동안 중립이었던 새로운 자극에서도 일어나는 것이다. 파블로프 개 실험의 고전적 사례에서 중립적인 종소리는 처음에는 음식(무조건 자극으로서 개에게 침을 흘리는 무조건 반응을 일으킨다)의 도착을 예측했지만, 결국에는 음식을 제시하지 않는데도 개에게서 침 분비를 일으켰다. 종소리와 같은 중립 자극이 조건화되었을 때 우리는 이것을 *조건 자극/conditioned stimulus*(CS)이라 하고 그것이 유도한 반응을 *조건 반응/conditioned response*(CR)이라 한다. 파블로프 개의 경우 종소리는 침을 흘리는 조건 반응에 대한 조건 자극이다.

조건화된 강화의 경우, 기존 중립 자극이 일차 강화제 또는 이미 확립된 이차 강화제를 예측함으로써 그 자체로 강화적인 속성을 가진다. 예를 들어 이전에는 중립 자극이던 양육자의 출현이 젖먹이에게는 강력한 강화적 속성(조건 반응을 유도함)을 가질 수 있다. 아기에게는 양육자가 음식이나 따뜻함 같은 중요한 일차 강화제(US)와 연합되어 있기 때문이다. 비슷하게 누군가의 신체적 특징(이전에 중립 자극이었던 외양, 목소리, 냄새)은 그 사람이 다른 이의 성적 상대가 되고 나면 성행위라는 일차 강화제와 연합되며 강력한 강화적 속성을 가질 수 있다. 이차 강화제의 예는 돈, 학업 성취, 문제 해결 등이다. 이것들은 다른 강화제와 직접 또는 간접적인 연합을 거쳐 강력한 강화적 속성을 가진다. 이후 2장에서 다시 살펴보겠지만, 언어적 인간은 이런 종류의 단순한 반응적 조건화를 넘어설 뿐만 아니라 그 효과를 근본적으로 바꾸는 방식으로도 자극과 연합하는 방법을 학습할 수 있다. 그럼에도 불구하고 반응적 조건화는 우리의 학습 이력에 있어 여전히 아주 중요한 측면이다.

이미 언급했듯이 반응의 감소가 특정 자극의 수반적 제시로 인해 일어날 때 이를 *처벌*이라 한다. 결과 자체는 *처벌제punisher*라 부른다. 강화제와 마찬가지로 처벌제도 *일차*(생물학적) 또는 *이차*(조건화된)가 있다. 처벌의 전형적 예를 동물 실험에서 들자면, 쥐가 레버를 누를 때마다 전기 충격이 가해지면 그 뒤에 쥐가 레버를 누르는 빈도가 줄어드는 것을 볼 수 있다. 인간 행동에서 처벌의 예는 교사가 수업 중 떠드는 아이를 꾸짖으면 그 후 수업 시간 동안 아이가 얘기하는 빈도가 줄어드는 것이다.

일차 처벌제는 통증이나 불편감을 일으키는 자극으로 전기 충격, 독이나 불량한 음식, 극한 기후 등이 있다. 어떤 자극이 이전에 확립된 처벌제 또는 강화제의 상실과 연합되면 이차 처벌제가 될 수 있다. 예를 들어 우리가 상하거나 독이 든 무언가(US)를 먹었다면 아마도 병을 앓게(무조건 반응) 될 것이다. 그뿐만 아니라 이전에는 중립 자극이었던 그 음식을 보는 것만으로도 다시 한번 아픈 것 같은 느낌을 받기에 충분해진다(음식을 보는 새로운 조건 자극에 대한 조건화된 반응). 조건화된 처벌의 또 다른 예시로는 애정 또는 성행위와 같은 강화제의 상실이 예측되는 사회적 거부가 있다.

처벌 개념을 *소거extinction*와 혼동해서는 안 된다는 점을 주의하라. 소거는 이전에는 효과적이던 수반성으로 인해 일종의 조건화가 일어났다가 현재에는 중단된 과정으로, 소거의 전형적 결과는 조건화 효과가 취소되는 것이다. 이 과정은 조작적 조건화와 반응적 조건화를 비롯한 어떠한 형태의 조건화에서도 일어날 수 있으며, 조작적 조건화의 경우 처벌과 강화 모두가 포함된다. '쿠'라는 소리를 낼 때 누나가 웃어주어 더 자주 소리를 내었던 아기를 떠올려 보라. 아이에게 강화된 반응의 소거는 누나가 웃기를 멈추는 것과 관련이 있을 것이며(아마도 누나가 지루해졌을 수 있다), 그에 따라 아기는 소리를 덜 내게 될 것이다.

반응의 결과는 자극의 추가(획득)와 제거(상실) 모두를 포함하며, 그 효과는 반응 빈도의 증가 또는 감소로 나타난다.

- 자극의 추가로 인한 반응 빈도의 *증가*는 *정적 강화*positive reinforcement라 한다. 선생님이 조니가 출석할 때마다 토큰을 주고(*강화적* 또는 *유인적 자극*), 그 결과로 조니가 출석을 더 잘하게 된다면, 이를 정적 강화의 예로 볼 수 있다.

- 자극의 *제거*로 인한 반응 빈도의 *감소*는 *부적 강화*negative reinforcement로, *도피*escape와 *회피*avoidance라는 두 가지 형태가 있다. 도피는 이미 있는 혐오적 자극을 제거하기 위해 수행된다. 만약 메리가 특정 방식으로 아기를 어를 때 아이가 울음을 그친다는 것을 알게 되었다면, 미래에는 메리가 이 방법을 사용할 가능성이 커진다. 이는 부적 강화의 '도피' 사례로 볼 수 있다. 회피에서는 아직 존재하지 않은 혐오적 자극을 연기하거나 회피하기 위해 수행되는 반응이다. 만약 메리가 조용히 있는 아기가 울음을 터트리지 않게 하려고 아기를 어르고, 아이가 그대로 조용히 있다면 메리의 반응을 부적 강화 중 '회피' 형태의 예로 볼 수 있다.

- 이미 살펴보았듯 처벌은 반응 빈도의 *감소*이며, 이 감소는 *혐오적* 자극의 *추가* 또는 *유인적* 자극의 제거로 인한 것일 수 있다. 만약 조안이 상사의 끊임 없는 비난(혐오적 자극) 때문에 회의에서 자신의 의견을 덜 말하기 시작했다면, 조안의 행동이 처벌받았다고 말할 수 있다. 숀의 부모가 숀이 동생과 다툴 때마다 용돈(유인적 자극)을 줄이기 시작했고 그 후로 숀이 동생과 다투는 빈도가 줄었다면, 숀의 다툼 행동이 처벌받았다고 말할 수 있을 것이다.

선행 사건ANTECEDENTS

선행 사건은 행동에 대한 환경의 핵심적인 영향 두 가지 중 하나를 구성한다(다른 하나는 앞서 다루었던 결과이다). 가장 잘 연구된 유형의 선행 사건은 *변별 자극*discriminative stimulus으로, 이는 반응에 따라 특정 결과가 뒤따를 것을 알려주는 자극이다. 선행 사건, 행동, 결과, 즉 ABC의 3항 수반성과 앞선 내용에서 나와 대화를 주고받던 상대방이 잠시 이야기를 멈춘 예시를 떠올려 보자. 대화상대가 잠시 말을 중단한 것(A)은 선행 사건 자극이다. 즉 이때 내가 얘기를 한다면(B), 나의 반응은 대화상대의 관심과 긍정적 피드백으로(C) 강화 받을 것이다. 그러나 대화상대가 말하는 중에(A) 내가 말하고자 한다면 어떻게 될까? 나의 반응(B)은 끼어든 것에 대한 상대의 분노와 불평으로 처벌받을 것이다(C). 두 가지 모두 대화상대의 행동은 나에게 선행 사건(변별) 자극으로 기능한다.

다른 유형의 선행 사건 변수로는 *동기 조작motivating operation*이 있다(Michael, 2007을 참조). 당연하게도 동기는 만족이나 가치와 관련되므로 자기와 관련된 근본적인 중요 개념이다. '동기 조작'이라는 용어는 이것이 특정 유형의 결과를 알려주는(변별 자극 같은) 자극이라기보다, 특정 결과의 효과성을 일시적으로 높이거나 낮추는 과정 또는 절차를 말한다. 강화로 작용할 때는 *확립establishing* 조작이라 하고, 처벌로 작용할 때는 *폐지abolishing* 조작이라 한다. 다른 말로 하면 동기 조작은 어떤 사람이 무엇을 얼마나 원하고 어느 정도 가치를 두는지에 변화를 준다. 예를 들어 누군가가 음식이나 성행위를 박탈당해 왔다면, 그에게 이것들은 예전보다 훨씬 강화적일 수 있다(확립조작). 반대로 음식이나 성행위에 매우 충족된 상태라면, 이것들은 그에게 혐오적일 수 있다(폐지조작). 여기에 관해 언어적 인간이 대상이 될 때는 다른 핵심 행동 현상에서와 마찬가지로 상황이 더욱 복잡해진다. 따라서 우리는 이 책의 뒷부분에서 가치를 언어적 동기 조작의 특별한 유형으로 다룰 때 다시 동기라는 주제로 되돌아갈 것이다. 지금은 기본 개념을 충실히 다지는 것이 중요하다.

군(class, 群) 기반 개념으로서의 조작자 THE OPERANT AS A CLASS-BASED CONCEPT

이제 행동 분석의 기초가 되는 기본 가정에 관한 탐구로 되돌아가 기능적 접근의 뉘앙스를 더 잘 인식하고, 이를 통해 인간 언어에 대한 맥락행동과학 접근의 핵심인 관계구성이론에 관한 개념도 더욱 잘 이해해 보도록 하자. 여기서 완전히 이해해야 할 요점은 강화, 처벌, 변별 같은 조작자 관련 개념이 *기능군* 개념이라는 점이다. 이는 조작자 관련 개념이 특정한 또는 단일 지형학적 측면이 아닌 환경과 행동 사이의 관계 *양상*으로 정의됨을 의미한다.

양육자가 있을 때(A) 어린아이가 미소를 짓고(B) 상대방의 미소를 되돌려 받는 것(C)과 같은 간단한 환경-행동 상호 작용을 생각해 보자. 분명한 사실은 만약 아이가 미소를 한 번 지었고 양육자가 거기에 대해 미소로 답을 했다면, 이 단일 상호 작용을 목격한 것만 가지고는 이것을 강화 사례로 분류할 수 없다는 점이다. 강화의 본질적인 특징을 확인하지 못했기 때문이다. 강화란 단어 그대로 특정 유형의 결과를 줌에 따라 반응이 증가하는 것이므로, 우리가 이를 강화의 사례로 분류하려면 양육자가 미소로 답했을 때(C) 아이가 미소 지은 비율이 양육자가 미소로 답하지 *않았을* 때보다 높아졌다는 (행동, B가 증가하였다는) 기록을 확인해야 한다. 다른 말로 하면 강화는 *시간이 지나가*

며 보이는 환경과 행동 사이의 관계 양상에 따라 두드러진다. 따라서 강화 양상(또는 처벌 양상)과 관련된 세 가지 사건(A, B, C) 각각은 개별 단일 사건으로 여기는 대신 일군의 사건으로 생각해야 한다. 아이와 양육자의 사례에서 반응(B)은 아이의 단일 반응이 아닌 비슷한 상황에서 아이 쪽에서 보내는 일군의 미소 반응이다. 마찬가지로 결과(C)는 양육자가 미소로 답하는 단일 사건이 아닌 '미소로 답하는' 일군의 자극이다. 같은 과정이 양육자의 존재라는 선행 사건(A)으로까지 나아간다. 양육자가 있는 단일 사건이 아니라 '양육자가 존재하는' 일군의 사건이다.

따라서 조작자는 단일 사건이 아닌 사건의 군이라는 면으로 정의한다. 이 정의가 가지는 하나의 특징은 변이(반응과 자극에서 모두)가 기본 가정이라는 것이다. 반응이 사례에 따라 변할 수 있다는 사실은 일어나는 반응이 초기 강화 반응뿐 아니라 기존 반응과 물리적으로 비슷한 다른 반응일 수도 있다는 점에서 *반응 유도response induction*를 허용한다. 예를 들어 아이가 말을 배울 때 아이는 어른에게서 들은 것과 비슷한 소리를 내기도 하지만(이때는 사회적 강화가 주어진다), 강화가 덜 주어질 것 같은 소리를 내기도 한다. 반응 유도의 반대는 *반응 차별화response differentiation*로, 일어나는 반응의 범위는 강화에 기초하여 좁혀진다. 위 예시에서 말을 배우는 아이는 시간이 지날수록 점점 더 정확한 발음을 만들어 내는데, 비전형적인 발음보다 전형적인 발음에 강화될 가능성이 더 크기 때문이다.

행동 분석의 임상적 유용성에 대한 일례로, 이러한 반응 유도와 반응 차별 과정이 *조형shaping*이라 불리는 중요한 행동 수정 형태의 하나로 연결된다는 점을 들 수 있다. 조형이란 관련 수반성이 시간이 지나며 체계적으로 변화함에 따라 행동이 점진적으로 바람직하며 이익이 되는 행동으로 바뀌는 과정이다. 이런 종류의 행동 수정은 전형적으로 동물에게 복잡한 형태의 행동을 훈련하는 과정과 관련되는데, 동일 과정이 인간 행동에서 자연적 수반성뿐만 아니라 의도적인 수반성에 기초해서도 일어난다. 의도적 수반성의 예로 축구 코치나 음악 교사가 수행에 대한 피드백을 제공하며 시간이 지날수록 경기 실력 또는 연주 기량이 늘어나도록 조형하는 과정을 떠올려 볼 수 있다. 좀 더 자연적인 수반성의 예로는 어린 운동선수나 연주자의 기량이 의도적이지 않은 사회적 피드백에 기초하여 시간이 지날수록 점점 향상되는 과정을 들 수 있다.

변이의 효과는 반응군뿐만 아니라 자극군에도 적용할 수 있다. 반응 유도와 반응 차별화 같은 효과는 각각 *일반화generalization*와 *변별discrimination*에 해당한다. 일반화의 예로 아주 어린아이에게 아버지를 앞에 두고 '아빠'라고 가르쳤을 때, 아이가 얼마간 아버지만이 아니라 다른 성인 남성을 두고 '아빠'라고 말하는 현상을 들 수 있다. 결국, 아이가 '아빠'라는 말을 했을 때 다른 성인으로부터는 주어지지 않고 오로지 아버지가 있을 때만 강화가 주어진다면, 아이는 다른 성인 남성과 아버지를 정확하게 변별하는 것을 배울 것이다.

조작적 사건이 하나의 단일 사건이 아니라 사건 군이라는 사실은 개별 반응과 자극의 지형학적 측면은 덜 중요하다는 점을 의미한다. 아이와 양육자의 예로 돌아가서, 아이가 짓는 미소(B)의 정확한 물리적 차원은 아이의 미소가 갖는 *기능*, 즉 특정 군의 결과(양육자의 미소)를 불러일으키는 것에 비해 그리 중요치 않다. 이는 양육자의 존재(아이의 관점에서는 선행 자극)와 미소(결과 자극)에 대해서도 마찬가지이다. 양육자의 존재(A)에서도, 선행 자극 양상으로써 양육자가 나타나는 장소나 시간 또는 옷차림 같은 것들은 양육자의 존재가 갖는 기능에 비해 덜 중요하다. 양육자가 미소를 되돌려주는(C) 과정에서도, 정확한 물리적 차원은 양육자의 미소가 갖는 특정 유형의 반응(B)에 대한 결과의 일환이라는 기능보다 중요치 않다.

지형학적 측면이 아닌 기능을 강조하는 것이 기능적 맥락주의의 핵심 특징이다. 기능 분석은 과학자나 임상가가 관심을 가지는 어떤 분야(발달, 교육, 조직, 치료 등)의 환경과 행동의 상호 작용에서든 자극과 반응의 기능을 결정하는 데 이용된다. 이 분석은 특정 상황에서 주로 도출되는 행동 군과 여기에 영향을 주는 환경 자극(선행 사건 결과 모두)을 확인하기 위해 수행된다. 기능 분석에서 개별 반응과 자극의 형태나 지형학적 측면은 역할을 결정할 때 그 자체로는 절대 충분치 않다. 중요한 것은 현재 또는 역사적 양상의 일환으로서 반응과 자극이 가진 기능이다.

기능 양상보다 지형학적 측면이 중요치 않다는 사실은 조작자가 극도로 유연한 분석 단위임을 의미한다. 예를 들어 우리가 조금 전 다루었던 아주 간단한 환경-행동 사건인 아이의 미소에 대한 결과에서도 조작자의 크기나 복잡성에 제한이 없다. '소설 쓰기나 해변 드라이브 같은 넓고 다양한 지형학적 양태를 가진 큰 단위의 행동 또한 조작자로서 분석할 수 있기 때문'이다(Hayes, Fox, et al., 2001, p. 22). 아울러 아이의 미소 반응(B)과 양육자가 미소를 되돌려주는 결과(C)에서 물리적 활동으로서 미소의 지형학적 측면이 어느 정도 반응을 정의하는 데 기여했던 것처럼, 지형학적 측면이 종종 조작자를 상대적으로 명백히 정의하는 데 기여하는 경우도 있다. 그러나 지형학적 특징이 거의 없는 조작자도 존재하며, 이는 종종 *일반화된*generalized, *지배적인*overarching, *고차원*higher-order *조작자*로 불린다(Barnes-Holmes & Barnes-Holmes, 2000을 참조). 이러한 순수 기능적 조작자로는 인간 이외 동물에서 나타나는 새로운 반응(Pryor, Haag, & O'Reilly, 1969)이나 인간 대상자에게서의 난수표 발생(Page & Neuringer, 1985를 참조) 등이 있다. 이

두 경우에서 조작자를 조형하는 정의적 세부 특징은 반응에 걸친 지형학적 유사성 또는 일관성이 결여되어 있다는 점이다. 가장 잘 알려진 일반화된 조작자는 일반화된 모방 generalized imitation으로(Baer, Peterson, & Sherman, 1967), 한 사람이 다른 사람의 행위를 그대로 따라 하는 것이다. 이에 대한 좋은 예시는 '시몬 가라사대'라는 아이들의 게임이다. 여기서는 한 아이가 리더 역할을 하는 다른 아이의 행위를 그대로 따라 한다. 리더가 자신의 머리를 만지거나 손뼉을 치면 다른 아이들도 그렇게 한다. 이 경우 한 반응에서 다른 반응으로의 지형학적 유사성의 결여는 이 게임의 결정적인 특징이 아니다. 도출된 반응의 지형학적 유사성과는 무관하게, 개별 선수의 반응과 리더의 행위 사이의 유사성이 의미를 가진다(역주, 이 게임에서 중요한 것은 행동 자체를 똑같이 따라 하는 것이 아니라, '시몬 가라사대'라는 단서가 주어진 행동만 따라 해야 하는 것이다). 2장에서 보겠지만 관계구성이론에서는 *일반화된 관계 반응*generalized relational responding이라 불리는 일반화된 조작자의 특정 군을 언어의 핵심으로 여기므로, 앞으로 이 개념이 특히 중요해질 것이다.

관계구성이론
Relational Frame Theory

18세기와 19세기 초에 활동하던 과학자들은 다양한 특성이 있는 수많은 화학 물질을 인식했지만 이를 기저의 화학 속성에 따라 체계적으로 조직화하지는 못했다. 그러던 중 1869년에 드미트리 멘델레예프가 원자 중량에 따라 화학 원소를 행과 열로 배열하여 우리에게 잘 알려진 주기율표를 발표하였으며, 이 체계화된 조직화는 근본적으로 중요하며 경험적으로 측정할 수 있는 속성에 부합하기에 화학 세계의 급속한 발전을 가져왔다. 이는 또한 하나의 혁신이 어떻게 과학 분야를 변화시킬 수 있는지 보여 주는 예시이기도 하다.

역사적 흐름으로 보면 현시대의 인간 심리학은 화학 세계에서의 멘델레예프 이전 시기와 상당히 유사한 시기를 지나고 있다고 본다. 다양하고 중요한 현상에 관한 자료가 증가하며 이를 정렬하려는 이론 또한 대량으로 출현하고 있으나, 이런 자료와 이론을 폭넓게 아우르는 근본 패러다임이 없기 때문이다. 우리는 인간 언어와 인지에 관한 맥락 행동학적 설명인 관계구성이론의 등장이 주요 개념적이고 경험적인 혁신을 일궈내는 중이라고 믿는다. 현재 자기를 비롯한 중요 심리적 현상에 관한 우리의 이해 또한 빠르게 진보하고 있다. 이번 장의 목적은 이러한 혁신과 이를 적용하는 주요 방법을 설명하고 기술하는 것이다. 우리는 인간 언어와 인지의 중요성에 대한 논의부터 시작하려 한다. 인간 언어와 인지는 이미 다른 종들로부터 우리를 차별화하고, 빠른 문화 및 기술 진보를 가능하게 한 인간 심리학의 변형적transformational 측면으로 널리 인식되어 왔다. 관계구성이론의 혁신은 이를 특정 *조작적* 레퍼토리로 개념화한 것으로, 일단 레퍼토리가 확립되고 나면 다른 모든 형태의 학습에 중대한 영향을 미친다. 복잡한 인간 행동에 관한 기능 분석 접근은 이미 여러 중요 응용 분야에서 진보를 이루어 내고 있으며, 다양한 국제 연구 프로그램에 확대 적용되고 있다(O'Connor et al., 2017을 참조). 이번 장에서 우리는 이 프로그램의 핵심에 있는 특별한 조작자의 특성을 설명하고, 이 특성이 복잡한 인간 행동을 어떻게 일반적으로 뒷받침하는지 살펴볼 것이다.

인간 언어의 중요성 The Importance of Human Language

인간 삶의 모든 면에서 상징적 언어는 매우 중요하다. 인간은 협동적인 종이기에 의사소통은 살아가는 데 필수이며, 언어를 사용하는 능력은 이를 촉진하는 주요 요인이다(Wilson, Hayes, Biglan, & Embry, 2014). 예를 들어 우리는 언어를 통해 자신에 관한 정확한 정보(예를 들어 지금 어떻게 느끼는지)를 전달하거나, 다른 사람들에게 환경에 대한 중요한 내용('이거 먹으면 안 돼, 상했어!')을 알려주어 보다 유용한 행동을 안내할 수 있다. 언어는 또한 사고와 인지의 기반으로, 이를 통해 우리가 다른 종들의 문화를 월등히 뛰어넘는 문화(셰익스피어 작품 같은)와 기술(양자 컴퓨팅과 같은) 발전을 촉진해 세상에 대한 통찰력을 얻게 해 주었다. 여기에 더해 타인과 세상과의 관계 속에서 우리 자신의 삶과 가치를 선택하는 방법 같은 복잡한 개념을 개발할 수 있게도 해 주었다. 그러나 언어가 개인이나 우리 종 전체에 매우 큰 도움이 되었음에도, 다른 편으로는 우리에 반하여 작동할 수도 있다. 임상 심리학자를 비롯한 정신건강 전문가가 매일 다루는 인간의 심리적 고통 중심에는 보통 우리가 자신을 어떻게 생각하는지가 놓여 있다. 언어를 사용할 수 있는 우리의 능력이 이러한 고통을 경험하게 한다. 예컨대 언어가 없었다면 우리는 다른 사람들과 자신을 부정적으로 비교하거나, 자신을 실패자로 보거나, 다른 사람들을 낙인찍거나, 더 잘할 수 있었을 것 같은 과거에 대해 반추하고, 미래에 자신에게 일어날 일에 대해 걱정하지 '못'했을 것이다.

언어는 인간이 처한 상황 어느 곳에도 놓여 있는 중요한 측면이다. 따라서 충분한 정밀성, 범위, 깊이를 갖고 행동을 예측하며 영향을 주는 유용한 심리적 개입을 하기 위해서는 언어를 이해해야 한다. 언어에 대한 맥락적 행동 관점은 이러한 노력을 성취할 수 있도록 빛을 밝혀준다. 먼저 관계구성이론의 기본 개념을 살펴보는 것부터 시작해 보자.

관계구성이론: 기본 개념RFT: Basic Concepts

방금 제안한 바와 같이 관계구성이론 접근의 핵심은 언어가 조작적 행동 유형 중 하나라는 것이다. 이는 매우 특별한 조작자로서, 인간은 언어를 학습하기 위해 고유한 방식으로 진화한 것처럼 보이며, 획득하고 난 언어는 상황을 극적으로 변화시킬 수 있다(Monest s, 2016). 이 조작자의 기술적 명칭은 *임의 적용적 관계 반응arbitrarily applicable relational responding*이지만 *관계 구성하기relational framing*라는 더욱 쉽고 짧은 이름으로 더 잘 알려져 있다(Stewart, 2016). 이 유형의 조작적 행동(관계 구성하기)은 다양한 패턴(*관계 구성relational frames*이라 불림)으로 나타나며 자기의 발달 및 유지와 같은 복잡한 인간 행동을 비롯한 인간의 언어와 인지를 촉진한다. 우리는 일반적으로 2세 이전에 관계 구성하기를 시작하며, 이 레퍼토리에 능숙해지면 환경의 심리적 기능은 빠르고 심오하게 변화한다. 달리 말하자면 관계 구성하기는 우리가 주변 환경을 이해하고 반응하는 방식을 바꾸어 다른 종과는 매우 다른 방식으로 세상을 경험하고 상호 작용할 수 있게 한다. 그런데 관계 구성하기란 정확히 *무엇일까*? 한번 살펴보자.

*관계 구성하기*Relational Framing

'관계하기relating'라는 용어의 의미에 대해서부터 시작해 보자. 이 용어는 무언가에 대해 다른 것과의 관계 측면에서 반응하는 행위로 정의할 수 있다. 크기가 서로 다른 나열된 물체 중 가장 큰 물체를 고르는 식이다. 많은 비인간 동물도 이런 식으로 물리적 성질에 기초하여 사물을 서로 관련짓는 법을 학습할 수 있다. 예를 들어 사물이 다른 사물과 물리적으로 같거나 다른지, 또는 다른 사물보다 물리적으로 더 크거나 작은지 식별하는 방식을 학습할 수 있다(예: Giurfa, Zhang, Jenett, Menzel 및 Srinivasan, 2001을 참조). 따라서 침팬지는 비교를 위해 나열된 일련의 사물 중에서 물리적으로 가장 큰 것을 선택하도록 학습 받는다(크기가 다른 여러 막대기 중에서 가장 큰 막대기 선택하기 등). 이는 *비임의적 관계 반응nonarbitrary relational responding*이라고 불리는 관계 반응 중 한 유형이다. 대상 간 관계는 인간의 변덕이나 관례에 따라 변경되지 않는다는 점에서 비임의적이다.

인간도 비임의적 관계 반응을 학습하지만, 이미 간단하게 언급되었던 *임의 적용적 관계 반응*이라는 더욱 추상적이고 고유하며 뚜렷이 다른 형태의 관계하기도 학습한다. 이러한 유형의 관계 반응은 물리적 속성에 기반을 둔 비임의적 관계 반응과 달리, 물리적 속성과 무관하게 대상 간 관계를 특정하는 *맥락 단서*에 기반을 두고 대상을 서로 관련짓는 것을 의미한다(Hayes et al., 2001). 물리적 속성에 의존하지 않는 특정 방식으로 대상이나 사건을 관련지으므로 '임의 적용적' 관계 반응이라 일컫는다. 이는 관계구성이론에서 필수 개념이므로 최대한 명확히 설명하기 위해 몇 가지 예시를 추가로 사용할 것이다. 그림 2.1은 비임의적 관계 반응과 임의 적용적 관계 반응의 차이를 보여 준다.

그림 중 1번으로 표시된 예제를 보자. 이 작업은 비임의적 관계 반응이 요구되는 간단한 표본–짝짓기match-to-sample 과제다. 1번으로 표시된 상자 속 상단에는 검은색 표본 원이 있고, 하단에는 3개의 비교 원이 있다. 과제는 물리적 동일성 관계에 따라 표본 원에 상응하는 비교 원을 선택하는 것이다. 표본 원과 비교 원의 속성을 기반으로 정확한 비교 원을 쉽게 선택할 수 있다. 상자의 오른쪽 아래에 있는 검은색 비교 원은 상자의 상단에 있는 검은색 표본 원과 물리적으로 같으므로, 상자 하단에 있는 검은색 원이 올바른 선택이 된다. 이제 2번으로 표시된 부분의 과제를 살펴보자. 여기서도 표본 원에 상응하는 비교 원을 다시 선택하라고 지시하지만, 이 경우 올바른 선택이 원의 물리적 속성에 기반을 두지 않으므로 어떤 비교 원이 표본 원에 상응하는지 곧바로 명확해지지 않는다. 그러나 이 과제를 수행하려는 사람이 맥락 단서[검은색 원과 흰색 원 사이에 등호(=)가 있는 별도의 상자, 3번 그림]를 본다면, 적어도 등호에 익숙한 사람에게는 이 작업은 즉시 비교적 간단한 과제가 된다(4번 그림). 만약 과제를 수행한 사람이 정답을 맞혔다면, 그가 한 수행은 임의 적용적 관계 반응(관계 구성)의 예가 된다. 검은색 원과 흰색 원이 다른 비교 원보다 더 물리적으로 유사한 점이 없으므로 이 경우 정확한 반응은 물리적 속성을 기반으로 하지 않는다. 대신 이 목적을 위해 과제를 만든 사람이 두 개의 원이 상응한다는 것을 미리 (임의적 기준으로) 결정하면, 과제 수행자는 등호 신호를 관계 단서로 사용한다. 과제를 수행하는 사람이 동일 관계 단서로 등호 신호에 반응하는 법을 학습하였다면, 이 맥락에서 검은색 표본 원을 흰색 비교 원과 동일시하여 검은색 표본 원에 상응하는 흰색 비교 원을 선택하게 된다. 따라서 이 과제 수행은 *임의 적용적 동일성*arbitrarily applicable sameness (또는 *대등*coordinate) *관계 반응*의 예시이자, 관계 반응의 조절 원인을 강조하는 차원에서 *동일성(대등) 맥락으로 조절된 관계 반응*sameness (coordinate) contextually controlled relational responding 또는 *동일성(대등) 관계 구성하기*sameness (coordinate) relational framing의 예가 될 것이다.

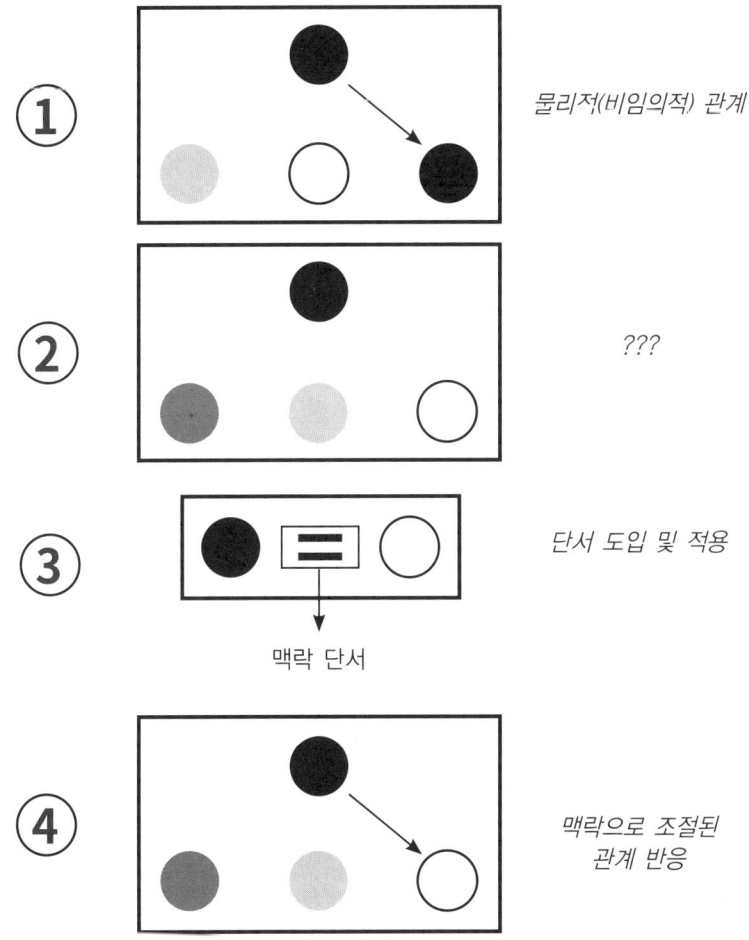

그림 2.1 비임의적 관계 반응 및 임의 적용적 관계 반응

그림 2.1을 통해 비임의적 관계 반응(관계된 자극의 물리적 속성을 기반으로 한 관계하기)과 임의 적용적 관계 반응(해당 관계를 결정하는 단서를 기반으로 한 관계하기)의 차이점에 대해 어느 정도 개념을 잡을 수 있기를 바란다. 우리가 사용한 표본-짝짓기 반응은 간단하고 명확한 과제로, 이를 통해 비임의적 관계 반응과 임의 적용적 관계 반응을 비교적 직접 비교해볼 수 있다.

이제 임의 적용적 관계 반응의 보다 일반적이고 생태학적으로 타당한 예를 살펴보자. 언어를 사용할 수 있는 아이에게 다음과 같은 세 명의 가상 인물을 묘사해본다고 가정해 보자. "짐은 존보다 키가 크고, 존은 샘보다 키가 크다" 아이가 정상 발달 과정에 놓여 있고, 충분한 나이를 먹었고 사회적 상호 작용의 전형적인 역사를 살고 있다면, 아마도 아이는 이 묘사로부터 '짐이 샘보다 키가 크다' 또는 '샘이 짐보다 작다'와 같은 다양한 새로운 관계를 유도해낼 것이다. 여기에 대해 명확히 교육받은 적이 없더라도 아이는 이런 반응을 할 수 있을 것이며, 심지어 이런 반응과 관련된 자극의 물리적 또는 비임의적 속성이 뒷받침해주지 않는 경우라도 이런 반응을 할 수 있을 것이다. 예를 들어, 누가 누구보다 키가 큰지는 등장인물의 이름만으로는 분명치 않다. 관계구성이론 관점에서 우리는 일반화된 관계 반응의 특정 양상을 조절하여 아이의 이전 학습 이력에서 설정된 맥락 단서('~보다 큼')를 아이에게 제시한다. 이 단서가 제시될 때, 반응 양상은 임의적으로 선택된 자극 세트('짐', '존', '샘'과 같은)와 관련하여 발생한다. 이는 그들의 비임의적 속성이 어떤 것이든, 그들 사이의 비임의적 관계와 상관없이 모든 자극이 서로 일관된 관계를 갖도록 나타난다.

앞서 언급했듯이 임의 적용적 관계 반응은 관계 구성하기라고도 하며, 용어 자체가 내포된 기능적 관계를 알려주는 은유가 된다. 액자(틀)이 어떤 그림도 담을 수 있는 것처럼, 내용이 무엇이든 관계 구성(틀)은 물리적 속성과 무관하게 모든 자극에 적용할 수 있다. 또한, 액자가 다양한 모양과 크기를 가지는 것처럼, 관계 구성에도 다양한 종류가 존재한다. 관계구성이론 연구에 따르면 관계 구성 종류에는 동일성[또는 대등, '프랑스어 chien은 (개)를 의미한다'], 차이('캘리포니아는 캔자스와 다르다'), 반대('뜨거움과 차가움은 반대이다'), 비교('10센트 동전은 5센트 동전보다 가치 있다'), 계층('고래는 포유동물의 일종이다'), 직시dexis('나는 여기 있고, 당신은 거기 있다'), 시간성('봄은 여름 전에 온다') 및 유추analogy('양말에는 발인 것처럼 장갑에는 손이다') 등이 있다. 이러한 관계에 대한 추가 예시와 각각이 포함된 유도 단서와 양상에 대해서는 표 2.1을 참조하라.

표 2.1 관계 유형, 예시, 맥락 단서

관계 유형	예	맥락 단서
대등	TV는 텔레비전과 동일하다.	~이다. 동일하다. 같다
차이	이 노래는 친숙하지 않다.	~와 다르다. 아니다. 차이가 난다.
반대	슬픔은 기쁨의 반대이다.	같지 않다. 반대이다.
비교	쿠키가 양배추보다 낫다.	~보다 많다. ~보다 적다. ~보다 낫다. ~보다 나쁘다.

계층	샴은 고양이의 한 종류이다.	가진다. 포함한다. ~중 하나의 유형
직시	나는 체육관에 있고, 당신은 공원에 있다.	나/당신, 여기/거기, 지금/그 때
시간성	어제는 오늘의 전날이다.	앞(전), 뒤(후)
유추	개에게 개집이 있는 것처럼 벌에게는 벌집이 있다.	A에게 B인 것처럼 C에게는 D이다.

관계 구성하기의 기원 Origins of Relational Framing

관계구성이론은 관계 구성하기가 양육자 및 사회 구성원들과의 다양한 자연-언어 상호 작용에 노출됨으로써 학습되는 조작 반응이라는 점을 내포한다. 아동이 학습하는 임의 적용적 관계하기의 최초 양식은 단어와 대상 간의 양방향 관계이다. 이런 기본적인 관계 반응 양식에 관한 아동과 양육자 간 발생할 수 있는 비공식 훈련에는 어떤 종류가 있을지 떠올려 보자. 양육자는 아동에게 대상('공')이 어디에 있는지 물어본 다음, 아동이 정확한 대상으로 향하면(보거나 가리킴) 이를 강화한다. 이렇게 함으로써 양육자는 '이름 A[발화된 단어 '공']는 대상 B[실제 물리적 공]이다'라는 관계의 예시를 직접 훈련시킨 것이다. 또한, 양육자는 대상을 제시한 다음 정확한 이름을 말하는 반응을 강화할 수도 있다. 이 경우 양육자는 '대상 B는 이름 A이다'하는 관계의 예시를 직접 훈련시킨 것이다. 관계의 양방향이 명시적으로 교육되는(같은 교육 시간 내에 종종 함께하나 반드시 그렇지는 않음) 이런 유형의 상호 작용은 양방향 이름-대상 관계의 조작적 유형이 확고히 훈련될 때까지, 아마도 무수하게 다양한 다른 대상(아빠, 엄마, 인형, 과자, 자동차, 강아지, 고양이 등)을 가로질러 수백 번, 아니 수천 번 아동에게 일어날 것이다. 예를 들어 이 단계에서 "이것[새로운 대상 A, 원숭이 그림]은 [새로운 이름 B, 발화된 단어 '원숭이']야"처럼 완전히 새로운 대상-이름 쌍을 가진 한쪽 방향 훈련이 행해지면, 다른 방향으로도 유도가 발생한다. 즉 아동은 "[새로운 이름 B, 발화된 단어 '원숭이']는 어디에 있지?"라는 질문을 받으면 쉽게 [새로운 대상 A, 원숭이 그림]을 가리킬 수 있다.

이러한 양식의 양방향 관계하기가 학습되려면, 일단 여기 나열된 내용을 비롯하여 이 양식을 지지하는 전구체 레퍼토리가 있어야 한다.

- 일반화된 조건적 변별 학습 (주어진 대상에 대해 특정 이름을 말하도록 학습할 수 있으며, 그리고/또는 특정 이름이 주어지면 대상을 향하거나 가리키는 것을 학습할 수 있음)

- 반향echoic 반응 (양육자의 말을 어느 정도 비슷하게 반복할 수 있음)
- 공동 주시joint attention (양육자가 시선의 초점을 새로운 대상으로 향하면 이를 따라갈 수 있음)

이 세 가지 레퍼토리 모두 양방향 관계 반응 조작자 학습을 뒷받침하는 데 필수적이다. 이 중 어느 하나라도 결핍되면 아동의 양방향 관계 반응 학습이 지연될 수 있다. 반면 이러한 레퍼토리가 자리 잡고 있으며, 사회 언어적 환경과 특히 양육자의 적절한 상호 작용에 충분 기간 노출된다면, 양방향 관계 반응이 시간이 지남에 따라 나타나게 될 것이다.

양방향 이름-대상 양상은 참조reference라는 핵심 언어 현상을 구성할 뿐만 아니라, 가장 일반적인 구성이자 가장 중요한 구성 중 하나인 대등(동일성) 관계 구성의 기초를 제공하므로 특히 중요하다. 우리는 두 자극(이름과 대상) 사이의 동일성 관계에 반응하는 것을 학습한 다음, 학습한 관계의 반대 방향으로 새로운 관계를 유도하는 것을 학습하고, 자연 언어에 대한 지속적인 노출과 정규 교육과정을 통해 학습한 두 가지 관계를 결합하여 새로운 관계를 유도하는 것도 학습하게 된다. 일례로 다음 유도를 살펴보자.

만약 [사과 그림]을 'apple'[A=B]이라 하고, 영어 단어 'apple'이 프랑스어 'pomme'[B=C]와 같은 것이라면, [사과 그림]의 이름은 'pomme'[A=C]이며, 'pomme'는 [사과 그림]의 이름이다. [C=A]

다시 말해 아동은 자신이 속한 언어 집단과 주고받는 비공식 상호 작용에서 제시된 다중 표본multiple exemplars 노출을 통해 배운 관계를 결합함으로써 유도된 새로운 관계 양식을 학습한다.

지금까지 우리는 아동이 대등 또는 동일성 측면에서 구성을 학습하는 방법만 다루었다. 이미 언급했듯이 이는 언어적 참조(이름=대상, 대상=이름)를 가능케 하는 한편, 범주화 또는 분류 같은 중요한 기능에서 핵심 역할을 하여 각자 다르게 취급될 수도 있는 개념을 함께 묶어 동일하게 다룰 수 있게 해 주는(강아지, 고양이, 생쥐, 소는 모두 동물이다) 결정적으로 중요한 구성 유형이다. 대등 관계 구성을 통해 우리는 환경에 대해 훨씬 효율적으로 학습하고 반응할 수 있다. 하지만 이는 우리가 학습하는 수많은 관계 구성 중 첫 번째 양식일 뿐이다. 우리는 각자 속한 언어 집단에 지속적으로 노출되며 표 2.1.에 나열된 다른(비대등) 관계 또한 습득하게 된다.

예를 들어 비교에 따른 관계 구성이 어떻게 나타나는지 생각해 보자. 아마도 이 경우 아동은 '더 큰'과 같은 청각 자극이 있을 때 두 물체 중 물리적으로 더 큰 것을 선택하는 것과, '더 작은'과 같은 자극이 있을 때 두 물체 중 물리적으로 더 작은 것을 선택하는 것을 우선 학습하게 될 것이다. 다음으로 이러한 자극이 존재하는(비교 관계에 관한 맥락 단서가 확립된) 상황에서 해당 양식의 유형에 대한 다중 표본에 노출됨으로써, 관계 반응은 명백한 공식적 관계가 없는 조건에서도 적용될 수 있는 방식으로 추상화된다(따라서 아동이 '용은 유니콘보다 크다'는 말을 듣고 난 다음 두 '동물'과 직접 접촉할 필요도 없고, 심지어 유니콘이 용보다 더 작다는 개념을 유도하는 그림을 볼 필요도 없다).

관계 구성하기의 속성 Properties of Relational Framing

제시한 바처럼 우리는 사회 언어적인(즉, 언어) 환경에 노출되며 다양한 관계 구성을 점진적으로 획득한다(Hayes et al., 2001). 관계구성이론 관점에서 보면 모든 구성은 세 가지 특징 또는 속성을 가진다.

1. 상호적 함의 Mutual entailment
2. 조합적 함의 Combinatorial entailment
3. 기능의 변형 Transformation of functions, TOF

상호적 함의 MUTUAL ENTAILMENT

상호적 함의란 한 방향으로 주어진 관계가 다른 방향으로 유도되는 관계를 함의하는 속성이다. 이름-대상 관계에서 이 속성의 명백한 예를 볼 수 있었다. 한 방향 (이름-대상)으로 학습하면 다른 방향 (대상-이름)을 유도할 수 있다. 비교 관계를 포함하는 또 다른 예로서 수지라는 어린이에게 이전에 본 적 없는 크기가 같은 두 개의 외국 동전을 보여 주고, 동전 B보다 동전 A가 가치가 높다고 알려준다. 곧바로 수지가 동전 B가 동전 A보다 가치가 낮다는 것을 유도해낸다면, 이 또한 상호적 함의의 결과이다.

조합적 함의 COMBINATORIAL ENTAILMENT

조합적 함의란 두 개의 학습된 관계가 결합하여 추가 관계를 함의하는 속성이다. 앞에서 설명한 예를 떠올려 보자.

만약 [그림 A] = [영어 이름 B]이고, 만약 [영어 이름 B] = [프랑스 이름 C]라면, [그림A] = [프랑스 이름 C]이며, [프랑스 이름 C] = [그림 A]이다.

이것이 대등 관계 안에서 조합적 함의의 예시이다. 또 다른 예를 들면, 이번에는 비교 관계에서 수지와 외국 동전으로 돌아가 보자. 같은 크기의 외국 동전 3개를 수지에게 보여 주고 동전 A가 동전 B보다 가치가 있고 동전 B가 동전 C보다 가치가 있다고 말하고 난 다음, 수지가 동전 A가 동전 C보다 가치가 높다는 관계와 그 동전 C는 동전 A보다 가치가 없다는 것을 유도해내면, 바로 이것이 조합적 함의이다(그림 2.2 참조).

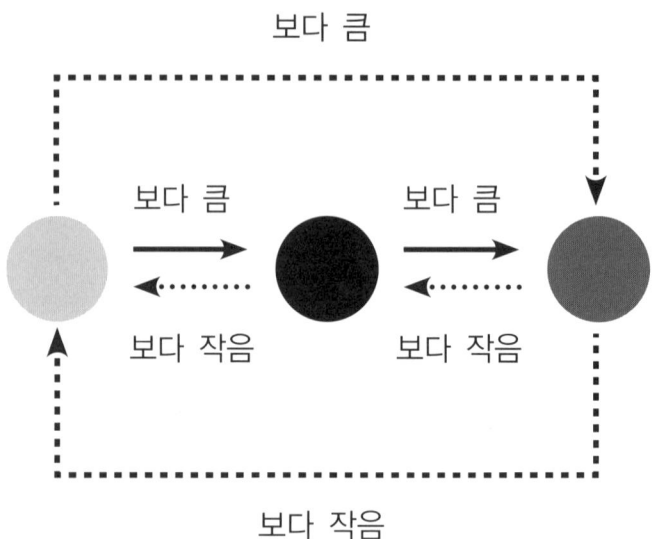

그림 2.1

비교 관계 구성에서 상호적 함의와 조합적 함의를 통해 유도된 관계들. 실선 = 직접 훈련된 관계(가장 왼쪽 동전과 중간 동전 사이, 중간 동전과 가장 오른쪽 동전 사이). 점선 = 훈련의 결과로 유도된 관계('보다 작음'이라는 두 개의 상호적 함의 관계는 중간 동전과 가장 왼쪽 동전 사이, 그리고 가장 오른쪽 동전과 중간 동전 사이에서 유도된 반면, 두 조합적 함의 관계인 '보다 큼'과 하나의 '보다 작음'은 가장 왼쪽 동전과 가장 오른쪽 동전 사이에서 유도됨)

기능의 변형 TRANSFORMATION OF FUNCTIONS

관계 구성하기의 세 번째 속성은 *기능의 변형*이다. 관계구성이론 관점에서 볼 때 이 속성이 언어가 우리의 행동에 영향을 주는 과정이므로, 관계 구성하기의 심리적 관련성 측면에서 기능의 변형 속성은 매우 중요하다(Dymond & Rehfeldt, 2000을 참조). 앞서 지적한 바와 같이 기능의 변형이란 환경 내 자극의 심리적 기능이 변화되거나 변형될 수 있는 관계 구성하기의 속성이다. 관계 구성된 임의 자극 A와 B가 존재하고, 두 자극 중 자극 A가 심리적 기능을 가진 경우라면, B의 자극 기능은 특정 조건에서 A와 관련된 관계에 따라 변형될 수 있다. 예를 들어, 우리의 친구 수지가 생전 처음 본 동전으로 물건을 살 수 있는 외국에 있다고 상상해 보자(즉, 이 동전에는 유인적 기능이 지금 생겼다). 수지는 상점에서 물건을 사면서 이미 동전 A를 사용했을 수도 있다. 그렇다면 동전 A는 직접 조건화된 유인적 기능을 가질 것이다 (달리 말해 동전 A는 조건화된 정적 강화제가 될 것이다). 이 가능성을 시험하는 한 가지 방법은 수지에게 동전 A와 동전 B 중 하나를 선택하게 하는 것이다. 두 번째 동전인 B는 이때껏 접한 적이 없기에 중립적 기능을 가졌다고 볼 수 있다. 이런 상황이면 수지는 동전 A를 선택하리라 예상할 수 있다. 그러나 다시 수지에게 같은 선택을 제공하며, 이번에는 선택에 앞서 동전 B가 동전 A보다 가치가 있다고 이야기했다고 상상해 보자. 수지는 동전 B 자체에 대한 경험도, 이것으로 무엇을 살 수 있는지에 관한 경험도 없지만, 조건화된 강화제인 동전 A 대신 B를 선택한다. 수지의 선택은 환경 안에서 자극에 대한 관계 구성하기가 자극의 심리적 기능을 어떻게 변화시킬 수 있는지를 보여 준다.

임의 적용적 관계를 통한 기능의 변형이라는 현상은 다양한 다른 관계(대등, 차이, 반대, 비교, 유추, 시간성 및 관점과 같은)와 기능(유발, 조건화된 유발, 변별, 강화, 지시, 자기변별, 회피 등, 개요에 대해서는 Dymond, May, Munnelly & Hoon, 2010을 참조하라)과 관련된 150편이 넘는 관계구성이론 연구에서 잘 입증되었다. 이 현상의 명백한 실증적 사례로 Dougher, Hamilton, Fink 및 Harrington (2007)의 실험을 들 수 있다. 이 실험에서는 먼저 참가자에게 임의적 형태 자극인 A, B, C로부터 A < B < C의 관계를 유도하도록 한 다음, 자극 B를 가벼운 전기 충격과 연합시켰다. 실험 결과 참여자 8명 중 6명의 생리적 각성 수준(갈바닉 피부 저항으로 측정함)이 자극 B에서보다 자극 A에서 낮았고, 자극 C에 반응할 때 더 높은 수준의 각성을 나타내었다. 자극 C에 관한 결과는 특히 인상적이었다. 대개 그 자체로 직접 조건화되지 않은 자극 C 같은 임의 자극(자극 C 같은)은 기껏해야(예를 들어 직접 조건화된 자극과 연관됨을 통해) 직접 조건화된 자극에 대한 반응과 유사한 각성 수준을 생성할 것으로 예상했기 때문이다. 자극 C가 자극 B보다 훨씬 더 각성을 높였다는 사실은 연합 조건화 과정과는 다른 대안 과정, 즉 비교 관계를 통한 기능의 변형 과정에 주목하게 한다. 이어진 수많은 추가 연구에서 보고된 유사한 결과는 언어의 관계구성이론 설명에 부응하는 강력한 증거이다. 이들 연구는 또한 인간 경험에서 흔히 볼 수 있는 여러 가지 기능의 변형, 즉 우리가 언어와 사고에 대한 관계 구성을 통해 감정과 다른 반응을 경험하는 과정에 대한 실험실 모델을 제공한다.

일례로 방금 서술한 실험실 증명의 자연적 대응으로, 작은 지역 상점에서 공황 발작을 겪은 사람을 생각해 보자. 이 사건의 결과로 그는 특정 상점(직접 조건화)뿐만 아니라 보다 일반적으로 상점들(일반화)에 대한 두려움도 가지게 되었다. 이제 그가 자신의 도시에서 새로운 대형 상점이 개장을 앞두고 있다는 기사를 신문으로 읽었다고 상상해 보자. 이후 그는 자신이 그 상점에 있는 악몽을 꾸고, 치료자와 이를 이야기하면서 새로운 대형 상점을 방문하는 것보다 공황 발작을 경험했던 작은 가게를 다시 가는 게 낫겠다고 말한다. 이런 식으로 비교 관계를 통해 기능이 변형된 결과(대형 상점이 기존 지역 상점보다 더 크고, 따라서 더 위험하고 더 무서운 곳으로 지각됨), 그는 이전 공황 발작을 직접 경험했던 곳보다 가본 적도 없을뿐더러 아직 실제로 세워지지도 않은 곳을 더 불안하다고 보고한다. 관계 구성하기를 통한 기능의 변형으로 촉진되는 이러한 양식은 불안을 겪는 사람에게는 흔한 일이다. 이는 미래에 나쁜 일이 일어날 가능성에 관한 불안이 예상되는 것보다 훨씬 더 크게 여겨지는 파국화*catastrophizing*와 같은 결과에도 관련되어 있다.

따라서 기능의 변형은 언어가 행동에 미치는 영향과 이 영향을 특징짓는 생성성 generativity(새로운 행동을 허용하는 능력) 및 유연성flexibility(적응을 위한 능력)에 대한 기술적 이해를 가능케 한다(이번 장 후반부에서 생성성과 유연성을 더 자세히 다룰 것이다). 관계구성이론 관점에서 기능의 변형 과정은 맥락조절 영향 아래에 있으며, 이 맥락조절은 다양한 관계 구성하기의 발생을 결정하는 맥락조절과는 별개라는 점이 중요하다. 후자의 맥락조절 유형으로는 다양한 관계 구성하기가 유발되는 '같음', '반대', '보다 큼', '보다 작음' 같은 맥락 단서를 떠올려 보라. 이를 C_{rel} 맥락조절이라 하며, C는 '맥락'을 나타내고 *rel*은 '관계'를 나타낸다. 더불어 관계구성이론은 C_{func} 맥락 단서도 개념화한다. 여기서 C는 역시 '맥락'을 나타내고 *func*는 '기능'을 나타낸다. C_{func}은 관련된 관계를 통해 어떤 기능이 변형되는지 결정한다. 예를 들어, X가 Y보다 크다고 말하면 Y가 X보다 작다는 관계를 유도할 수 있다. 이것은 비교 관계에 대한 C_{rel} 맥락조절의 예이다. 게다가 Y가 많은 양의 황금이고 X가 더욱 많은 양의 황금이라고 말한 다음, X와 Y 중 어느 것을 소유하고 싶은지 묻는다면, 당신은 X를 선택할 것이다(더 많아서 더욱 값어치 있는 금의 양). 만약 당신에게 계단으로 X와 Y 중 어떤 것을 옮길 것인지 묻는다면, 아마도 당신은 Y(더 작아서 더욱 가벼운 금의 양)를 선택할 것이다. C_{func} 개념 단서에 의해 전달되는 추가 정보는 관계를 통해 변형되는 기능(한편으로는 가치, 다른 한편으로는 육체적 운동)을 결정하므로, 그 결과 당신이 선택에 어떻게 반응할 것인지 결정케 한다.

언어의 관계 구성하기와 주요 특징
Relational Framing and Key Features of Language

언어에 대한 관계구성이론적 전개에서 기능의 변형과 그 역할은 매우 중요하므로, 나중에는 앞서 논의한 개념의 다른 예시들로 돌아갈 것이다. 지금은 관계구성이론 측면에서 자기를 이해하는 데 중요한 배경 정보를 구성하는 언어의 네 가지 주요 측면과 관계 구성에 비추어 이들 주요 측면을 이해하는 방법을 명확하게 고찰해 보자.

1. 참조Reference
2. 생성성Generativity
3. 일관성Coherence
4. 규칙 추종Rule following

관계 구성하기를 통해 이러한 주요 현상을 조사하고 모델링 할 수 있으며, 이들 현상은 자기 과정을 포함하여 복잡한 인간 행동을 이해하는 데 각기 중요하다.

참조Reference

이미 설명한 것처럼 관계 구성하기를 통해 자극 간 양방향 또는 상호적 수반 관계를 인식하고 표현할 수 있다(예를 들어, 한 대상이 한 단어와 관련되어 있으면 그 단어는 또한 그 대상과 관련되어 있음). 참조를 특정 짓는 양방향성 능력, 더 일반적으로 관계 구성하기는 인간의 경험을 본질에서부터 명확히 하여 우리를 다른 종들과 차별화한다.

단방향성 대 양방향성UNIDIRECTIONALITY VERSUS BIDIRECTIONALITY

인간 외 다른 종에서 조건화는 단방향으로 일어난다. 반응적 조건화 현상으로 돌아가 보자. 개의 경우, 초기에 중립 자극(음성단어 '간식')이 규칙적으로 무조건 자극(강아지용 간식) 앞에 주어지면, 음성단어 '간식'은 실제 간식의 심리적 기능을 얻어 조건 자극이 된다. 개에게 조건 자극이 주어지면(즉, 개가 '간식'이라는 음성단어를 듣게 됨), 개는 타액이 분비된다. 그러나 이 조건화는 초기에 중립 자극(음성단어 '간식')이 무조건 자극(실제 '간식')보다 *선행*하는 경우에서만 작동한다. 이제 개가 실제 간식을 받기 *전에* 규칙적으로 개에게 '간식'이라는 단어를 제시하는 대신, 개가 실제 간식을 받은 *다음* '간식'이라는 단어를 정기적으로 제시한다고 가정해 보자. 이러한 상황에서는 조건화가 거의 불가능하다. 즉, '간식'이라는 단어 자체만으로는 개의 반응을 유발하지 못할 것이다. 반면 인간의 조건화는 관계 구성 덕분에 양방향성이 강하다. 예를 들어, 아이에게 먼저 과자를 제공하고 *나서* 이것이 과자라고 말해 준다면, 이후에도 아이는 여전히 웃고, 입맛을 다시며, 과자의 모양이나 맛을 기억하거나 흥미를 나타내면서 '과자'라는 단어의 소리에 반응할 것이다. 다시 말해 아이는 '과자'라는 단어의 소리와 실제 과자를 같다고 구성한다. 이 경우 단어 '과자' 소리의 심리적 기능은 실제 과자의 심리적 기능 중 일부를 포함하도록 변형된다.

양방향성: 양날의 검BIDIRECTIONALITY: A DOUBLE-EDGED SWORD

여기서 논의되는 언어의 다른 특징들과 마찬가지로 관계 구성하기에 내재한 양방향성은 두 가지 측면을 가지고 있다. 즉 한편으로는 인간에게 매우 긍정적이고 유익할 수 있지만, 한편으로는 인간의 고통과 병리를 촉진할 수 있다.

관계 구성하기에 내재한 양방향성은 우리 종족이 즐거운 과거 사건을 토론하거나 생각함으로써 이를 기억하고 재현할 수 있음을 의미한다. 우리는 과거 경험을 분석하여 조작적 학습 단독으로 제공된 것 이상의 통찰력을 얻을 수 있다. 우리는 문제를 해결하고 미래를 계획하기 위해 과거와 현재 환경을 상징화하고 숙고할 수 있다. 우리는 인생에서 가장 가치 있게 여기는 것(친구 사귀기, 기부하기, 건강하기 등)에 대해 언어로 접촉할 수 있으며, 이 능력은 우리가 가치 있는 것을 추구할 때 더욱 효과적으로 우리의 행동을 안내하는 동시에 가장 가치 있는 것을 추구하게끔 만드는 동기 또한 부여한다. 자기라는 주제의 맥락에서 특히 중요한 것은 관계 구성에 내재한 양방향성이 우리 자신과 자신의 행동을 구성할 수 있게 해 준다는 것이다. 즉 우리가 누구인지, 무엇을 하는지, 무엇을 나타내는지에 대해 숙고하고 성찰하게 한다. 다른 동물들은 양방향 관계를 유도하지 않기 때문에 이를 할 수 없지만, 인간에게 관계 구성하기의 양방향성은 실로 기본이자 강력한 기능 변형을 갖는 특성이다.

그러나 관계 구성하기의 양방향성으로 우리가 즐거운 사건을 기억하고 상상할 수 있듯이, 이 양방향성으로 인해 우리는 불쾌한 사건을 기억하고 상상하기도 한다. 과거와 현재 경험을 통해 미래를 계획하는 능력의 기반을 관계 구성하기의 양방향성으로 다질 수 있는 것처럼, 양방향성은 우리를 미래에 대한 불필요한 걱정으로 이끌기도 한다. 우리는 긍정적인 시각으로 자신과 자신이 누구인지를 생각할 수도 있지만, 자신이 누구인지 부끄러워하거나 미래가 단지 고통과 괴로움을 안고 있다고 상상할 수도 있다. 그러나 관계 구성을 통해 불쾌한 생각과 느낌을 경험할 수 있는 우리의 능력이 관계 구성의 최악인 부분이라는 말은 아니다. 이런 경험은 우리가 언어-가능 유기체로 존재하는 이상 혐오스럽지만 피할 수 없는 측면이지만, 그런데도 우리는 이러한 경험을 피하려 시도할 수 있으며, 이 '체험 회피experiential avoidance'(Hayes, Strosahl, & Wilson, 2011)는 우리가 가치를 추구하고자 하는 과정을 망가뜨리며 우리의 삶에 훼방을 놓는다.

예를 들어, 끔찍한 교통사고에 연루되어 외상 후 스트레스 장애를 경험하고 있는 한 여성을 생각해 보라. 교통사고의 심리적 영향이 자신의 삶을 심각하게 방해하지만, 자신에게 일어난 일에 관해 전문가와 이야기하는 것(이것이 자신을 도울 수 있음을 알고 있지만) 또한 매우 어렵다는 것을 깨달을 수 있다. 무슨 일이 일어났는지를 말하는 것이 너무나도 고통스럽기 때문이다. 관계 구성하기 능력과 관계 구성을 통해 기능을 변형시킬 수 있는 그녀의 능력을 고려하였을 때, 이는 자신에게 일어난 일을 보고하는 행위가 교통사고 자체의 기능을 부여받은 결과이다. 따라서 치료자와 함께 사고에 관해 이야기하는 동안 두려움과 고통을 비롯한 혐오스러운 기억이 떠오를 수 있다. 이런 불쾌한 경험을 피하고자 치료를 회피할 수 있지만, 이 회피로 인해 대가를 치르게 될 수 있다. 외상후스트레스장애 증상이 지속되거나 심지어는 악화될 것이며, 자신의 삶을 살고 온전히 즐기는 능력은 제한될 것이다. 일례로 사람들과 어울리는 활동이 사고 전에는 그녀에게 가치 있는 활동이었지만, 이제는 운전과 그로 인해 떠오르는 사고 기억을 회피하기 위해 외출을 피하게 될 것이다.

*생성성*Generativity

새로운 언어 구성을 생산하고 이해하는 언어-가능한 인간의 능력을 고려하였을 때, 관계 구성하기는 대단한 생성성을 가진다. 관계 구성에 따라 어떤 자극을 다른 자극과 관련시키는 것은 실로 우리의 능력이며 우리는 이 능력을 통해 생성성을 갖게 된다. 관계 구성하기 레퍼토리는 반려동물 이름 작명부터 베스트셀러 소설 집필을 거쳐 우주의 기원에 대한 포괄적이고 경험에 기초한 이론 개발에 이르기까지, 인간 언어와 사고의 생성성과 유연성의 기초가 된다.

이러한 생성성의 핵심은 관계 구성하기를 통한 기능의 변형이다. 관계구성이론에서 기능의 변형이란 '언어적'이라는 형용사를 쓸 때 우리가 뜻하는 바의 기저를 형성하는 핵심 과정이다. 이런 점에서 관계적으로 구성된 대상이나 사건은 우리에게 언어적, 즉 관계 구성을 통해 우리가 알고 있는 세상 일부로 편입된다. 달리 말해 우리는 관계 구성하기의 조정 없이 세계와 직접 접촉하고 있다고 여기지만, 실제로는 우리 주변의 모든 것이 최소한 어느 정도는 관계 구성하기 과정에 의해 변화된다. 예를 들어 우리 주변의 모든 것은 이름을 가지고 있다는 점(우리 주변의 모든 것이 대등 관계 구성 안에 있음)과 우리가 이름이 붙여진(관계적으로 구성) 것들에 대해 생각할 때, 다른(명명된, 관계적으로 구성된) 것과 어떻게 관계되는지를 생각한다는 사실을 고려해 보자. 지금 즉시 주위를 둘러보며 당신이 어디에 있는지, 주변에 어떤 사물과 사람이 있는지, 주변 환경을 좋아하는지 싫어하는지, 그 특정한 장소에서 이 책을 읽는 동기가 무엇인지 등을 떠올려 보자. 당신이 볼 수 있고 이름을 지을 수 있는 것들은 당신과 당신의 현재 활동뿐만 아니라 다른 모든 것에 때론 밀접하게, 때론 더 멀게 암묵적으로 관계되어 있다. 그러므로 이 모든 것들과 당신이 생각할 수 있는 다른 것들도 전부 관계망network의 일부이다. 이 사실을 고려해 보았듯이, 관계 구성하기를 통해 사물을 서로 관련(비교, 대조 등)지어 이들의 기능을 변형하고 있다는 점 또한 생각해 보자. 예를 들어 당신이 이 책에 대해 생각할 때, 특정 관점에 따라 올해 읽은 다른 책보다 더 나은지 자문해 볼 수 있다. 이런 종류의 비교를 하면 책의 기능이 즉시 변형되어 당신의 이 시간의 가치가 더해지거나(다른 책보다 낫다고 판단한 경우) 혹은 덜해지는 것처럼(다른 책보다 못하다고 판단한 경우) 보인다. 정도의 차이는 있겠지만, 당신이 하는 모든 것에 항상 이런 과정이 명백한 방식으로 진행된다.

우리는 사회 언어적 공동체와의 상호 작용을 통해 대상, 사건, 사람(자신과 자신의 행동 포함)을 구성할 때 관련 자극망network을 정교화한다. 그리고 기능의 변형을 통해 세상은 점점 더 새롭게 언어적으로 유도된 기능을 나타낸다. 단어와 대상을 같은 것으로 구성하기를 배우기 시작하자마자 우리의 관련 자극망은 확장되기 시작하며, 이 자극망은 아마도 우리 삶 나머지 시간 대부분 동안 지속해서 확장될 것이다. 2세에서 3세 사이(대개 아동이 대등, 차이, 비교 등과 같은 몇 가지 간단한 관계에 따라 구성하는 능력을 습득했을 때)에 발생한다고 충분히 입증된 '언어 폭발language explosion'은 아동이 명명된 대상과 사건의 확장된 조합에서 다수의 새로운 관계를 유도하는 관계망 정교화의 명백하고 두드러진 예이다. 아동이 성인이 되어 감에 따라 지속적인 언어 상호 작용은 기능의 변형 과정에 영향받는 수많은 다른 대상과 사건을 포함하며 점점 더 복잡해지는 다중관계망을 생성한다. 우리 자신, 사고와 정서, 전망, 다른 사람, 환경을 포함하여 인간 존재가 마주하고 생각하는 모든 것이 정교한 언어 관계망의 일부가 된다. 그러므로 인간 존재에게는 자신을 비롯한 모든 세계가 언어적이며, 매우 특별한 상황을 제외하고는 언어에서 벗어날 수 없다. 이런 보편적이며 지속적인 구성과 우리의 환경에서 일어나는 기능의 변형은 인간 언어의 생성성을 이해하는 핵심이다.

일관성 Coherence

관계구성이론에서 일관성(또는 일관된 관계 반응)은 특정 사회 언어 공동체에서 이전에 학습한 것과 일치하는 방식으로 관계 짓는 것으로 정의된다(Hughes & Barnes-Holmes, 2016). 인간 언어 공동체는 맥락통제 아래에서 관계 양식의 일치성을 강화하며(A가 B보다 나이가 많으면 B는 A보다 젊으며, 이는 A나 B가 신체적으로 어떻게 보이는지와 무관함), 인간 언어 공동체에서는 이런 식의 일관성이 없으면 처벌받기도 한다. 예를 들어 지미라는 아이가 자신의 친구 샐리가 자신보다 나이가 많다고 말한 다음, 나중에는 샐리보다 자신이 나이가 많다고 말한다면, 그의 양육자는 마치 지미가 다른 친구를 마크라 부른 뒤 다시 토비라고 부르는 것처럼 인상을 찌푸리며 교정적인 피드백을 제공할 것이다. 물론 사람이나 사물에 대해 잘못된 이름이나 묘사를 제공하는 것이 처벌되지 않고 대신 강화될 수 있는 중요한 맥락도 존재한다. 그 맥락은 바로 유머로, 아빠가 두 딸을 웃게 하려고 사라를 메간으로 부르고 메간을 사라로 부르며 노는 것처럼, 의도적으로 틀린 이름을 사용하는 상황이 주의 집중과 공유되는 즐거움으로 강화되는 경우이다. 그러나 유머는 특정 일부 맥락에서만 일관성 결여에 관한 공통된 이해를 바탕으로 작동하며, 이러한 공유된 이해를 위해서는 결국 더 넓은 맥락에서 일관된 관계에 대한 이해가 필요하다. 방금 제시한 예에서 두 소녀는 자신의 이름을 알고 있으며, 즐거움의 원천은 아빠의 놀이와 정상적인 맥락에서 올바른 관계라고 그들이 알고 있는 내용과의 대조에서부터 비롯된다. 따라서 궁극적으로 유머 상태에서도 일관성은 중요하다.

일관성의 상점 THE ADVANTAGES OF COHERENCE

일관성은 더 나은 예측을 하고 더 많은 영향을 주는 것을 가능케 하므로, 비사회적 및 사회적 환경 모두에서 성공적인 문제 해결과 연관된다. 예를 들어 환경에 대한 정확한 묘사('나는 체스를 두고 있다')와 해당 설명을 기반으로 한 일관된 유도('체스에는 말 이동 방법에 대한 특정 규칙이 있으므로, 이러한 규칙에 따라 체스 말을 이동해야 한다')가 합쳐져, 이러한 요소 중 하나 또는 다른 요소가 없는 경우보다 더욱 환경에 성공적으로 참여하도록 유도한다(체스 플레이어가 정당하게 말을 이동시켜 게임에서 이기며 사회적 강화를 얻음). 이러한 이유로 맥락행동과학 문헌에서 때때로 *의미 부여* sense making로 언급되는 관계 일관성(Hayes et al., 2001)은 강력한 조건화된 강화제가 된다.

의미 부여와 문제 해결은 대체로 매우 긍정적이다. 의미 부여는 강력한 조건화된 강화제이기 때문에 그 자체로도 기분이 좋아진다. 그뿐만 아니라 종종 문제도 함께 해소되므로 가치와 연결된 중요한 목표를 성취하게도 한다. 일례로 소프트웨어의 한 부분이 어떻게 작동하는지 파악하는 것은 한편으로는 개인적 성취 수단이자 다른 한편으로는 중요한 업무를 달성하는 수단이 될 수 있으며, 결과적으로 이러한 성취는 경력에 관한 가치를 추구하는 맥락에서 중요해진다. 그리고 뉴스 기사를 따라 주식 시장이 어떻게 춤출지에 관한 성공적 예측은 아마도 한 사람에게 돈을 벌 수 있는 수단을 제공하는 동시에 자신의 명석함에 대한 본보기로서 만족을 주기도 할 것이다. 특히 자기에 관해서는 맥락을 아우르는 일관성이 특별히 중요하다. 자기 자신, 자신과 타인과의 관계, 자신과 세상과의 관계에 대해 일관되고 한결같이 이해하게 되면 자신의 가치와 목표에 대해서도 적절히 대응하고 효과적으로 계획을 세울 수 있다.

일관성의 어두운 면 THE DARK SIDE OF COHERENCE

여러 영역에 거친 일관성 추구와 달성에 대한 중요성과 이들의 긍정적인 면에도 불구하고, 우리의 언어 학습 역사 속 일관성은 우리를 호도하기도 한다. 특정 맥락에서 일관성을 추구하는 것은 때로 더 넓은 맥락에 놓여 있는 효과적이고 의미 있는 삶을 방해할 수 있다. 다음은 삶 속에서 이런 방해를 일으킬 수 있는 우리 자신과 우리가 처하는 상황에 대한 우리의 묘사이다. 첫 번째 치료 회기에 도착할 때, 내담자는 자신이 하는 것과 하지 않는 것, 해야 할 것과 하지 않을 것, 가능한 것과 불가능한 것에 대한 일관된 설명을 가져오곤 한다. 예를 들어 반복되는 실패를 경험했던 내담자가 자신을 실패자라고 결론짓는 것은 내담자의 직접 경험과 일관된다. 그뿐만 아니라 자신을 실패자로 묘사하는 사람은 대부분의 경우 그 묘사와 일관된 행동을 할 가능성이 커진다. 사고로 얼굴에 심한 흉터가 남은 여성을 생각해 보자. 친밀한 관계를 만들고 자신이 꾸릴 가정에서 사랑을 주고받으며 사는 것이 그녀의 가치임에도 불구하고, 사고가 난 다음에는 연인이 될 수 있는 상대가 자신의 외모를 혐오할 것이라는 이유로 데이트를 피하고, 궁극적으로 연인을 찾을 기회를 줄이는 결론을 내릴 수 있다. 그녀의 자기 묘사는 그녀의 경험과 비교적 일관되며, 데이트를 포기하면 그 일관성은 더욱 강화될 것이다. 그러나 친밀감과 사랑이 그녀에게 중요하다면 이 일관성은 문제가 된다. 만약 그녀가 사고 전에 일부나마 자신의 외모에 기반을 두고 자신을 정의했다면 문제는 훨씬 더 커질 것이다. 결과적으로 그녀는 자신이 혐오스럽다는 평가를 자신의 외모뿐 아니라 자신 전체(성격, 개성 등)로 확장시킬 수 있으며, 혐오스러운 행동을 하거나 즐거워 보이려는 지나친 노력을 하는 등 혐오스러운 사람과 일치하는 방식으로 행동할 수 있다. 심지어 자신을 근본부터 사랑스럽지 않은 존재로 여기기 시작할 수도 있다. 요점은 특정 맥락(자신의 외모, 로맨스와 관련하여 일어날 수 있는 일들) 내 일관된 구성이 이 여성의 행동에 영향을 주고 있으며,

관찰자 관점에서 이 행동은 데이트 상대를 만나고 가족을 꾸리려는 그녀의 보다 넓은 가치를 달성할 가능성을 낮추기에 일관되지 않고 일치하지 않는 행동으로 볼 수 있다는 것이다.

자신을 혐오스럽거나 사랑스럽지 않게 묘사하는 행동은 처벌적이고 자기 패배적으로 생각되어 반(反)직관적인 것으로 볼 수 있지만, 이 행동 또한 강화적일 수 있다. 이런 자기 묘사가 어려운 일을 회피하기 위한 명백히 일관된 변명이 된다는 점을 차치하더라도, 앞서 말했듯 일관성 자체가 강력한 조건화된 강화제이므로 이 일관성 덕분에 일부분 강화의 속성을 갖게 되는 것이다. 물론 단순히 일관성을 얻는 것이 장기적으로는 자신의 가치를 따르거나 가치와 일치하게 행동하는 것보다는 심리적으로 덜 만족스러울 것이다. 사고로 흉터가 남은 여성의 경우, 가치를 따르는 행동은 자신이 혐오스럽다고 느끼더라도 데이트를 계속하는 것이다. 그럼에도 불구하고 행동과 관련된 보다 즉각적인 수반성이 특히 영향을 주기에, 사람들은 장기적인 가치를 무시하고 '올바르다'는 느낌에 매달릴 수 있다. 아울러 강화제로서 본래의 일관성을 구축하는 것을 넘어, 사회적 차원에서도 이러한 종류의 수반성은 지속적으로 중요하다. 우리의 사회 공동체는 일관성을 지지하며, 일관성에 대한 개인 경험을 강력히 보완한다. 방금 다룬 예시의 경우, 아름다움의 중요성에 관한 사회적 태도와 바람직함, 조화성 등 사회적 규범은 다양한 매체를 통해 지속적으로 전달된다. 이런 사회적 영향으로 인해 회피해야겠다는 결정이 강화될 수 있다. 그러나 앞서 언급하였듯 상대적으로 좁은 맥락에서 일관성에 수긍하게 되면, 보다 넓은 삶의 맥락과 관련된 가치에 일관되고 일치된 행동은 약화되거나 억제될 수 있다.

*규칙 추종*Rule Following

언어에 의해 촉진되는 또 다른 중요한 현상은 *규칙 추종*rule following이다. 비인간 동물은 주로 반응적 및 조작적 조건화를 통해 학습하는 반면, 언어적 인간은 언어적으로 특정되거나 (직접 경험 대신) 규칙에 기반을 둔 수반성에 따라 움직인다. 해당 규칙은 때로는 다른 사람('길 위에 서 있어'), 때로는 개인 자신('나는 더 나가야 해')에 의해 제공된다. 관계구성이론은 관계 구성하기 측면에서 규칙과 규칙 추종을 기술적으로 설명한다. 그러나 이 기술적 설명과는 독립적으로, 맥락행동심리학과 관계구성이론의 규칙에 대한 개념은 관습적인 규칙 개념보다 더 광범위하다는 점에 주목하길 바란다. '규칙'이라는 단어의 관습적 의미는 행동을 명시적으로 규정하는(또는 금지하는) 언어적 진술('잔디밭에 들어가지 마시오')로 이해되는 반면, 맥락행동심리학과 관계구성이론에서 규칙은 자신과 자신의 행동이 포함된 세상 속 사건에 대한 언어적 진술로 행동에 보다 더 일반적인 영향을 줄 수 있다. 이런 접근에서 '나는 사회적으로 서툴러'라는 진술은 규칙으로 간주될 수 있다. 자기 자신에게 이렇게 말하는 것이 다른 사람과 상호 작용하는 방식을 바꿀 수 있기 때문이다 (사회적 접촉을 회피할 가능성을 더 높일 수 있다).

규칙 추종의 장점 THE ADVANTAGES OF RULE FOLLOWING

규칙 추종은 상당히 유리한 장점을 가진다. 연구에 따르면 규칙 추종은 수반성 조형 단독보다 우리가 환경에 더욱 신속하고 효과적으로 적응케 한다(Allyon & Azrin, 1964; Baron, Kaufman, & Stauber, 1969; Weiner, 1970). 예를 들어 아동은 게임에 필요한 일련의 행동을 시행착오를 통해 배우기보다 순서에 대한 설명을 듣고 훨씬 빠르게 배울 수 있으며, 규칙(예: 브릿지와 같은 복잡한 게임을 하는데 필요한 행동 레퍼토리를 위한 규칙)은 수반성 조형보다 더 정확한 행동을 유도할 수 있다. '열심히 공부하면 성공하게 될 거야'와 같은 규칙은 상당히 지연된 결과로부터 조절 받는 행동을 유도할 수도 있다.

규칙 추종의 어두운 면 THE DARK SIDE OF RULE FOLLOWING

우리는 인간 행동이 환경 조절 같은 다른 근원을 배제하는 규칙의 영향하에 들어올 수 있다는 것 또한 알고 있다(Kaufman, Baron, & Kopp, 1966). 중간고사 결과 여러 과목에서 낮은 학점을 받고, '나는 멍청하고 학업에서 어떤 것도 성취하지 못할 거야'라는 규칙을 만들어 낸 대학생을 생각해 보자. 그는 이 규칙을 따라 연이어 행동하여 학업에서 이탈하고 끝내 학업을 중단하게 될 수도 있다. 그러나 만약 세상일에는 기복이 있고, 기분이 나빠지는 일시적인 좌절에도 불구하고 계속 열심히 노력해야 한다는 조언을 그가 받아들인다면, 시간이 지나면서 성과가 향상되고 개선되는 경험을 할 수 있을 것이다. 그러나 규칙에 부합하게 행동하는 것은 이런 수반성에 접촉하는 것을 막을 수 있다. 많은 기초 실증 연구에서 규칙-기반 수반성 둔감rule-based insensitivity to contingencies 현상을 입증하였다(1986, Hayes, Brownstein, Haas, Greenway, 1977; Matthews, Shimoff, Catania, & Sagvolden, 1977; McAuliffe, Hughes, & Barnes- Holmes, 2014; Shimoff, Catania, & Matthews, 1981). 즉 규칙에 영향을 받는 인간이 환경의 변화에 적응할 가능성이 훨씬 적다는 것이다(개요에 대해서는 Hayes, 2004를 참조).

직접 수반성의 변화에 관한 이러한 증가된 둔감성은 아마도 규칙-지배 행동의 가장 해로운 영향일 것이다. 규칙은 자극 기능을 수정하고 강화의 자연 수반성을 무시할 수 있다(T rneke, 2010). 규칙-유발 둔감성은 많은 종류의 문제 행동에서 직접적으로는 불리한 결과를 경험함에도 불구하고 보속증perseveration 양상을 나타낸다는 점에서 중요하다(Hayes et al., 2011). 예를 들어, Monest s, Villatte, Stewart 및 Loas (2014)는 압도적으로 모순되는 증거와 부정적인 결과를 직접 경험함에도 망상이 지속되는 현상을 개념화했다. 이는 변화하는 환성적 수반성에 관한 규칙-기반 둔감성의 한 가지 형태이다. 연구자들은 망상적 사고의 과거력을 가진 대상자가 대조군보다 강화 스케줄 변경에 대한 규칙-유발 둔감성이 더 크게 나타난다는 결과를 발견했다. 보다 일반적으로 규칙-지배 둔감성은 보편적 반응 유형으로서 심리적 경직성과 관련이 있는 것으로 밝혀지고 있다(Wulfert, Greenway, Farkas, Hayes, & Dougher, 1994).

규칙에 대한 기능 분석 A FUNCTIONAL ANALYSIS OF RULES

방금 논의한 것처럼 규칙은 인간 행동에 좋은 쪽으로든 나쁜 쪽으로든 상당한 영향을 미친다. 따라서 우리는 긍정적인 효과를 극대화하고 부정적인 영향을 약화시키기 위해 규칙과 그 효과를 이해하는 수단이 필요하다. 관계구성이론의 유용성이 여기에 있다. 언어에 대한 기능 분석 접근은 규칙에 기반을 둔 언어를 대상으로 하기에, 관계구성이론이 여기서부터 우리를 도울 수 있다. 관계구성이론은 해당 관계 구성과 관계 유도를 야기하는 단서(Crel 단서) 양측에 관하여, 해당 관계와 관계의 기능 변형을 야기하는 단서(C_{func} 단서)를 통해 변형된 심리적 기능에 관해서도 규칙-지배 행동에 대한 분석을 제공한다(Barnes-Holmes, O'Hora, et al., 2001을 참조).

'7시 15분에 극장 바로 앞에 서 있어. 그러면 내가 거기로 너를 만나러 갈게'라는 규칙을 생각해 보자. 이 규칙은 공간 및 시간적 선행 사건, 반응의 형태와 맥락, 결과의 본질을 특정한다. 달리 말하자면 행동을 기능 분석 단위로 분류하여 과학적이며 실제적인 이해와 영향을 촉진한다. 관계구성이론 관점에서 이 규칙들은 다음과 같다.

- 단어('극장')와 실제 사건 또는 사물(극장 자체) 간 대등 관계
- 시간적 선행 사건(단어 '그러면')을 가리키는 용어로 특정한 전-후 관계
- '나', '너' 및 '거기'와 같은 단서를 기반으로 한 직시적(관점) 관계
- 기능의 변형 측면으로는, '바로 앞에 서 있어'라는 문구가 극장에서의 행동 기능을 변형시켜 청자가 해당 규칙 속 특정화된 맥락('7시 15분에') 안에서 그 주변(바로 앞)에 서 있을 가능성을 높임

관계구성이론에서는 규칙을 제공받은 개인이 규칙이 실제 행동과 대등한 정도에 따라 규칙 추종 여부를 결정할 수 있음을 제안한다. 즉 규칙 추종자의 경우(이 개념을 보

다 기술적으로 설명하기 위해), 한편으로는 규칙에 의해 구성되는 관계망과 다른 한편으로는 규칙에 의해 특정화된 대상 또는 사건 간에 유지되는 관계 사이의 대등은 행동 조절의 지속되는 근원 역할을 한다. 달리 말하자면 청자가 규칙에 의해 특정화된 비임의적 환경 사건이 실제 규칙에 의해 특정화된 관계에 있음을 알게 되면 규칙은 추종될 것이다. 방금 주어진 예에서 청자가 자신의 시계가 7시 15분을 가리킬 때 자신이 극장 바로 앞에 서 있는 것을 확인한다면, 청자는 규칙을 정확히 따르고 있는 것이다.

앞선 예처럼 타인이 다른 사람에게 규칙을 부여하기도 하지만, 우리는 스스로 부여하고 스스로 따르는 자기 규칙 또한 가지고 있다. 전형적인 언어 능력이 있는 인간은 상대적으로 간단하고 쉬운 것('버스를 타려면 지금 나가야 해')에서부터 상대적으로 복잡하고 심오한 것('인생에서 무엇을 할지 결정해야 해. 차별을 둘 수 있는 경력을 선택해야만 해')에 이르는 범위까지, 매일 수많은 자기 규칙을 생성하고 따르고 있을 가능성이 높다. 우리 자신에게 유도하고 직·간접적으로 우리의 행동에 영향을 미치는 규칙의 수를 감안할 때, 자기 규칙은 자기 분석에서 대단히 중요한 위치를 차지한다.

규칙의 기능적 범주FUNCTIONAL CATEGORIES OF RULES

Zettle과 Hayes(1982)는 기능적으로 세 가지 다른 범주의 규칙 추종을 제시하였다.

1. 응종pliance
2. 선례 따르기tracking
3. 증진augmenting

각각의 경우마다 앞서 개략적으로 다룬(즉 규칙과 행동 사이의 대등 관계를 유도하는) 과정이 발생하지만, 행동의 효과를 결정하는 것은 여기에서 추가로 다룰 행동 양식이다.

응종Pliance

응종은 규칙-지배 행동으로, 사회적으로 조절 받는 강화에 의해 규칙 추종이 조절된다. 예를 들어, 줄리아가 방을 정리하라는 어머니의 규칙을 따르는 경우, 이는 이전 규칙 추종이 칭찬과 관심을 받거나 벌을 피할 수 있었기 때문이며, 따라서 이 행동은 응종이다. 응종이 수행되는 한, 다른 사람이 주는 강화를 위해 그 사람의 규칙에 자신의 행동을 종속시켜야 한다. 따라서 응종은 자기화 레퍼토리 개발이나 확장을 저해하는 규칙 추종 양식이다(3장에서 자기화에 관해 좀 더 다루게 될 것이다). 자기 규칙 면에서 응종은 실제로는 불가능하다. 응종은 사회적으로 조절 받는 강화에 의존하고 있으며, 이 사회적 역할을 채울 '다른 이'가 자기 규칙에는 없기 때문이다.

선례 따르기 Tracking

선례 따르기는 규칙의 전달과는 무관하게 규칙과 환경 배열이 대등하다는 역사에 의해 조절 받는 규칙-지배 행동이다. 예를 들어 학교에서 줄리아는 예전에 선생님이 제공한 규칙을 따라서 시험을 잘 본 적이 있으므로, 다가오는 시험을 위해 교과서 중 어떤 부분을 읽을지에 대해 교사가 제공한 규칙을 따를 것이다. 자기화에 국한해서 보자면, 선례 따르기가 응종보다 자기화와 훨씬 더 관련이 높다. 자기 자신이나 다른 사람이 제공한 규칙에 대해 선례 따르기가 가능하며, 자기 또는 다른 이가 생성한 규칙에 대한 선례 따르기에 잠재적으로 자신과 관련되거나 자기에게 유익한 규칙 따르기가 포함되기 때문이다.

증진 Augmenting

증진은 관계망이 사건이 결과로 기능하는 정도를 변경시켜서 발생하는 규칙-지배 행동이다. 여기에는 형성적, 동기적 증진이라는 두 가지 형태가 있다.

형성적formative 증진은 이전에는 중립적이었던 자극에 결과적 기능을 생성한다. 형성적 증진의 예로는 게임 맥락에서 파란색 토큰이 가치가 있음을 듣게 되는 것이다. 이 정보로 인해 해당 맥락에서 파란색 토큰이 강화속성을 얻게 된다.

동기적motivative 증진은 이미 결과로서 기능하고 있던 자극의 효과를 변화시킨다. 예를 들어 이미 초콜릿 맛을 좋아하지만, 식료품점에 가기 전에 초콜릿 맛이 얼마나 좋은지를 설명하는 TV 광고를 보고 듣는다면, 가게에 도착해서 초콜릿을 살 가능성이 훨씬 커질 수 있다.

이와 같은 규칙의 효과를 설명하는 한 가지 방식은 규칙이 '강화제 표본 제공reinforcer sampling'이라고 알려진 동기적 조작의 특정 유형의 비언어적 행동 효과와 기능적으로 대응되게 작동한다는 점이다. 1장에서 다루었던 동기적 조작의 개념을 상기해 보자. 이는 행동 과학에서 강화제의 가치를 바꾸기 위해 사용되는 절차이다. 한 가지 방법은 대상자에게 강화제와 접촉을 짧게 일어나도록 단순히 허용하는 것이다. 예를 들어 음식과 같은 강화제에 사전 노출된 동물은 이어서 그 강화제에 대해 더 열심히 행동할 것이다(그래서 명칭이 '강화제 표본 제공'이다). 동기적 증진 규칙은 강화제 자체 대신 강화제의 이름('초콜릿')이 제시되고, 강화제의 심리적 기능(초콜릿의 맛 또는 냄새)이 기능의 변형을 통해 제시된다는 점을 제외하고는 이와 유사한 방식으로 작동할 것이다(Barnes-Holmes, O'Hora, et al., 2001). 인간 언어의 편의성과 유연성, 그리고 기능 변형의 입증된 영향을 고려할 때, 이러한 방식의 관계 구성하기를 통하여 동기는 잠재적으로 어디에나 존재하고 따라서 좋은 것(자신의 가치에 부합하여 행동하도록 동기를 부여)이나 그렇게 좋지 않은 것(원하지 않는 것을 사거나 썩 좋아하지 않는 정치인을 위해 투표하도록 동기를 부여) 양측에 매우 큰 영향력을 발휘하며 강력하게 작동한다.

관계구성이론 전문가들은 증진적 조절과 관련하여 동기적 증진을 가치행위valuing, 즉 삶에서 특정 가치를 유지하거나 추구하는 행위에 포함된 핵심 과정으로 본다. 가치행위는 자기화에 관하여, 특히 건강한 자기화에 관하여 매우 중요하다. 관계구성이론에서 가치(가족, 경력 등등)는 언어적 관계망의 유형으로 개념화된다. 다시 말해 동기적 증진이란 이전에 확립된 결과가 강화제 또는 처벌제로 기능하는 정도를 언어적 관계망이 변경시키는 규칙-지배 행동이다. 이 정의가 전형적인 가치의 예시인 '가족'을 어떻게 지도 위에 그려내는지 살펴보자. 이 사례에서 이전에 확립된 결과는 '가족과 함께 좋은 시간을 보내는 것'이라는 언어 구성물이며, 중요한 사람들과의 대인 관계 경험 영역에 관해 이름 붙인 것이라 가정해 보자. 치료자가 가족 가치를 상기시키면('말씀하신 걸 보니 당신에게는 가족이 중요한 것 같네요'), 내담자가 일반적으로 그 영역과 연관 지어 놓은 특정 사건(가족 휴가 즐기기)이 특정 가치-기반 행위(가족 소풍 계획하기)에 대한 강화제로 기능하는 정도를 높이는 데 도움이 된다. 달리 말하자면 가족의 가치에 관해 상기시키는 치료자의 언급은 사랑하는 사람과 함께 시간을 보내는 강화 기능을 일시적으로 증가시킬 수 있으며, 내담자가 자신의 가족과 함께 시간을 보내기 위해 필요한 행동을 할 가능성을 높일 수 있다.

현재 진행형인 관계 구성하기의 차원
Dimensions of Relational Framing in Flight

우리 인간은 관계 구성하기를 학습하는 유일무이한 존재이다. 관계 구성하기를 시작하면 우리의 행동 레퍼토리의 복잡성이 증가하는 것과 마찬가지로 우리의 학습 능력 또한 크게 향상된다. 우리는 살아 있고 깨어 있는 동안 절대 멈출 수 없이 지속적으로 모든 것을 구성하며, 이 지속적인 활동은 환경과 경험의 기능을 지속적으로 변형시킨다. 따라서 과학자와 임상가가 인간 행동을 이해하고 예측하며 영향을 미치기 위해서는 현재 진행형인 관계 구성하기의 특성을 이해해야 한다. 즉 말하자면 상대적으로 완전히 발달된 언어 레퍼토리를 가진 사람의 자연스러운 상태에서 나타나는 관계 구성하기를 이해해야 한다.

현재 진행형인 관계 구성하기에서 잠재적으로 중요한 측면을 강조함으로써 관계 구성이론 연구를 촉진하기 위해 제공되는 한 가지 구성체계framework는 *다차원 다수준 multidimensional multilevel*(MDML) *구성체계*이다(Barnes-Holmes, Barnes-Holmes, Hussey, & Luciano, 2016). 인용된 논문에서 저자들은 3차원 공간에서 관계 구성의 역동dynamics을 개념화했으며, 이 구성하기는 *유도성derivation*, *복잡성complexity* 및 *일관성coherence*의 정도에 따라 변동된다.

- 유도성은 특정 관계 반응 양식이 이전에 발생했던 정도를 일컫는다. 다시 말해 특정 관계 반응이 이미 실행된 정도로 볼 수 있다. 우리가 처음으로 관계 반응을 방출할 때, 반응은 새로우며 높은 유도성을 가지지만 이 양식에 따라 계속 반응하며 우리가 숙달될수록 반응은 보다 덜 유도적이 된다. 증가하는 유도 수준은 자동적 또는 무의식적 반응 같은 묘사에 적합하다. 특정 작업을 빠르고 효율적으로 수행하려는 경우처럼 자동 조종 모드 작동이 도움이 될 수 있지만, 자신이나 다른 사람에 관한 판단을 성급히 내리는 경우에는 문제가 될 수도 있다.

- 복잡성은 자극, 관계, 기능의 변형 및 맥락 조절 유형의 수와 같은 속성과 관련하여 관계 반응 양식이 달라지는 방식이다. 관계 반응 양식에서 요소 및/또는 관계의 복잡성 또는 밀도로 볼 수 있다. 예를 들어 일반적인 *상호* 함의된 관계 반응은 일반적인 *조합적* 함의 관계 반응보다 덜 복잡하다고 생각할 수 있다. 전자가 두 가지 자극과 두 개의 관계를 포함하는 반면, 후자는 둘 이상의 자극과 두 가지 이상의 관계를 포함하기 때문이다. 복잡한 방식으로 반응할 수 있는 능력을 통해 우리는 세상과 자신에 대한 이해를 높이고 복잡한 수반성과 일치하여 우리의 반응을 조정할 수 있다.

- 앞서 설명한 바와 같이 일관성은 관계 구성하기가 특정 사회 언어 공동체에서 이전에 배운 것과 일치하는 정도를 나타낸다. 일관성에 대한 이전 논의에서 우리는 관계 반응과 이전에 학습한 것 사이의 일치성을 언급했으며, 이론가들도 특정 관계 반응 결과에 관한 예측 가능성을 언급하였다. 특정 관계 반응이 이전에 학습한 것과 매우 일치하면 이것들은 동행하게 되고, 그 반응에 관한 강화제

가 강력히 예측된다. 예를 들어, 'A가 B와 유사하면 B가 A와 유사하다'는 관계 양식은 우리 사회에서 배운 것과 매우 일치하므로, 이 양식에 부합하는 유도 반응에 관한 강화를 예측할 수 있다. 이미 언급했듯이 일관성은 유용한 안내가 될 수 있지만 때로는 우리를 함정에 빠뜨리는 강력한 강화제이기도 하다.

자연환경에서의 관계 구성하기가 이러한 용어로 이해될 때, 과학자들과 임상가들이 비슷하게 행동에 대한 예측과 영향을 허용하는 데 도움이 될 수 있는 기능적 관계 양식을 구별할 수 있다.

Barnes-Holmes, Barnes-Holmes, Luciano, & McEnteggart (2017)는 맥락 기반에 따라 관계 반응을 수정할 수 있는 정도인 *유연성flexibility*을 추가 차원 후보로 제안했다. 예를 들어, 암묵적 관계 평가 절차Implicit Relational Assessment Procedure를 사용한 관계구성이론 연구에서 참여자들은 시간의 압박 하에서 관계 학습 이력과 일치하거나 불일치하는 방식으로 자극을 관련짓도록 요청받는다. 예를 들어 참여자들은 '봄이 여름 전에 옵니다(일치)'와 '봄은 여름 후에 옵니다(불일치)' 양측에 반응하도록 요청된다. 맥락에 따라 특정 관계 반응과 관련하여 이를 보다 쉽게 수행할수록, 해당 반응에 관련한 참가자의 유연성 수준이 더 높은 것이다. 유연성은 정신 건강에 매우 중요하므로 유연성을 이해하고 지원하는 것이 임상가의 주요 과업이 된다.

다차원 다수준 구성 체계의 요점은 앞서 설명한 관계 구성하기 차원의 중요성을 명시적으로 강조하며 그 효과에 대한 탐색을 장려하고, 특히 차원이 서로 간섭하고 상호 작용하는 방식에 주목한다. Barnes-Holmes와 동료들(2016)은 세 가지 차원이 내포된 한 예로, '이야기와 같은 상대적으로 복잡한 관계망에 반복 노출되면 유도성은 덜 요구되고, 보다 높은 일관성이 나타나고, 덜 복잡해 보일 수 있다(pp. 156-157)'고 제안하였다. 비록 이 예에서 유연성을 다루진 않았지만, 반복 노출을 통해 유연성이 감소될 수 있으며, 이를 통해 특정 이야기를 언어적 산물로 이해하기보다 문자 그대로 받아들일 가능성이 커질 것이다.

다차원 다수준 구성 체계는 방금 논의한 차원 외에도 차원이 적용되는 행동 발달 수준 또한 언급한다. 여기에는 다음과 같은 수준이 포함된다.

- 관계 반응
- 관계 구성
- 관계망

- 관계의 관계하기
- 관계망 관계하기

예를 들어 유도성 차원을 이러한 각 수준에 적용할 수 있다. 관계 반응 수준에서 살펴보자. 'A가 B와 반대이면 B는 A와 반대이다'와 같은 하나의 반응을 지속적으로 유도할 때마다, 이 반응은 더 잘 실행되고 매번 덜 유도될 것이다. 실습 및/또는 노출을 통한 유도성 차원의 동일한 감소는 다른 수준 각각에 적용된다. 일례로 한 단위로서 반대 구성('A가 B와 반대이고 B가 C와 반대이면, B는 A와 반대이고, C는 B와 반대이며, A는 C와 같으며 C는 A와 동일하다.')은 또한 우리가 매번 이 양식을 만나거나 다룰 때마다 더 잘 연습되고 덜 유도된다. 관계의 관계하기 수준에서도 아동이 성장함에 따라 이 관계 양식이 더 나아진다는 것이 경험적 증거에서 제시되었으며, 따라서 이 수준에서도 노출이 증가할수록 더 숙달되고 덜 유도될 수 있다(Stewart & Barnes-Holmes, 2004를 참조). 그리고 이 레퍼토리가 단순한 것에서 더 복잡한 것까지 잘 연습됨에 따라 우리는 언어적으로 점점 더 능숙해지고, 동시에 세상은 점점 더 복잡한 언어적 기능을 얻는다.

Barnes-Holmes와 동료들은(2016), '[다차원 다수준] 구성 체계는 수많은 잠재적 분석 단위를 생성한다…… 각각은 언어 또는 관계 반응군으로 개념화될 수 있으며…… 따라서 강화의 수반성…… 을 통한 직접 조작을 허용한다. 사실상 다차원 다수준 구성 체계는 가장 단순하거나 기본적인 관계 반응에서 가장 복잡한 것에 이르기까지 (언어적) 조작자 분석 단위에 직접적으로 작용하는 수반성의 영향에 초점을 두고 있기에, 관계구성이론이 강렬한 조작자이지만 전적으로 언어적 특성을 가짐을 강조하는 데 기여한다.'고 언급하였다(pp. 157-158).

우리는 자신에 관한 관계구성이론 개념화 측면을 논의하면서 다차원 다수준 구성 체계로 다시 돌아올 것이며, 그때에는 수준보다 주로 차원에 초점을 맞출 것이다. 차원들이 관계 구성하기의 역학을 이해하는 데 특히 중요하다고 보기 때문이다. 다차원 다수준 구성 체계를 사용하여 다양한 언어 행동군을 분석하는 방법의 예로, 시험에 대한 불안감을 느끼는 두 사람을 고려해 보자. 시험실에 들어갈 때 얼어붙거나 공황 상태에 빠지는 피터와 시험 전날 시험에 관한 반추에 의해 강렬한 불안을 경험하는 제인이 있다. 이 두 시나리오는 기능적으로 다르다. 보다 전통적인 개념화는 피터의 행동을 비언어적 또는 반응적 반응으로 볼 수 있고 제인은 명백히 높은 언어 양식을 반영하는 것으로 볼 수 있지만, 다차원 다수준 구성 체계에서는 비록 두 가지 언어 행동 양식이 모델의 다차원 공간 내 다른 영역을 차지하지만 둘 다 관계 구성하기를 포함하기에 모두 언어적 양식으로 본다. 피터의 반응은 실로 언어적이지만 낮은 유도성, 낮은 복잡성, 높은 일관성, 낮은 유연성 관계 반응일 것이며, 제인의 반응은 보다 분명한 언어적(관계적)이며, 높은 유도성, 높은 복잡성, 높은 일관성, 낮은 유연성의 관계 반응일 것이다. 따라서 이러한 두 가지 행동 양식 간에는 중요한 기능적 차이가 있으며, 다차원 다수준 차원에 대한 지식으로 서로 다른 개입을 이끌어 낼 수 있다. 두 양식 모두 높은 일관성과 낮은 유연성 특징을 공유한다는 점, 즉 피터와 제인 모두 관계 반응 양식이 시험 불안이라는 다른 경험과 일치하며 상황에서 필요한 그들의 반응을 수정할 수 없다는 점에 유의하라. 핵심은 분리 가능하고 조작 가능한 조작자 단위 측면에서 현재 진행형인 관계 구성하기 분석을 용이하게 하는 기능 분석적 차이가 존재한다는 점이다. 관계 구성하기는 복잡하고 다면적인 인간이 자신의 발전을 이해하는 열쇠이다. 따라서 다차원 다수준 구성 체계 개념이 자기 반응의 개념화 및 탐구에도 유용할 것이므로, 우리는 자기화에 관한 논의에서 이 개념으로 다시 돌아올 것이다.

3장
관계구성이론과 자기
Relational Frame Theory and the Self

1장에서 맥락행동과학 접근의 근본 철학적 가정인 기능적 맥락주의를 소개하였으며, 심리과학에서 이러한 접근을 실현하기 위한 핵심으로 환경-행동 관계의 관점, 특히 조작자 관점의 심리학을 설명하는 데 중점을 두었다. 2장에서는 하나의 특정한 주요 조작자, 일명 임의 적용적 관계 반응(관계 구성)에 초점을 맞춘 기전을 바탕으로 인간의 언어와 인지를 설명하는 맥락행동과학 접근인 관계구성이론을 제시하였다. 관계 구성을 통해 인간은 학습에 유일하게 특화되었을 뿐만 아니라, 앞서 언급한 바와 같이 우리의 심리에도 관계 구성이 지대한 영향을 미치는 것으로 보인다. 종합하자면, 우리는 1장과 2장을 통해 자기에 대한 맥락행동과학 접근의 핵심인 자기에 대한 관계구성이론 기반 분석의 기틀을 다져 두었다(McHugh & Stewart, 2012).

이 장에서는 자기에 대한 맥락행동과학 접근, 보다 구체적으로는 자기에 대한 관계구성이론 접근 방식을 소개할 것이다. 특히 관계구성이론 관점에서 보는 자기의 주요 구성 요소들을 다룰 예정이며, 4장에서 보다 발전된 개념을 탐구하기 위한 토대를 제공할 것이다. 먼저 스키너가 제안한 자기에 대한 기초적인 조작적 정의를 다루고, 이어서 자기에 대한 기능적이지만 비언어적인 개념을 제시하고자 한다. 그런 다음 관계구성이론이 이러한 기초 개념들을 어떻게 언어 모델로 확장하는지에 대해 관계 구성 개념을 더해가며 다룰 것이다.

자신의 반응에 반응함으로써의 자기
Self as Responding to One's Own Responding

*자기*는 전통적인 조작적 심리학에서 소개되는 전문용어는 아니다. 조작적 심리학에서 전문용어는 환경과 행동의 관계 측면에서 명시적일 경우 기술적으로 정의된다. *자극, 반응, 강화, 관계 구성*과 같은 용어들은 이러한 의미에서 모두 전문용어이며 환경과 행동 사이의 역동적 상호 작용을 가리킨다. 그러나 *자기*는 그렇지 않다. 실제로 일부 주류 심리학 이론에서 개념화된 자기의 개념은 조작적 심리학과 철학적으로 양립할 수 없다. 예를 들어 인본주의 심리학자는 자기를 결정을 내리고 행위의 원인이 되는 실행적 정신 주체로 명시적으로 개념화하였으며, 인지 심리학자의 자기에 대한 개념 역시 일종의 마음 통제 센터로서의 실행 기능이라는 관념에 따라 같은 개념을 내포한다. 스키너를 비롯한 조작적 심리학자들은 과학적 심리학 취지에서 이러한 유형의 개념을 기각한다. 이들 개념이 행동과 별개로 존재하며, 과학자 및 다른 외부 영향과 무관하게 그 행동을 전적으로 결정할 수 있는 어떤 실체나 힘을 가정하고 있기 때문이다. 상기하자면, 스키너의 접근 방식은 행동을 예측하고 이에 영향을 줄 수 있는 변수를 결정하는 것이었다. 만약 내면의 정신 주체가 존재하고 그 존재 자체가 행동을 완전히 결정할 수 있다고 가정한다면, 과학자 또는 연구자는 이에 어떠한 영향도 주지 못하고 무력해진다. 따라서 스키너의 관점에서 보자면 이런 방식으로 행동을 개념화하는 방법은 유용하지 않다.

스키너는 주류가 제안한 자기에 대한 개념을 거부했지만, 자기의 개념 자체를 기각하지는 않았다. 오히려 그는 다음과 같은 설명으로 자기에 대한 조작적 개념화를 제안했다. "행동한다는 것과 행동한다는 것을 보고하거나 행동하는 원인을 보고하는 것에는 차이가 있다. 자신이 사는 공적인 또는 사적인 세계를 묘사하는 조건들의 나열 속에서, 그가 속한 공동체는 앎이라는 매우 특별한 형태의 행동을 발생시킨다(Skinner, 1974, pp. 34–35)." 여기서 스키너는 '자기'란 자신의 반응에 반응하는 것, 또는 더욱 일상적인 용어로 자신의 행동을 보고하거나 묘사하는 것과 관련이 있다고 제안한다. 예를 들어, 누군가가 당신에게 한가한 시간에 무엇을 하는지 물어보면 영화 보는 것을 즐긴다고 말할 수 있을 것이다. 만약 누군가 초콜릿이나 바닐라 아이스크림 중 무엇을 선호하는지 물으면 초콜릿을 선호한다고 말할 수 있을 것이다. 이 두 가지 질문에 정확하게 대답하려면 당신은 자신의 행동 중 일부 측면(첫째 경우에는 당신이 자주 참여하는 활동, 두 번째 경우에는 특정 유형의 음식에서 가능한 맛들에 대한 당신의 반응)을 구별해야 한다. 두 경우 모두에서 당신은 자신의 행동에 대해 보고할 것이며, 이로써 자신의 행동에 대한 이해를 서술하게 될 것이다. 그리고 이는 *자기 이해self-knowledge*라는 용어가 의미하는 것과 유사하다. 이 두 예시에서처럼 보고하는 행동은 외현적(첫 번째 예처럼 공개적으로 관찰 가능한 행동)일 수도, 또는 내현적(두 번째 예처럼 사적인 행동)일 수도 있다. 1장에서 다뤘던 스키너의 접근 방식을 상기하자면, 외현 그리고 내현 행동은 동등하게 인정되는 연구 대상이다. 내현 행동을 연구 가능한 영역으로 받아들이는 것은 인간 자기 맥락에서 특히 중요하다. 우리가 자기와 관련된다고 생각하는 것들 대다수가 사적인 경험이기 때문이며, 당연히 그러한 경험이 인간의 삶에서 핵심적으로 중요하기 때문이다.

자기변별 훈련하기 Training Self-Discrimination

1장의 내용을 떠올려 보면, 선행(즉, 변별) 자극이 특정한 반응 양식 형성을 위한 원인을 조성한다는 것을 알 수 있을 것이다. 자신의 반응에 대한 반응을 행동 과학에서는 *자기변별self-discrimination*이라 하며, 이러한 반응이 자신의 행동에 대해 변별적인 통제하에서 반응하는 데 관여하므로 이러한 용어로 불리게 되었다. 달리 말하자면 자신의 반응에 반응할 때, 그 반응은 특정 반응에 대한 변별 자극인 자신의 행동이다. 예를 들어 당신이 방금 본 영화를 즐겁게 보았다면 당신은 '재밌었다. 속편은 언제 나올까?'라고 말할 수 있지만, 즐기지 못했다면 '완전 별로였어. 내 인생에서 한 시간 반이나 허비했네!'라 말할 수 있다.

자기가 자기변별에 기반을 둔다는 개념은 스키너가 접근했던 한 측면이다. 또 다른 측면은 이 행동이 공동체가 설정한 조건의 결과로 발생한다는 것이다. '자기 이해는 사회적으로 기원한다.'라는 스키너의 말은 '한 사람의 사적인 세계가 다른 사람에게 중요해지고, 그것이 스스로에게 중요해질 때에만' 성립한다(Skinner, 1974, p. 35). '어떻게 지내?'나 '뭐 하고 있어?'와 같은 질문은 아동이 자신의 행동들 중 다른 형태를 구별할 수 있는 능력을 확립하는 데 도움이 된다.

자기변별 레퍼토리를 훈련하는 일은 언어 공동체에 공동의 이익이 된다. 공동체 일원들은 적절한 질문을 통해 한 개인의 행동에 대한 유용한 접근을 얻을 수 있기 때문이다. 예를 들어 자녀에게 기분이 어떤지 물어보고, 자녀가 기분이 좋지 않다고 말하면 당신은 도움이 되는 방식으로 자녀를 안내할 수 있다. 안쓰러움을 표현하거나 어떤 종류의 불편함을 가지고 있는지 물어 볼 수 있고, 또는 어느 부분에서 불편함을 느끼는지 물어보며 문제에 대해 더 알아볼 수도 있다. 그리고 자녀의 대답에 따라, 당신은 자녀가 등교하는 대신 집에 있는 게 회복에 도움이 될 것이라 결정할 수도 있다. 자기변별을 배우는 것은 또한 개인 스스로에게도 유용하다. 자기를 인식하도록 훈련된 사람은 자신의 행동을 더 잘 예측하고 통제할 수 있게 된다. 예를 들어 어느 정도 자란 아동은 몸이 좋지 않을 때 다른 사람이 물어보기 전에 먼저 이에 대해 충분히 이야기하거나, 학교에 가는 대신 집에 있을 수 있도록 허락을 구할 수 있을 것이다.

앞서 주어진 예와 관련하여 발생하는 한 가지 쟁점은 아동이 어떻게 사적 행동에 관한 물음에 정확하게 대답하도록 가르치는가에 대한 것이다. 우리의 사적 사건(예 : 몸이 좋지 않음)은 정의상으로는 외부 세계에서 접근할 수 없는 영역이지만, 그럼에도 불구하고 언어 공동체는 그러한 사건에 대해 우리가 이름을 붙이도록 조형한다. 스키너(1945)는 공동체가 아동에게 사적 경험을 정확하게 이름 붙이도록(또는 스키너의 용어로는 '지칭 언어 행동tact'을 할 수 있도록) 가르치는 여러 수단을 제시했다. 한 가지 방법은 자극(팔을 베었을 때)과 반응(얼굴 찡그리기)을 포함하여, 이러한 사적 사건들과 관련된 공적으로 관찰 가능한 사건들을 기반으로 훈련시키는 것이다. 예를 들어 아동이 피 흘리는 무릎을 붙잡고 울면서 방에 들어오는 경우, 양육자는 '너 다쳤구나'라고 말한 다음 통증의 정도에 관해 물어볼 수 있다. 아동은 또한 사적 자극과 공적으로 훈련된 언어 변별의 상관관계를 통해 학습한다. 이러한 경우들에서는 공적 행동이 줄어들어 감에 따라 사적 자극들이 더욱 중심이 된다. 예를 들어, 읽기는 처음에는 소리 내어 읽기를 통해 학습된다. 이 과정은 결국 사적 자극(언어적 의미의 흐름)이 지배적인 조용한 독서로 이어진다. 마침내 아동은 자극 유도 또는 은유적 확장을 통해 사적 사건에 이름을 붙이는 법을 배운다. 두 사적 경험 사이에 물리적 유사성이 있는 경우, 아동은 공개적 사건과의 상관관계를 통해 두 사건 중 하나에 이름을 붙이는 방법을 학습할 수 있고, 그러한 명명하기를 통해 다른 사건의 이름을 더욱 쉽게 붙일 수 있다(예를 들어, '바늘방석pins and needles'에 대한 사적 감각은 실제로 수백 개의 작은 핀과 바늘에 쿡쿡 찔리는 것 같은 느낌이다).

낯선 접근 방식 An Unusual Approach

앞서 살펴본 것처럼 스키너는 자기 자신의 행동을 변별하는 것과 연관된, 자기에 대한 행동주의적 해석(자기 인식)을 제시했다. 이러한 관점에서 이 개념이 일반적인 자기에 대한 개념과 비교하면 얼마나 일반적이지 '않은지' 생각해 보는 것이 의미가 있을 것이다. 자기에 대한 전통적인 관념은 자율성을 가지고 결정을 내리는 의식의 주체 또는 어쩌면 심지어 (많은 사람들에게) 영적인 개념이며, 이러한 관습적인 개념들은 어느 정도 주류 심리학에서 여러 방식으로 채택되어 왔다. 그러나 스키너의 개념은 완전히 다르다. 여기에는 주체나 의식에 대한 어떤 언급도 없다. 스키너의 다른 모든 접근 방식과 마찬가지로, 자기에 대한 스키너의 개념 또한 환경의 통제하에서 반응하는 것과 관련이 있다. 그러나 자기의 경우, 자기가 반응하는 환경은 자신의 과거 속 또는 현재 진행 중인 행동의 사례나 측면으로 구성된다.

이는 낯설어 보일 수도 있고 너무 단순해 보일 수도 있다. 어떤 사람들은 자기라는 개념에 방금 설명한 단순한 학습보다 더 많은 무언가가 존재한다고 주장하고 싶을 수도 있을 것이다. 실제로 앞으로 당신이 이 책에서 보게 될 것처럼, 관계구성이론 관점에서 보았을 때 자기에는 무언가, 매우 중요한 무엇인가가 더 존재한다. 이 무언가는 언어의 핵심 과정인 유도 반응(임의 적용적 관계 반응)이며, 2장에서 설명하였듯이 이 반응은 인간의 환경과 경험의 기능을 크게 변형시킨다. 그러나 이 과정을 굳이 언급하지 않더라도, 전형적인 행동주의적 접근을 통한 (스키너의) 자기 개념은 매우 깊은 통찰을 가지고 있으며 심오하기까지 하다. 자기 인식의 핵심은 실제로 자신의 행동에 어떤 식으로든 반응하는 것에 관한 것이다. 이 장에서 이미 제시한 예에서 볼 수 있듯이 사람들이 스스로에 대해 질문을 받거나 생각할 때, 그들은 어느 정도 자신의 행동에 영향을 받으며 응답하거나 행동한다. 물론 이 과정은 비교적 간단한 것('햄버거 좋아하니?' 같은 질문에 답하는 것)에서부터 심오하고 복합적인 ('당신 자신이 도덕적인 삶을 살아왔다고 생각하십니까?') 것까지 넓은 범위에 걸쳐 있다. 과정의 핵심은 자기 자신의 반응을 변별하는 것이다.

비인간 동물에서의 자기 모델? A Nonhuman Model of Self?

행동 분석 연구자들은 스키너의 기본 개념을 확대 발전시키는 형태로 모델화 할 수 있는 기회를 얻었다. 이 작업은 행동 분석의 심리적 개념에 대한 많은 전형적인 초기 조시가 그러하였듯 비인간 동물을 통해 수행되었으며, 실제로 실험 대상 자신의 반응 통제하에 반응한다는 것을 성공적으로 입증하였다. 이들 연구 대부분에서 *강화 스케줄 reinforcement schedule*이라고 불리는 방법을 사용했다. 이 패러다임에서 강화는 매 반응마다 제공되지 않고, 특정 반응 양식이 나타날 때만 제공된다. 예를 들어 다섯 번째 반응마다, 또는 미리 지정된 특정 비율마다 강화가 제공될 수 있다. 이런 방식으로 실험 대상을 훈련시키는 것은 그들로 하여금 특정 행동 양식을 보이도록 유도한다. 자신의 반응에 반응하는 모델링에 관심을 두었던 연구자들은 이 스케줄에 따라 실험 대상인 비인간 동물을 훈련하는 것부터 시작한 다음, 동물이 이전에 보였던 패턴과 정확하게 구별해야 하는 조건 변별 과제를 추가로 제시했다. 예를 들어 Lattal(1975)은 사전에 지정된 시간대 내에서 반응을 한 경우 빨간색 키를 쪼고, 그렇지 않은 경우 녹색 키를 쪼게 하는 조건 변별 과제로 비둘기를 훈련시켰다. 실제로 이 비둘기들은 자신의 반응에 반응하는('보고하는') 것을 학습하였으며, 스키너 학파의 정의에 따르자면 자기 인식의 중요한 구성 요소를 보여 주었다고 말할 수 있을 것이다. 이 패러다임은 다양한 다른 행동 양식에도 적용되었다(Pliskoff & Goldiamond, 1966). 이들 연구는 비인간 동물도 기초적인(심지어 기초적이지 않은 상당한 정도까지) 자기 인식을 보여 준다는 점을 제안한다고 볼 수 있다.

관계구성이론 접근: 반응에 대한 언어적 반응
The RFT Approach: Verbal Responding to Responding

비인간 동물이 기본적인 자기 인식을 가질 수 있다는 주장은 행동 분석 연구자들뿐만 아니라 주류에 속한 연구자들도 제안해 왔다(Gallup, 1977을 참조). 이러한 제안은 종종 인간과 비인간 동물의 차이가 *정량적*이라는 주장(종류의 차이가 아닌 정도의 차이로, 동물 역시 우리가 할 수 있는 것과 유사한 기본적인 것들을 할 수 있지만, 우리가 더 많은 것들을 더 빨리할 수 있다는 의미)과 관련되며, 반응의 복잡성이라는 막연하게 정의된 개념(우리가 더 많은 것들을 더 빨리할 수 있으므로 궁극적으로 우리의 반응이 더욱 복잡해지게 됨)과도 관련이 있다. 그러나 앞서 다룬 실험적 입증을 비롯하여 이런 주장을 분명히 뒷받침하는 증거가 존재함에도 불구하고, 인간의 자기 인식을 비인간 동물과는 *정성적*으로(종류의 차이) 다르게 만드는 중요한 차이가 인간과 동물 사이에 최소한 한 가지는 존재한다고 주장할 수 있다. 그 차이는 바로 상징적 언어를 사용할 수 있는 능력, 또는 관계구성이론 용어로, 관계 구성을 할 수 있는 능력이다.

언어적 자기 The Verbal Self

관계구성이론 관점에서 볼 때 개인이 사회 언어 공동체와의 상호 작용을 통해 관계 구성을 하기 시작하면, 자신의 관계망을 정교화할수록 자신을 둘러싼 환경의 기능이 점점 더 복잡하고 다양하게 변형된다. 달리 말하자면 세상은 점점 언어적이 되어가고, 이 '발화verbalness'는 그가 하는 모든 일에 없어서는 안 되는 것이 되어 간다. 한 사람의 고유한 행동은 이렇듯 관계적으로 변형된 자극망의 일부가 된다. 실제로 전형적인 한 개인의 경우에 얼마나 많이 자신의 경험에 직접적으로 접근하는지, 그리고 언어 공동체의 다른 구성원의 경험을 얼마나 반영하여 자신의 경험에 접근하는지, 그리고 그러한 스스로의 반응에 얼마나 언어적으로 반응하는지와 같은 것들이 자신의 세계에서 핵심 측면이 될 것이다. 예를 들어 젊은 성인은 일반적으로 자신이 좋아하는 것(초콜릿 아이스크림,

공포 영화)과 싫어하는 것(잔소리, 충격적인 소식)을 알고 있다. 또한 자신의 행동 양식의 변화에 주목할 수도 있다(건강과 활력에 대한 느낌이 개선되어, 그가 달리기 동호회에 참여하는 것이 더욱 강화적이 됨). 만약 그가 지친 느낌이 들 때마다 서두르려는 자신의 경향을 인식한다면, 그 결과 다음에 힘들고 스트레스가 많다고 느껴지는 날에는 의도적으로 서두르지 않으려 시도할 수도 있다. 자신이 수학을 어려워한다는 것을 관찰하고 수학에 적합한 사람이 아니라고 결론을 낸 후, 계산이 포함된 작업을 동료에게 맡길 수도 있다. 이러한 방식으로, 자신의 반응 패턴에 대한 설명과 평가는 자신의 언어 관계망의 일부가 되어 이어지는 반응에 영향을 줄 수 있다.

그가 어떻게 좀 더 일반화된 자기의 기능을 유도해 내는지에 대해서도 상상해 볼 수 있다. 예를 들어 예전 학습 이력에 따라 그에게는 건강하다는 것이 좋은 것을 의미한다면, 건강이 좋아질수록 그 자신도 더 좋아질 것이다. 그리고 만약 독립적이라는 것이 좋은 것을 의미한다면, 더 많은 것들을 타인에게 맡길수록 그는 적어도 어떤 면에서는 더 나빠질 것이다. 따라서 그 또는 그의 자기는 기능의 변형을 통해 계속 진화한다. 우리 모두는 이런 종류의 패턴에 참여하여 우리의 '자기'를 창조하는 데 일조한다.

아동이 자신의 사적 행동에 대해 정확한 지칭 언어 행동을 하는 법을 학습하는 방법에 대해, 관계구성이론은 경험들 사이의 관계 유도를 통해 사적 자극과 공적 자극 사이의 상관관계가 더욱 강화된다는 점을 제안하며 스키너의 분석을 확장한다. 이러한 관계망들은 양육자를 비롯한 다른 사람들이 아동 자신에 대해 아동에게 말하며 형성된다. 예를 들어 기본 관계(대등, 차이, 인과 관계)에 따라 반응할 수 있는 아동은 위험한 활동에 대해 누군가의 사적 경험을 근거로 하는 경고를 받을 수 있다. "그 쐐기 밭에 들어가지 마. 너 쐐기에 찔릴 거고, 그러면 너무 아파!"

또한 아동의 유도 관계 레퍼토리가 확장됨에 따라 사적 사건들은 은유적 관계망을 비롯한 점점 더 복잡한 관계망에 통합된다. 이러한 방식으로 스키너의 은유에 대한 확장 개념(이는 본디 제시되었던 대로, 물리적 또는 비 임의적 유사성과 밀접한 관련이 있음)은 기능의 변환을 통해 더욱 광범위하게 확장될 수 있다. 따라서 기쁨은 '흘러넘치는 것'으로 묘사될 수 있으며 슬픔은 '억눌리거나 가라앉은 것'으로 묘사될 수 있다.

그러므로 기능의 변환을 기반으로 자신의 반응에 언어로 반응하는 것은, 맥락행동과학/관계구성이론 관점에서 자기를 개념화하는 방법이다. 이 개념화는 처음에 언뜻 보기에는 다소 이례적인 것처럼 보일 수 있지만, 앞서 제시한 몇 가지 예시를 고려한다면 바라건대 이치에 맞는다는 것을 알게 될 것이다. 사실 본 개념 역시 주류 이론의 중요한 측면들을 반영하긴 하지만, 기능적으로 정의된 과정들을 기반으로 한다는 근본적인 중요한 이점이 있다. 그렇기에 이러한 개념은 연구를 촉진하며, 특별하게도 실용적인 개입 또한 촉진한다.

자기에 대한 관계구성이론 예비 모델 A Preliminary RFT Model of Self

빠르게 요약해 보자면, 자기에 대한 관계구성이론 개념은 관계 구성하기를 통해 자신의 반응에 대한 기능의 변형이 일어나는 것을 일컫는다. 물론 이 개념은 자기와 관련이 있을 수도 있고 없을 수도 있는 다른 심리 과정을 이론화하려는 시도이기도 하다. 심리학의 많은 접근 방식이 이를 따른다. 정신역동적 접근법은 자아에 대해 이야기하고, 인본주의자들은 실현actualization을 언급하며, 인지 심리학자들은 인지적 자기 스키마를 기술한다. 그러나 자기화에 효과적으로 영향을 줄 수 있는 조작 가능한 과정을 특정하는 것은 전혀 다른 시도이다. 관계구성이론적 설명은 맥락 측면(특정 가능한 환경 변수)의 조작에 의해 원칙적으로 예측되고 영향받을 수 있는 행동을 특정하는, 맥락 내 행동을 핵심으로 하는 과정을 다루는 기능 분석이다. 달리 말하자면 이는 우리가 잠재적으로 유용한 일을 직접 할 수 있게 하는 자기에 대한 실용적인 해석이다. 그렇긴 하지만, 이 개념에 대해 간단히 말하는 것과 그것에 대한 경험적 실증을 제공하는 것은 별개의 일이다. 실증을 제공하는 것은 우리가 과정을 실제로 볼 수 있게 해 주기에, 즉 그것이 어떻게 작동하며 어떻게 우리가 이해하게 되는지를 보여 주기에 중요한 진전이 된다. 그런데 이런 종류의 실증이 이루어졌을까?

자기에 대한 관계구성이론 접근 방식은 Simon Dymond와 Dermot Barnes-Holmes의 여러 논문에서 여러 차례 입증되었으며, 1994년 보고된 논문에서 첫 실증 결과가 보고되었다. 자기의 과정을 모델링하기 위해 결합해야 하는 두 가지 핵심 요소를 상기해 보자.

1. 관계 구성하기(유도된 관계 반응)
2. 자신의 반응에 대한 반응

Dymond와 Barnes는 관계 구성하기부터 시작했다. 그들 연구의 초기 부분은 임의의 무의미한 음절 자극 사이의 대등 관계 구성('와 같다')을 유도하는 것이었다. 처음에는 참여자 4인의 기준치를 일치시키기 위해 표본 대응 과제로 무의미한 단어 사이의 관계를 가르쳤다. B1, B2, B3을 비교하도록 주어졌을 때, 참여자들은 A1이 표본일 때 B1, A2가 표본일 때 B2, A3이 표본일 때 B3을 선택하도록 배웠다. 이와 유사하게 C1, C2, C3을 비교하도록 주어졌을 때, A1이 표본일 때 C1, A2가 표본일 때 C2, A3이 표본일 때 C3을 선택하도록 배웠다. 따라서 훈련을 통해 다음과 같은 6가지 직접 관계를 생성하였다.

1. A1-B1
2. A2-B2
3. A3-B3
4. A1-C1
5. A2-C2
6. A3-C3

그런 다음 참여자는 다음 세 가지 훈련되지 않은 유도 관계에 대한 시험을 받고 성공적으로 수행하였다.

1. B1-C1
2. B2-C2
3. B3-C3

이렇듯 가르치지 않은 수행에 관한 시험 결과는 참여자들이 다음과 같은 세 가지 대등 관계를 유도했음을 시사한다.

1. A1-B1-C1
2. A2-B2-C2
3. A3-B3-C3

여기서 기술된 바와 같이 경험적으로 확립되고 조절된 대등 관계 반응(자극 동등성이라고도 함)에 대해 광범위한 연구가 이루어져 왔다. 그러나 이것은 필수 요소들 중 첫째일 뿐이다. 두 번째 요소, 즉 자신의 반응에 대한 반응에 관한 실증도 필요했다. 이에 대해서는 Dymond와 Barnes가 Lattal(1975)의 이전 연구를 활용하였다.

Lattal이 비둘기에게 자신의 반응에 반응하도록 가르쳤다는 것을 떠올려 보자. Dymond 와 Barnes(1994)의 연구 중 다음 부분은 Lattal의 연구 절차의 주요 측면과 상당히 유사했다. 먼저 참여자 4인은 두 가지 다른 시간-기반 작업(강화 스케줄)에서 어떻게 강화(돈과 교환할 수 있는 점수 획득)를 최대화할 수 있는지에 대해 학습하였다. 학습의 핵심은 한 과제에서는 특정 시간 내에 반응(버튼 누름)을 해야 점수를 얻는 반면, 다른 과제에서는 특정 시간 내에 반응하지 않아야 점수를 얻는 것이었다. 그러나 이러한 핵심 반응 학습 외에도, 참여자는 두 개의 임의 자극 B1 또는 B2 중 하나를 선택하여 점수를 얻을 수도 있었다. 구체적으로 보자면 참여자들이 특정 시간 내에 반응하지 *않았을* 때는 B1을 선택해야 강화를 얻는 반면, 해당 시간 내에 반응을 한 번 이상*했을* 때는 B2를 선택해야 강화를 얻도록 실험을 설계하였다. 참여자가 이런 방식을 통해 그들이 이전에 반응한 방식에 수반하여 반응하는 방법을 학습한 것은 Lattal의 연구와 유사했다. 그러나 이후 Dymond와 Barnes는 과거 Lattal의 실증에 비해 주요 차별점으로 보고된 이 학습 효과의 결정적인 확장판을 제시하였다. 그들은 관계구성이론 접근의 핵심인 '자신의 반응에 대한 반응' 효과와 '대등-유도 관계' 효과의 조합을 입증하기 위한 마지막 과제를 추가하였다. 바로 B1과 B2의 유도된 대등 관계의 기능 변형에 대해 각각 실험한 것이다. 즉 참여자는 C1과 C2 중 반응이 생성되지 않은 경우는 C1을 선택해야 했고, 하나 이상의 반응이 생성된 경우에는 C2를 선택해야 했다. 네 명의 참여자 모두 예측한 기능의 변형을 보였다. 이렇게 하여 참여자들은 직접 훈련받지 않은 자극(C1과 C2)을 통해 자신의 행동을 변별하였고, 언어 반응에 대한 관계구성이론적 정의인 유도된 관계를 이용하여 변별한 것이다. 다시 말해 참여자들은 선행 행동을 *언어적으로* 변별했다. 이처럼 실험의 효과로 언어적 자기변별(관계 구성하기를 통한 기능의 변형에 기초한 자기변별)의 기초 실증 모델이 규정되었다.

    Dymond와 Barnes(1994)는 관계구성이론 관점에서 개념화된 자기에 대한 매우 기본적인 경험적 실증을 보여 주었다. 동일 저자에 의한 두 개의 후속 연구(Dymond & Barnes, 1995, 1996)는 비교(많음/적음)와 반대를 비롯한 다른 구성을 통한 자기변별 기능의 변형을 보여 줌으로써 이 기본 모델을 확장하였다. 이 두 가지 후속 연구 중 첫 번째 연구에서, Dymond와 Barnes(1995)는 이전 연구(Dymond & Barnes, 1994)에서처럼 동등 관계 단독으로 구성된 관계망을 훈련하고 시험하는 대신, 비교(보다 많음/보다 적음)를 포함한 관계망을 훈련하고 시험하였다. 참여자는 관계망 내에서 하나의 특정 자극(B1)과 다른 세 가지(C1, B2 및 C2) 사이에서 각각 '같음', '보다 많음', '보다 적음' 관계를 유도하였다. 그다음 참여자들이 스페이스 바를 한 번 또는 두 번 누르거나 때로는 전혀 누르지 않아도 되는 과제에 참여하도록 하였고, 또한 참여자에게 스페이스 바를 한 번 누른 경우 B1을 선택해야 하는 자기변별을 가르쳤다. 그러자 참여자는 기존 대등 관계를 통해 기능을 변형하여, 추가적인 훈련 없이도 이전에 스페이스 바를 한 번 누른 경우 C1을 선택했다. 그리고 더 중요한 것은, 참여자들이 스페이스 바를 전혀 누르지 않았을 때는 B2를 선택하고, 스페이스 바를 두 번 누른 경우에는 C2를 선택하는 기능의 변환을 비교 관계들을 통해 보여 주었다는 것이다. 이러한 결과는 단지 그들의 이전 행동에 대한 언어적(유도된) 변별뿐만 아니라, 비교 관계, 즉 자기 비교와 자기 평가에 관한 모델링 과정에 근거한 유도를 보여 주었다.

이 시점에서 이와 같은 경험적 실증이 왜 중요한지 상기해 보자. 행동 현상과 관련된 주요 과정을 입증할 때, 우리는 기능 분석적 개념화가 원칙적으로 해당 현상을 이해하는 수단(예를 들어, 현상의 근원과 특성을 통해)으로 타당함을 제시하였다. 뿐만 아니라 후속 기초 및 응용 연구의 토대를 제공하였으며, 이 토대를 기반으로 모델을 이용하고 새로운 이론적, 그리고/또는 실용적인 통찰력을 얻을 수 있다. 이전에 설명한 연구에서 모델링된 자기 행동 양식은 비교적 단순하지만, 우리는 이 양식을 자기 평가 또는 자존감과 같은 보다 복잡하고 중요한 의미가 부여된 현상들을 모델링하고 연구하기 위한 출발점으로 사용할 수도 있다. 예를 들어 앞서 언급했듯이, Dymond와 Barnes(1995)의 연구는 비교(많음/적음) 관계를 통한 기능의 변형을 보여 주면서 자기 평가 개념화에 대한 단서를 제공한다. 아마도 이 현상은 다른 사람들과의 비교 차원에서 '나' 또는 '나에게 me' 있는 장점(또는 가치나 능력 등)과 같은 기능의 변형과 관련이 있을 것이다. 미래의 후속 연구를 위한 또 다른 가능한 방향은 여기에서 설명된 모델로 아동의 자기 이해의 기원과 효과를 조사하기 위한 연구의 기초로 사용하는 것이다. 예를 들어, 아동에서 자기 기능의 변형이 얼마나 순조롭게 발생하는지, 그리고 자기 기능의 변형 중 어떤 특정 양식에 대한 훈련(예컨대 전-후 관계에서 미래의 보상에 관한 예측)이 특정 행동 양식(자기 조절 같은)을 만들 가능성이 커지는지에 대해 조사하는 데 이 모델을 적용해 볼 수 있을 것이다.

언어적 대 비언어적 자기변별 Verbal Versus Nonverbal Self-Discrimination

우리가 하던 요약으로 돌아와 이를 확장해 보자면, 인간의 자기 인식에 대한 관계구성이론 관점은 자기 인식이 자신의 반응에 대한 그저 단순한 반응이 아닌, 관계 구성하기에 의한 기능의 변형 과정을 통한 반응이라는 것이다. 관계구성이론은 후자의 과정이 언어 행동의 특징을 정의하는 것으로 본다. 이를 더 우아하고 간명하게 표현하자면, 사람은 '그저 단순히 자신의 행동과 관련하여 행동할 뿐만 아니라, 자신의 행동과 관련하여 또한 *언어적으로* 행동한다'가 될 것이다(Hayes & Wilson, 1993, p. 297). Dymond와 Barnes의 연구는 관계 구성하기를 통한 자기변별 기능의 변형을 제시하였으며, 결과적으로 언어적 자기 이해에 대한 간단한 모델, 즉 자기에 대한 관계구성이론 접근의 핵심인 자신의 행동에 대한 상징화와 서술에 대한 모델을 제공했다. 어떤 의미에서 이 접근은 자기 서술의 중요성을 제안하는 전통적인 자기 이론을 반영하고 있다. 그러나 다른 의미에서는, 앞서 설명한 바와 같이 기초 수준에서의 자기 서술에 대한 실증적 모델링을 통해 매우 중요한 부분에서 전통 이론을 뛰어넘어 진보한 것이기도 하다. 따라서 이 모델이 점진적으로 개선되어 간다면, 이러한 접근을 통해 새로운 통찰과 기능 분석적 개입이 촉진될 가능성이 열릴 것이다.

관계구성이론 관점에서 볼 때, 언어적 자기 이해에는 관계 구성하기가 필요하다. 논리적으로 말하자면 이는 자기 이해가 관계 구성을 할 수 있는 개체에 국한되어 있다는 의미이며, 결과적으로 최소한 우리가 아는 선에서는 자기 이해가 인간에게 국한되어 있음을 뜻한다. 2장에서 다루었듯이 이러한 인간 능력은 양날의 검이다. 이 능력이 우리에게 중요하고 유익하면서도, 우리의 심리적 고통과 괴로움의 원인이 되기도 하기 때문이다(Hayes & Gifford, 1997을 참조).

언어적 자기 이해는 잠재적으로 중요하다. 자신의 행동에 대한 언어적 서술이 관련 행동의 기능을 바꿀 수 있기 때문이다(특히 수반성이 이 서술을 조절하고 있는 경우). 자신의 행동에 대한 관계 구성하기가 불러온 긍정적인 행동 변화의 예를 참고해 보자. 지연 만족에 대한 전형적인 발달 과제에서, 어린 아동은 먹을 수 있는 강화물(종종 사탕과 같은 단 음식)을 즉시 한 개 가질 수도 있고, 또는 만약 몇 분 동안 기다린다면 두 개 가질 수 있다고 듣는다. 관계구성이론에서는 충분히 언어적으로 발달한 아동이라면 이 상황에서 '만약-한다면' 조건 구성에 따라, 기다리는 것을 '더 많음'과 대등 구성을 이루고 기다리지 않는 것을 '더 적음'과 대등 구성을 이루는 방식으로 관계 구성을 할 것이라고 제안한다. 이러한 구성하기는 선택 상황의 기능을 변형시켜 아동이 기다릴 가능성을 높인다. 또는 기다리면 사탕을 더 많이 먹을 수 있다는 말을 들었음에도 더 적은 양의 사탕을 선택하는 아동을 상상해 보자. 자신의 행동을 서술하고 그 결과를 다른 결과와 비교할 수 있는 아동의 능력("난 기다리지 못했고, 그래서 지금 내가 가질 수 있던 것보다 더 적은 사탕을 받았어.")은 기능의 변형을 통해 강화물(사탕)의 강화 효과를 줄일 수 있다. 더욱이 이 경험의 결과로 다음번에 똑같은 선택의 상황에 놓일 때는 아동이 기다리는 선택을 할 수도 있다. 그렇게 행동하는 것을 학습하는 것은 해당 행동 레퍼토리의 모든 가능한 이점을 고려하였을 때 자기 인식과 자기 조절 측면에서 중요한 단계가 된다.

이 분석은 행동의 자기 조절에 관여할 수 있는 언어적 과정을 제안하며, '자신의 질문으로 '자기 자신을 인식하게' 된 사람은 자신의 행동을 예측하고 조절할 수 있는 더 나은 위치에 서게 된다'(Skinner, 1974, p. 35)는 스키너 학파의 관념과 일치한다. 그러나 관계구성이론가들은 이러한 자기 인식의 언어적 특성이 핵심이라고 주장한다. 관계 구성하기를 특징짓는 관계 함의(새로운, 배우지 않은 관계의 유도)와 기능의 변형(유도에 따른 행동의 변화)은 언어적 자기 인식을 하는 개인이 자신의 상황과 관련하여 새로운 관계를 유도할 수 있게 한다. 이는 후속 행동을 다른 선택지보다 더욱 효과적으로 만든다. 이러한 개념의 예시로 지연 만족을 촉진하는 아동의 구성하기를 들 수 있다. 관계 함의 및 기능의 변형 특성이 없는 비언어적 자기 인식이 자기 조절을 하도록 두어서는 안 된다. 달리 말하자면 Lattal(1975)의 연구에서처럼 비둘기가 자신의 행동을 보고할 수 있다고 해서 미래의 수반성에 보다 효과적으로 대응할 수 있는 것은 아니다. 새로운 관계를 유도할 수 있는 능력이 결여되어 있으며 관계를 통한 기능의 변형으로 후속 행동에 영향을 줄 수 없다는 것은 비언어적으로 자신의 반응에 반응하는 것이 그 이상의 어떤 의미도 없는 제한적이고 경직된 행동 양식임을 의미한다.

앞에서 자신의 행동에 대한 관계 구성하기가 어떻게 잠재적으로 유익할 수 있는지를 살펴보았으므로, 이제부터는 관계 구성하기가 어떤 식으로 부정적인 결과에 영향을 줄 수 있을지 생각해 보자. 앞서 강조했듯이 언어적 자기 지식은 강력한 장점에도 불구하고 고통의 원인이 될 수 있다. 관계 구성하기의 특징인 관계 함의와 기능의 변형은 자신이 경험했던 고통스러운 사건을 서술하는 것 자체가 고통스러울 수 있음을 암시한다. 예를 들어 누군가 자동차 사고로 거의 죽을 뻔했다면 해당 사건에 대한 서술은 사건 자체와 대등 관계를 이루게 되고, 따라서 외상 사건의 부정적인 기능(예: 강렬한 두려움)이 사건에 대한 서술 자체로 옮겨진다. 그 결과 이 사람은 사건을 떠올릴 때마다 심리적으로 깊이 혐오스러운 무언가를 재현하게 된다. 외상 사건을 회상하는 것과 관련된 고통을 피하려고 그는 사건에 대한 생각과 대화를 회피하려 할 수 있다(심지어 치료자와 함께 있을 때도). 그는 또한 자동차나 다른 교통수단으로 이동하는 것을 최소한으로 줄이거나 회피하려 할 수도 있고, 사고가 발생한 장소를 다시 방문하지 않으려 할 수도 있다. 이와 같은 반응 양식은 그의 활동을 제한함으로써 삶의 질에 부정적인 영향을 주고('자동차로 통근하는 건 너무 위험해'), 사고로부터 유도된 부정적인 자기 지각을 뒷받침한다('나는 더 이상 예전의 내가 아니야'). 그러므로 회피 자체가 문제가 된다. 더욱이 생각과 느낌 같은 사적 경험을 회피하거나 억제하려는 시도 자체가 일반적으로 무익하고 비생산적이며(Hooper, Saunders, & McHugh, 2010; Stewart 등., 2015; Wegner, 1994), 이러한 시도는 사적 사건(즉, 생각과 느낌)의 발생 가능성을 감소시키는 대신 오히려 증가시킨다. 결과적으로 회피하려는 시도는 부정적인 하강-나선을 더욱 강력하게 만들고,

여기에는 자기 패배적이며 무의미한 삶을 살게 하는 회피를 동반하는 점점 더 높은 수준의 부정적인 경험이 따른다.

혐오적인 사건에 대한 서술을 피하는 것보다 의도적으로 사건을 서술하는 것이 더 유용하다. 사건에 대한 서술이 사건과 관련된 자극(예를 들어 교통사고를 당한 사람이라면, 자동차)에 대한 혐오감을 줄여주어 심리적 회복이 촉진되기 때문이다. 달리 말해 사건의 기능에 대한 *언어적 소거*를 통해 회복이 촉진될 수 있다(Dougher, Augustson, Markham, Greenway, & Wulfert, 1994; Wilson & Blackledge, 2000). 예를 들어 외상이 될 만한 교통사고를 경험한 사람이 자신의 차에 대한 생각과 교통사고에 대한 생각을 직접 연관시킨 다음 이러한 연관을 모든 자동차에 대해 일반화하면, 그에게는 모든 자동차가 높은 수준의 두려움과 불안을 유발할 수 있다. 또한, 기능의 변형으로 인한 결과로 사고와 관련된 것들(자동차 같은)에 관해 이야기하는 것은 현재 순간에서 조건화된 혐오 기능을 나타낼 것이며, 이 행동 역시 고통스럽거나 혐오스러울 것이다. 그러나 동시에 사고에 대한 이야기할 때에는 무조건적인 혐오적 사건(차량 충돌이나 다른 외상)이 부재한 상황에서 교통사고-관련 자극(자동차와 같은)과 유도 관계가 있는 단어가 나타난다. 이는 해당 단어들의 심리적 영향에 대한 직접적인 소거로 이어질 수 있으며, 결과적으로 자동차를 비롯한 단어들이 언급하는 사건의 영향에 대한 *유도 소거derived extinction*(Dougher et al., 1994)로도 이어질 수 있다. 이러한 현상은 상담 치료의 일반적인 유익한 효과뿐만 아니라 탈감작과 같은 다양한 다른 심리 치료 기술의 유익한 효과에도 영향을 주고 있을 가능성이 크다.

앞서 보았듯 자기에 대한 관계구성이론 기반 접근 방식은 전통적인 접근 방식과 어느 정도 공통분모를 가지고 있지만, 자기 발달 연구 분야에 새로운 바람을 불어넣고 있기도 하다. 자기 인식의 초기 발달에 대한 관계구성이론 기반 접근은 이전의 접근 방식들과 마찬가지로 환경의 여러 측면에서 자기 행동을 변별하는 것을 중요하게 여긴다. 그러나 관계구성이론 기반 접근은 자기변별의 언어적 차원(관계 구성하기를 통한 기능의 변형에 기반을 둔)을 강조하며 실증 모델을 제시하였다는 점에서 특별하며, 이 *언어적* 차원은 인간에게서 관찰되는 고도로 복합적인 자기 레퍼토리를 획득하는 데 결정적으로 작용한다. 관계구성이론 기반 접근에서 무엇보다 가장 참신하며 특별한 측면은 최소한 비(非) 행동주의적 접근에 비해 이론의 철학적 근본 가정에 따라 예측을 용이하게 하는 조작 가능한 변수를 특정할 수 있고, 적절한 자기 서술적 행동의 발달에 영향을 준다는 점일 것이다.

4장
자기화의 획득
Acquiring Selfing

우리 대부분은 자기에 대한 감각을 지니고 있다는 개념을 당연한 것으로 받아들인다. 자기에 대한 경험은 잘 발달하여 있으며 일상생활에도 잘 통합되어 있어서, 우리는 자기에 대한 감각이 *부재*하던 때를 떠올리기 힘들고, 그 상태가 과연 어떨지 상상하기도 어렵다. 자신이 속한 사회적 환경과의 상호 작용을 통해 학습된 자기에 대한 감각은 우리 자신의 필요와 가치를 비롯하여 자신과 환경을 이해하는 능력의 측면에서 중요하다. 또한, 온전한 인간으로서 충만한 삶을 살기 위해 우리가 속한 세계와 특정한 사회적 환경을 탐색하는 방법을 이해하는 능력 면에서도 자기에 대한 감각은 근본적으로 중요하며 삶에 큰 영향을 미친다. 그러나 일부 개인은 우리 대부분이 잘 알고 있는 정교한 자기에 대한 감각을 개발하는 데 필요한 적절한 훈련이나 교육을 받지 못한다. 발달 지연이나 빈곤한 사회 환경에 처했을 때, 또는 어느 정도 이 둘이 공존할 때 상대적으로 완전하고 전형적인 자기에 대한 감각은 획득되지 않는다.

이 장에서는 건강한 자기화 레퍼토리 개발에 영향을 줄 수 있는 맥락 변수를 탐색하고, 맥락행동과학이 개입할 수 있는 부분을 살펴볼 것이다. 건강한 자기화 레퍼토리가 획득되는 과정을 이해하려면 자기가 출현하는 발달 맥락을 추가로 탐색해 보아야 한다. 이를 위해 이 장에서는 관련된 두 가지 과정을 검토할 것이다.

1. 자신의 경험을 정확히 지칭 언어 행동(스키너가 제안한 용어, 3장을 참조)하는

학습

2. 풍부한 사회적 환경 속 개인에게서 자기와 타인에 대한 인식이 전형적으로 나란히 발달할 때, 자신과 타인의 행동 간 차이를 기반으로 하는 직시적 관계 반응(관점 취하기)을 하는 학습. 우리는 각 레퍼토리의 출현을 차례로 살펴볼 것이다.

자기화 레퍼토리를 획득하는 적정 환경
Optimal Environment for Acquiring a Selfing Repertoire

건강한 자기화 레퍼토리의 발달을 위한 비교적 이상적인 환경은 상호 작용이 빈번하게 일어나며, 오가는 대화 속에 감정과 기분에 대한 언급뿐 아니라 '나'와 타인(*당신, 그, 그녀* 등) 사이의 차이가 충분히 포함된 환경이다. 이러한 환경에서 어른들과 또래 친구들은 아동에게 아동 자신과 자신의 감정, 아동 자신이 좋아하는 것과 싫어하는 것에 관해 이야기하고 묻기도 한다. 그리고 이들은 직시적 관계 단서를 통해 묻고 답한다.

우리는 우리 자신(또는 다른 사람)에 관해 이야기할 수 있는 능력을 보유한 상태로 태어나지 않기 때문에, 이러한 행동에 관한 기술을 획득해야 한다. 이 기술은 보다 일반적으로 관계 구성하기와 사회 언어적 공동체 내의 타인과의 상호 작용을 통해 획득된다. 예를 들어 우리는 어린 아동이 명백히 졸려 보일 때(하품하며 눈이 감길 때), "피곤하니?"라고 물어볼 수 있다. 아동은 "아뇨."라고 답할 수도 있다. 그 결과로 아동은 조금 더 깨어 있을 수 있도록 허락받는다. 그러나 만약 아동이 버릇없는 행동을 한다면 사회적으로 연계된 결과(다음 날 텔레비전 시청 금지)를 받을 수도 있고, 아동의 어머니가 "너는 피곤하면 꼭 떼를 쓰더라. 빨리 가서 자."라고 말할 수도 있다. 이러한 결과들은 결국 아동이 자신의 행동을 보다 정확하게 보고하도록 할 것이며, 따라서 아이 자신과 주위 사람 모두 아동의 행동을 보다 정확하게 예측할 수 있게 된다.

우리가 아동에게 언급하는 것, 그리고 우리가 아동에게 그 자신에 관해 묻는 말들은 매우 다양하며 다음 세 가지 차원에 걸쳐 있다.

1. *대인 관계 차원*. '나는 너와 반대야' 또는 '너는 언니와 같은 것을 좋아하니?'
2. *공간 차원*. '여기서 네가 보이네' 또는 '저쪽이 좋니?'
3. *시간 차원*. '너 정말 빨리했구나!' 또는 '그때 쓰레기 버렸던 거 기억하니?'

그리고 우리가 아동에게 언급하는 모든 내용과 아동에게 묻는 모든 질문에는 공통되는 하나의 성질이 있다. 바로 우리가 아동의 관점에서 반응을 찾고 있다는 것이다. 즉 아이가 자신의 행동에 대한 질문에 답할 때('너 어디 가니?' 또는 '오늘 뭐 할 거야?'), 그 대답은 항상 '나'의 관점으로부터 나온다.

아이가 이러한 관점 취하기 구성을 획득하려면 이 관계에 대한 다중 표본에 노출되어야 한다. 최적의 환경에서는 다음의 예시와 같은 아이의 행동과 경험에 대한 풍부하고 적절한 질문이 주어진다.

- 지금 네 기분이 어때?
- 너 내일 뭐 할 거야?
- 너 아이스크림 먹을래?
- 너 슬프니?

이런 종류의 질문들은 효과적이고 잘 연습된 직시적 관계 레퍼토리를 확립하는 데 도움이 된다. 이러한 레퍼토리들은 견고하고 건강한 자기에 대한 감각 획득뿐만 아니라 다른 사람의 관점을 취하는 능력의 발달에도 필요하다. 그러나 다른 환경에서는 이러한 질문들이 보다 제한되어 이런 중요한 레퍼토리 발달이 방해될 수 있다. 예를 들어 상호 작용 수준이 낮은 보호 시설과 같은 환경에서 이런 경우가 발생할 수 있다. 심지어 이런 환경 바깥에서도 질문에 대한 반응이 느린 발달 지연 아동의 경우, 더 적은 질문을 받게 되며 그 결과 주어지는 잠재적 훈련 사례 수가 줄어들 수 있다. 따라서 이런 아동에게 더 많은 사례가 필요한데도 적은 수의 사례가 제공되며, 그 결과 아동의 자기에 대한 학습 결핍은 더욱 심화된다.

전형적인 사회적 환경 속 전형적인 사회적 상호 작용은 자기화의 기반이 되는 다음 두 가지 기술을 확립한다.

1. *경험에 대한 정확한 지칭 언어 행동*. 맥락 영향에 민감해지기 위해 우리는 내적 경험을 변별하고 명명할 수 있어야 한다. 만약 우리가 특정 경험에 대한 느낌(아픔, 흥분됨, 화남, 행복함)을 변별할 수 없다면, 그 경험들로부터 우리에게 중요한 것들을 학습하기가 매우 어려울 것이다.

2. *직시적 관계 구성하기*. 예를 들어 '*지금-여기*에서의 내 관점은 *그때-거기*에서

의 당신 관점과 다르다'고 말할 때, 우리는 다른 사람이 아닌 '나'에게 일어난 경험을 서술한다. 이러한 관점의 발달은 우리가 누구인지, 우리가 무엇을 즐기고 중요하게 여기는 것이 무엇인지에 대한 더욱 정교해진 개념을 뒷받침한다.

사적 사건에 대한 지칭 언어 행동 Tacting Private Events

우리의 생각, 느낌, 내적 경험을 변별하고 정확하게 명명하는 능력은 우리 자신의 행동을 이해하고 상황 변화에 따라 효과적으로 행동하는 데 대단히 중요하다. 이러한 경험과 접촉하는 법(경험에 대한 마음챙김)을 학습할 때, 현재 경험에 대한 정확한 명칭이 있으면 더 수월해진다. 만약 생각과 느낌이 나타날 때 이를 알아차릴 수 있다면, 이러한 경험에 기여하는 맥락 또한 알아차릴 수 있다. 예를 들어 어느 날 아침에 자신이 상기되어 있다는 것을 알아차렸다면, 상기된 기분이 그날 점심시간에 친구를 만날 예정이라는 사실을 알게 된 후에 나타난 기분이라는 것도 알아차릴 수 있다. 만약 좌절감이 느껴짐을 알아차릴 수 있다면, 우리가 업무에서 어떤 도전에 직면할 때 종종 좌절감을 느낀다는 것 또한 알아차릴 수 있을 것이다.

아울러 우리가 특정 감정(행복, 흥분, 불안, 두려움 등)을 느끼는 상황을 식별하고 명명한다면, 특정 맥락이 우리의 외현 행동에 미치는 영향을 더 잘 이해하며 예측할 수 있을 것이다. 예를 들어 만약 점심 식사 후 특히 생산적이라면, 즐거움을 알아차림으로써 유쾌한 점심 식사가 생산성에 긍정적인 영향을 미친다는 것을 알 수 있다. 만약 도전적인 일을 한 다음 사람을 피하는 경향이 있다면, 좌절감을 알아차리는 것이 반복되는 도전이 대인 관계에 부정적인 영향을 미치고 있음을 알아차리는 데 도움이 될 수 있다.

더 나아가 특정 맥락이 우리의 사적 경험과 외현 행동에 어떻게 영향을 미치는지에 대해 확인하는 것은 우리가 더욱 효과적으로 행동하는 데에도 도움이 된다. 점심 식사 후의 즐거움과 그에 따른 생산성을 떠올린다면, 조만간 친구와 함께하는 또 다른 점심 식사를 예약할 가능성이 높다. 도전적인 일을 한 후의 좌절과 사회적인 관계에 대한 회피를 떠올릴 때, 그러한 도전을 잘 다루는 방법에 대해 추가 교육을 받는 것을 고려할 수 있을 것이다. 이런 측면에서 내적 경험에 대한 지식(이해)은 맥락 민감성과 유연성에 중요하다.

현재 경험에 대한 인식은 개인마다 다양하다. 어떤 사람에게는 생각이나 감정을 단순히 알아차리는 자체가 어려운 일이다. 누군가는 자신에게 일어난 일에 대해 자신이 무슨 생각을 하는지 알고자 애쓰고 있으며, 자신의 인식 부족으로 인해 지장을 받는다. 자신의 행동이 기분이나 생각의 변화에 따라 변하지만, 이러한 변화는 자신의 인식 밖에 있는 것이다. 또 다른 예시로, 다가오는 발표에 대해 걱정하는 사람은 자신이 동료에게 무례하게 말하고, 전화를 무시하고, 운동 일정을 빠진다는 것을 알아차릴 수 있지만, 이런 종류의 행동과 곧 다가올 발표를 연결하지는 못한다. 그러나 만약 이 사람이 자신의 불안을 알아차릴 수 있다면, 동료에게 도움을 요청하거나, 운동을 하거나, 발표를 연습하는 데 시간을 낼 수 있을 것이다.

누군가는 줄곧 자기 생각과 느낌에 잘못된 이름을 붙일 수도 있다. 다시 말해서 같은 문화권에 있는 사람들이 자기 생각과 느낌을 명명하는 일반적인 방식과는 다른 방식으로 자기 생각과 느낌에 이름을 붙인다. 예를 들어, 어떤 사람은 관심 있는 사람과 점심 식사를 계획하며 느낀 가슴의 두근거림과 얼굴의 화끈거림 같은 사적 경험에 '굴욕'이라는 이름을 붙이는 반면, 같은 문화권의 다른 사람들은 비슷한 느낌에 '기대' 또는 '들뜸'이라는 이름을 붙일 것이다. 사적 경험에 대한 이 사람의 명칭은 문제가 될 수 있다. 호감이 가는 사람을 회피하고, 미래의 굴욕으로부터 자신을 보호하기 위해 상대방을 싫어한다는 표현을 하거나 함께하는 식사를 피할 수 있기 때문이다. 그러나 만약 이 사람이 자신의 기대와 들뜬 기분을 알아차릴 수 있었다면, 그는 이끌림을 탐험하며 새로운 누군가를 알아갈 기회를 얻을 수도 있었을 것이다. 혼동을 일으키는 여러 형태의 잘못된 명명, 예를 들어 두려움을 흥분으로 착각하거나 당혹감을 분노로 착각하는 경우가 발생할 수 있으며, 이러한 잘못된 명칭은 자신의 행동과 관련된 맥락에 대해 둔감해지게 할 수 있다.

끊임없이 변화하는 맥락에 민감하고 유연하게 반응하기 위해서는 사적 경험에 대한 변별이 더할 나위 없이 중요하다. 예를 들어 어떤 개인이 자신의 내적 경험에 연관된 레퍼토리를 충분히 가지고 있지 않다면, 자신의 행동에 대한 원인과 그로 인한 결과를 예측하고 이해하는 데 상당한 어려움이 있을 것이다. 그 결과로 자신의 응종 행동(자신의 경험을 추적하는 것보다 사회적으로 매개된 결과들에 따라 강화된 행동)을 증가시킬 수 있으며, 변화하는 자신의 세상에 대해 더욱 경직되고 무감각해질 수 있다.

그러므로 자신의 내적 경험을 정확하게 변별하는 능력의 결여는 명백한 문제적 결과를 초래할 수 있다. 이러한 능력의 결핍은 어떻게 발생하는 것일까? 여기에 대해 설명하자면 우리가 경험을 변별하고 정확하게 명명하는 능력을 어떻게 학습하는지에 대해 알아야 한다.

정의에 따르면 사적 사건(느낌, 생각, 감각)은 외부 세계에 접근할 수 없지만, 그럼에도 불구하고 우리의 언어 공동체는 이러한 사건들에 대해 공통된 명칭을 조형(훈련)시켜야 한다. 3장에서 논의한 바와 같이 언어 공동체는 외적이자 그로써 공적으로 접근 가능한 경험과 내적 경험의 상관관계에 대해 적절한 변별 훈련을 제공하여 공통된 명칭을 조형한다. 매우 신중하고 세심한 양육자의 장점과 정확하고 미묘한 변별을 가르칠 수 있는 언어의 잠재력에도 불구하고, 우리의 사적 경험은 우리 자신만 이용할 수 있다는 사실은 정확한 지칭 언어 행동 훈련이 정밀하지 않은 과정임을 의미한다. 충분한 자원과 최선의 의도에도 불구하고 어려움은 발생할 수 있다. 그리고 양육자와 언어 공동체의 다른 구성원이 학습을 방임하거나, 지연하거나, 의도적으로 왜곡시키는 경우, 내적 경험에 대한 정확한 지칭 언어 행동이 무너질 수 있고 이는 아동의 심리적 발달에 심각한 결과를 초래할 수 있다.

직시적 관계 구성하기 Deictic Relational Framing

방금 논의한 우리 자신의 경험을 서술하는 능력은 자기 인식의 발달에 기초가 되는 두 가지 핵심 기술 중 하나이다. 다른 하나는 직시적 관계 구성하기, 즉 관점 취하기이다. 아동이 관계적으로 구성을 할 수 있게 되면, 자신과 다른 사람들의 행동을 비롯하여 행동을 관계적으로 구성하기 시작한다. 이 능력은 직시적 반응의 출현을 촉진한다.

세 가지 주요한 직시적 구성은 다음과 같다(Hayes, 1984를 참고).

1. *나-너*
2. *여기-거기*
3. *지금-그때*

직시적 구성의 특징 중 하나는 단순한 형식적 또는 비임의적 대응 요소가 없다는 것이다. 일부 기본 구성에는 매우 명백한 비임의적 대응 요소가 있다. 예를 들어 대등과 차이는 각각 해당 사건들 사이의 물리적 동등성과 차이에 기초한다. *앞에-뒤에, 왼쪽에-오른쪽에, 위에-아래에, 전에-후에, 안에-밖에* 같은 시공간 구성의 경우는 조금 더 복잡하다. 이러한 구성들에도 (사건들이 서로 연관되어 물리적으로 배치될 수 있다는 사실 덕분에) 비임의적 대응 요소가 존재하지만, 비임의적 수준에서도 관계의 물리적 특성 자체는 대부분 또는 전적으로 무관하다. 중요한 것은 그들 사이의 관계 자체다. 예를 들어 두 대상 각각의 물리적 속성과는 무관하게, 둘 중 하나는 다른 대상 위에 '물리적으로' 위치할 수 있다.

직시적 구성 또는 관점 취하기가 필요한 구성은 비임의적인 환경과의 관계 측면에서 가장 핵심적인 이례적 구성이다. 이 경우 변별은 특정 활동이 이루어지는 장소를 기준으로 생성된다. *나-너* 구성의 경우 현재 화자가 수행한 반응과 다른 사람이 수행한 반응 사이에서, *여기-거기* 구성의 경우 현재 화자의 위치에서 발생한 활동과 다른 곳에서 발생한 활동 사이에서, *지금-그때*의 경우 현재와 현재가 아닌 반응 사이에서 변별이 만들어진다. 따라서 이 경우에 학습되어야 하는 반응 양식은 특히 추상적이며, 형식적인 속성에 의존하지 않는 광범위한 다중-표본 훈련을 통한 연마가 필요하다. Barnes-Holmes, Hayes, Dymond(2001)는 '세상과 타인을 향한 개인의 관점에 대한 관념은 충분히 잘 발달된 관계 레퍼토리와 이를 이용한 다중 표본의 광범위한 역사가 결합되어야 한다.'고 주장했다(pp. 122-123). 언어 공동체와의 상호 작용 과정에서 아동은 점차 다음과 같은 질문을 하고 여기에 대해 적절히 반응하는 방법을 학습하게 된다.

- 너 지금 여기서 뭐 하니?
- 나 지금 뭐 하고 있지?
- 너 거기에서 뭐 할 거야?

다른 관계 구성을 학습하는 경우와 마찬가지로, 이러한 양식들은 요구된 관계 양식 (이 경우에서는 *나-너, 여기-거기, 지금-그때*)에 일관되고 적절한 수반성이 적용되는 시간이 지속됨에 따라 형성된다.

관계구성이론에 따르면 *나-너, 여기-거기, 지금-그때*의 직시적 구성이 행동 레퍼토리에 확립되고 나면, 이 구성들은 개인에 일어나는 언어적 사건 대부분의 고유한 자산이 된다. 달리 말하자면 어떤 말이나 행동을 하더라도 우리는 명시적으로(실제로 직시적 단서를 사용) 또는 암묵적으로(필요한 경우 직시적 단서를 사용할 수 있음) 언급에 대한 직시적 관계 구성 내에서 말하거나 행동한다. 물론, '나', '너', '여기', '거기', '지금', '그때'라는 용어 자체가 직시적 관계 구성의 특징을 정의하는 것은 아니다. 예를 들어 자신의 행동에 대한 직시적 구성을 위해 꼭 '*나*'를 사용할 필요는 없다. '*나에게/나를me*'이나 '*나 자신myself*' 또는 이름을 사용할 수도 있다. 마찬가지로, '*너you*'가 직시적 구성을 서술하는 데 사용되는 것처럼, 지금 대화를 나누는 상대뿐만 아니라 '*그*', '*그녀*', '*그것*' 등으로 지칭되는 대상들 및 이름, 소유격 대명사, 또는 행동을 지칭하는 방법들을 통해 언급될 수 있는 제3자를 포함하여 내가 아닌 이들에 의해 실행되는 모든 행동의 사례를 포함한다. 이는 직시적 구성하기의 분류에 사용되는 다른 용어에도 똑같이 적용된다. 예를 들어 '*여기*'라 말하는 대신, '*이곳*'이라고 말하거나 현재 위치의 이름을 여러 수준으로 구체적으로 말할 수 있다. '*지금*'이라고 말하는 대신 '*오늘*'이나 '*이번 주*'라고 말할 수도 있다. 중요한 것은 특정 시점에 사용된 특정 맥락 단서Crel에 대한 용어가 아닌 기능적 양식이다. *나, 너, 여기, 거기, 지금, 그때*는 그저(단언컨대) 과학적 의사소통의 목적에서 가장 덜 모호하며 가장 유용한 용어들일 뿐이다.

관계구성이론상 한 개인이 다른 사람과 대화할 때마다 *지금-여기*에 있는 *나*의 관점에서 이루어지는 것이며, 서술하는 내용이 무엇이든 그 관점은 절대 변하지 않는다. 따라서 만약 자신의 관점 자체의 측면에 대해 질문을 받는다면 그는 항상 *나, 여기, 지금*의 관점에서 자기 자신에 관해 서술할 것이다. 예를 들어 누군가 자신에 대한 질문을 받는다면 그는 *나* 또는 그와 동등한 용어를 사용하여 답할 것이다. 만약 그가 자신의 위치에 대한 질문을 받는다면 그는 *여기* 또는 그와 동등한 용어로 답할 것이고, 만약 현재 시간에 대한 질문을 받는다면 그는 *지금* 또는 그와 동등한 용어로 답할 것이다. 반면 하나의 구성이 기술되는 방식은 다양할 수 있다. 기술되는 어떤 특정 사건이나 사람이든 *여기* 또는 *거기*에, *지금* 또는 *그때*에 존재한다. 이는 서술의 대상이 무엇인지에 달려 있다. 예를 들어 화자가 함께 있는 다른 사람을 언급하는 경우 '우리 둘 다 여기 있다.'라고 말할 수 있다. 그러나 화자가 다른 위치에 있는 누군가를 언급할 때, 화자는 *여기*와 대조되는 *거기*에 사람이 있다고 서술할 수 있다. 만약 당신이 대화상대 또는 다른 사람에게 어제 일어난 일에 대해 그 사람과 이야기하기 시작한다면, 당신의(그리고 대화상대의) *지금*의 관점과는 구별되는 *그때*의 관점으로 어떤 일이 일어났는지 이야기할 것이다. 따라서 우리가 이야기하는 사건은 *여기* 또는 *거기*에 존재할 수 있고 *지금* 또는 *그때*가 될 수 있지만, 그러한 사건을 서술하는 관점은 항상 *지금-여기*에 있다. 이는 인간의 자기에 대한 경험의 핵심 특징으로 여겨지는 일관된 소재locus 또는 관점에 대한 감각의 발달로 이어진다. 이러한 소재는 경험적 중심에 자리하며, 계층적이고 은유적인 관계 구성하기에 의해 보완된다. 또한, 자기 자신의 경험에 유연하게 반응하여 심리적으로 건강한 자기화를 촉진할 수 있는 개념적으로 유리한 위치를 제공한다(이러한 개념들은 5장과 그 이후의 장에서 더 자세히 논할 것이다).

아동기부터 성인기까지 직시적 관계 구성하기의 정확성, 유창성, 복잡성이 증가한다는 증거가 제시되었다(McHugh, Barnes-Holmes, & Barnes-Holmes, 2004). 아울러 다수의 후속 연구에서 자폐 스펙트럼 장애 아동(ASD; Rehfeldt, Dillen, Ziomek, & Kowalchuk, 2007; Jackson, Mendoza, & Adams, 2014), 아스퍼거 증후군 청소년

(Lovett & Rehfeldt, 2014)뿐만 아니라 전형적으로 발달하는 아동(Heagle & Rehfeldt, 2006; Weil, Hayes, & Capurro, 2011)에서도 직시적 관계 구성을 훈련시킬 수 있다는 점 또한 입증되었다.

내적 경험에 대한 부정확한 지칭 언어 행동
Inaccurate Tacting of Internal Experiences

아동은 직시적 관계 구성의 발달을 통해 자신의 내적 경험을 정확하게 변별하고 명명하는 능력, 자신의 행동을 다른 사람들의 행동과 비교하고 대조하는 능력을 모두 획득할 수 있을 때 자신에 대한 독특하고 풍부한 감각, 자기 자신의 자질과 취향을 발달시킬 수 있다. 그다음 이러한 경험들의 표현과 공유가 가능해지면서 자신이 누구이며 무엇을 중요하게 여기는지에 대해 학습하며 이런 경험들을 더욱 잘 학습하게 된다. 그러나 어떤 경우에는 이러한 레퍼토리 중 하나 또는 둘 모두에 결함이 있을 수 있으며, 이로 인해 자기화의 발달에 지장을 줄 수 있다.

여러 유형의 상황이 사적 경험에 대한 부적절한 지칭 언어 행동을 유발할 수 있다. 당연하게도 가장 심각하고 오래 지속되는 영향은 적정하지 않은 학습 환경으로부터 비롯되지만, 원치 않는 사적 사건에 대처하기 위한 특정(비기능적) 전략도 이러한 문제를 유발할 수 있다. 다음에서는 이러한 유형의 문제를 일으킬 수 있는 네 가지 상황을 생각해 볼 것이다.

1. 응종 우세
2. 정서적 대화 부재
3. 의도된 왜곡
4. 회피

응종 우세 Dominance of Pliance

내적 경험에 대한 부적절한 변별을 초래할 수 있는 한 가지 상황은 권위주의적 유형 양육자의 그림자 아래에서 성장하는 것이다. 순응을 요구하고, 순응하느냐 그렇지 않느냐에 따라 결과를 달리 주는 상황은 양육자를 기쁘게 하려고 기능하는 행동을 조형할 것이다. 그 결과 성장한 아동의 행동과 자신에 대한 감각은 아마도 자신의 경험에 안내되기보다는 다른 사람들을 기쁘게 하는 데 뿌리를 두게 된다. 그러한 많은 사람들은 자신의 취향이 무엇인지, 그들에게 중요한 것이 무엇인지, 그들이 나타내고자 하는 것이 무엇인지 등, 자기 자신에 대해 많이 알지 못한다. 대신 그들의 삶은 주로 다른 사람들(부모님, 종교나 사회 지도자 같은)이 그들에게 바라는 것에 강력히 순응하도록 이끌려 간다. 취향, 바람, 욕구의 결정 인자로 '나' 아닌 '당신'(타인)을 주로 참조하는 법을 학습하며, 그로 인해 길잡이로서의 자신의 경험과 접촉하지 못하게 된다. 이것이 응종으로 알려진 규칙 유형이다.

우리가 2장에서 마주했던 응종의 정의는 '규칙과 관련 행동 사이의 일치라는 명백히 사회적으로 매개된 결과로 조절되는 규칙-지배 행동'이다(Hayes, Zettle, & Rosenfarb, 1989, p. 203). 만약 부모가 자녀에게 식기 세척기를 비우라고 지시했을 때, 자녀가 이 행동을 하는 이유가 과거에 지시에 따랐을 때 부모가 강화를 제공한 적이 있기 때문이라면, 여기에는 언어적/사회적 공동체에 의해 매개되는 규칙 추종의 역사가 담겨 있으므로 이는 응종의 예가 된다.

응종-유형 규칙 추종은 선례 따르기-유형 규칙 추정과 2장에서 비교된 바 있다. T rneke (2010, p. 206)는 선례 따르기를 '세계(환경)가 배열된 방식과 규칙 간 명백한 일치로 조절되는 규칙-지배 행동'으로 정의한다. 예를 들어 십 대 청소년이 깨끗한 집에서 살기 위해 식기 세척기를 비우기 시작한다고 상상해 보자. 이 경우 식기 세척기를 비웠을 때의 결과와 접촉하여, 식기 세척기를 비우면 깨끗한 집을 만드는 데 도움이 된다는 규칙을 특정한다. 이 청소년의 행동을 유도하는 것은 이 규칙이다. 규칙을 따르는 것이 유익한 방법으로 환경을 변화시켰던 역사가 있으므로 이 규칙을 추종하고 있다. 이 청소년의 경험에 규칙 추종이 특정 맥락에서 대체로 도움이 된다는 지각이 반영될수록, 해당 맥락에서 일반적으로 규칙을 추종할 가능성이 커진다.

또한, 2장에서 보았듯 규칙을 기반으로 조절이 확립되면 후속 행동은 그 규칙에 따를 확률이 높아지며, 규칙에 따라 특정된 수반성이 바뀌더라도 행동이 바뀔 가능성은 줄어든다(Kaufman et al., 1966을 참조). 이러한 상황에서 행동은 수반성에 '둔감한' 것으로 알려져 있으며, 그로 인해 개인은 더 충만한 인생을 살 기회를 빈번히 놓치게 된다. 이러한 유형의 둔감성은 응종이나 선례 따르기 유형 모두에서 발생할 수 있지만, 특히 응종의 맥락에서 더욱 발생하기 쉽다. 이러한 형태의 규칙 추종은 모든 환경으로부터의 접촉과 완전히 분리되어 있기 때문이다. 예를 들어 누군가 '초밥을 먹지 마. 날생선을 먹으면 병에 걸릴 수 있으니까'라는 규칙을 받고 그 결과로 초밥을 먹는 것을 피하게 된다면, 그 결과 그는 절대 초밥을 먹지 않게 되어 초밥 때문에 정말 병에 걸리는지에 대한 진실을 알려줄 결과 또한 절대 경험할 수 없게 될 것이다. 이런 경우 행동은 환경과의 접촉과 상대적으로 분리되어 있다.

아동은 세상을 배워가며 양육자의 지도를 받고 있어, 자연히 성인보다 더욱 많은 응종 행동을 한다. 그러나 응종에서 선례 따르기로의 전환은 건강한 자기에 대한 감각을 발달시켜 의미 있는 삶의 선택을 촉진하는 데 매우 중요하다. 아동기를 거쳐 자라남에 따라 부모나 교사와 같이 의미 있는 다른 사람들이 제공한 규칙은 우리에게 줄곧 유용할 수 있지만, 규칙의 근원이 아닌 현재의 유용성에 따라 규칙을 따른다는 점이 중요하다. 달리 말하자면 규칙에 대한 유연성과 민감성을 유지하여 우리의 목표와 관련된 규칙의 잠재적 유용성을 최대한 활용하는 점이 중요하다.

지나치게 권위주의적인 양육자의 영향에 예속된 내담자는 자신의 경험을 추적하여 그에 따라 행동하는 데 어려움을 겪을 수 있다. 대신 이 내담자는 과도한 응종을 통해 세상을 살아가는 경향이 있다. 자기 자신의 바람과 욕구를 따르기보다 응종 행동이 지배적인 사람들은 때때로 '아부쟁이'로 묘사된다. 그들은 다른 이들의 행복을 위해 타인(부모, 교사, 동료 등)과의 관계에서 수동적인 역할을 하기로 타협하며 살아간다.

실제 맥락에서 응종이 우세한 레퍼토리를 보이는 내담자는 자신의 행위를 의미 또는 목적과 연결 짓는 데 어려움을 겪을 것이다. 자신이 무언가를 하는 이유에 대한 신념을 설명할 때, 그 신념은 일관성이 없거나 이전과는 더는 적절하지 않을 수 있다. 예를 들어 어떤 내담자는 자신의 가치가 자신의 부양 능력에 달려 있다는 신념(즉, 규칙)으로 인해 자녀들이 이미 성장하였으며 그의 가족이 재정적으로 여유가 있다는 사실에도 불구하고 과도하게 일하면서 가족과 건강에 문제를 일으킬 수 있다. 그가 길을 잃은 느낌이나 공허함을 표현할 수도 있지만, 다른 방향으로 나아가려 시도할 때도 자신에게 중요한 것이 무엇인지(가족 부양보다)에 대한 경험이 제한되어 있어 어려움을 겪을 것이다.

응종이 우세한 레퍼토리를 가진 개인은 '치료에서 무엇을 원하시나요?', '무엇을 중요하게 생각하시죠?', '어떤 목표를 가지고 있나요?'와 같은 질문에 혼란스러워할 것이다. 그럼에도 불구하고 때로 그들은 혼란스러움을 인정하지 않으며, 겉으로는 혼란스러워 보이지 않기도 한다. 대신 그들이 *원해야만 하거나 달성해야만 하는* 응종-기반 규칙으로 반응할 가능성이 크다. 예를 들어 자신이 하고 싶은 일 대신 자신이 해야 할 일('더 자주 요리하고 더 세심해야 하며 집을 더 깨끗하게 유지해야 해요')에 대해 강조하며 부모로서 이루고 싶은 변화에 대한 의견을 강하게 피력할 수 있다.

문제가 있는 응종으로 어려움을 겪는 내담자가 치료자를 각별하게 생각하는 경우, 그는 치료자의 인정을 받기 위해 질문에 응답할 수 있다. 예를 들어 자신이 더욱 수용되며 더욱 현존하는 느낌을 받는다는 대답을 치료자가 바란다고 믿기 때문에 이런 내용을 치료자에게 보고할 수 있다. 과도하게 응종하는 내담자의 경우 자신의 환경을 추적하는 방법을 학습하여 자신이 바라고 선택한 결과에 따라 행동하도록 안내해야 하며, 앞선 예시처럼 그저 규칙을 추종하는 방식을 따르지 않도록 해야 한다.

정서적 대화 부재 Absence of Emotional Talk

감정이 거의 다뤄지지 않는 환경에서 자란다는 것은 아동의 정서적 어휘가 빈곤하고 자신의 내적 경험에 대해 적절한 지칭 언어 행동을 하지 못한다는 것을 의미한다. 서구 문화 전체가 어느 정도 이러한 결핍을 조장한다. 일반적으로 정서적 경험, 특히 불편한 감정에 관해 이야기하는 것을 꺼리기 때문이다. 특정 감정(예: 수치심, 슬픔, 죄책감)에 굴복하는 것은 종종 약한 것으로 취급받거나, 심지어 이러한 감정이 올라올 때 이에 대해 표현하는 것은 무례하거나 부적절하게 받아들여지기도 한다.

감정이 다루어지지 않은 환경에서 자라는 아동은 그렇지 않은 아동에 비해 자신의 감정을 명명하는 데 있어 부족한 학습 이력을 가지고 있다. 자신의 사적 경험에 대한 피드백이 없다면, 아동은 자신의 경험에 대해 정확한 지칭 언어 행동을 하는 법을 배우지 못할 것이다. 이로 인해 아동은 각 경험으로부터 또는 자신의 경험 전체에서 특정 감정을 변별해내는 데 어려움을 겪을 수 있다. 예를 들어 양육자가 슬픔을 절대 인정하지 않거나 슬픔에 대한 적절한 표현을 강화해주지 않으면, 아동은 슬픔을 변별하는 법을 학습하지 못하게 된다.

정서적 대화를 사용하도록 훈련받지 못한 내담자는 치료적 맥락에서도 특정 감정을 변별하는 데 어려움을 겪을 수 있다. 그들은 슬픔이나 두려움과 같은 보다 취약한 감정과 일반적으로 표현이 더 쉽게 허용되는 감정들을 혼동할 수 있다. 예를 들어 아동기에 분노를 표현하는 것이 확실히 강화되었다면, 어떤 종류의 불편한 느낌도 사실상 분노로 경험할 수 있다. 정서적 대화가 결핍된 내담자는 *감정표현불능증* alexithymia 으로 보이거나, 여러 감정을 변별할 기술이 부족한 것처럼 보인다. 무감각함과 거리감을 느낀다고 말하거나, 다른 사람들의 감정 표현을 이해하지 못한다고 보고할 수도 있다. 그들은 신체적 불편함으로 자신의 감정을 표현할 수도 있다(예를 들어 불안을 표현하는 대신 가슴이 뛴다거나 속이 좋지 않다고 보고함).

감정 변별에 어려움을 겪는 내담자를 만났을 때, 치료자는 내담자를 미묘한 감정 변화를 변별하도록 훈련시키는 시험대에 오른다. 달리 말하자면 치료자는 내담자의 발달 과정 동안 제공되지 않았던 훈련 기회를 제공해야 한다. 예를 들어 치료자는 내담자에게 현재 경험에 접촉하는 것에 관한 간단한 회기 내 연습을 소개할 수 있다. 다음 연습은 내담자가 자신의 현재 호흡 경험에 접할 수 있게 해 주고, 호흡을 차단할 때 내담자의 기분이 어떻게 변화하는지 보여 준다. 이 경험은 내담자가 알아차리고 받아들이기에 상대적으로 어렵지 않은 변화를 제공한다.

치료자 눈을 감으세요. 의자에서 등을 떼고 곧게, 또는 반듯이 앉으세요. 부드럽게 자신의 호흡을 알아차려 보세요. 굳이 조절하려 하지 않아도 괜찮습니다. 그저 숨이 들어가고 나오도록 두고, 그 느낌이 어떤지 알아차려 보세요. 당신의 호흡을 관찰해보세요. 호흡과 함께 일 분 정도 머물러 봅니다. 만약 이렇게 하는 게 바보 같거나 지루하다고 느껴진다면, 그 또한 그저 알아차려 보세요. 그리고 당신이 계속 거기에 머무르며 호흡을 알아차리도록 주의를 기울일 수 있는지 살펴보세요. 이제 엄지와 검지로 콧구멍을 막은 다음, 그 느낌이 어떤지 알아차려 보세요. 이제 코를 놓고, 느낌이 변화했는지 알아차려 보세요.

치료자는 변화하는 감각(숨을 쉴 수 있는 상태에서 숨을 쉬지 못하는 상태까지)에서부터 변별하거나 인정하기 더 어려운 감정(부끄러움, 당황, 불안 등)에 이르는 간단한 예시들을 만들어 낼 수 있다. 치료자는 내담자가 회기 중에 자신의 내적 경험에 대해 명명하도록 하는 회기 내 훈련을 활용할 수 있다. 예를 들어 내담자가 바닥을 내려다보고 있다는 것을 발견했을 때 치료자는 다음과 같이 말할 수 있다. "지금 당신은 바닥을 내려다보고 있네요. 지금, 이 순간 당신의 경험은 무엇인가요?" 처음에 내담자는 자신의 경험을 변별하는 걸 곤란해할 수 있다. 이럴 때 치료자는 내담자에게 스스로가 알아차릴 수 있는 신체 감각을 우선 변별하도록 요청할 수 있으며, 그로써 결과적으로 내담자가 회기 중뿐만 아니라 여러 시간대에 걸쳐 내적 경험의 변화를 알아차릴 수 있도록 도울 수 있다.

*의도된 왜곡*Deliberate Distortion

아동이 정서에 대한 훈련을 받지만, 그 훈련이 의도적으로 왜곡되거나 부정확한 상황도 존재한다. 특정 유형의 감정이 부적절하다고 생각하는 양육자가 해당 감정이 아동에게서 나타날 때 이를 '나쁜' 또는 '잘못된' 감정이라고 명명할 수 있다. 예를 들어 불안이 나약함을 가리킨다고 믿는 마틴의 양육자는 마틴이 불안을 무시하거나 분노로 표현하도록 가르쳤다. 성인이 된 마틴은 불안함을 느낄 때마다 분노를 표현하도록 학습되었기 때문에 부적절하게 분노를 폭발하기 쉽고 대인 관계에서 어려움을 겪을 수 있다. 동성애란 혐오스러운 것이라 믿는 수잔의 양육자의 경우, 수잔의 동성애적인 성향을 인식하여 수잔이 성적 욕구를 느낄 때마다 혐오감과 수치심을 경험하도록 가르쳤다. 성인이 된 수잔은 성적인 관심을 불러일으키는 사람이나 상황에 대해 혐오감을 느낄 것이고, 특히 성적인 매력을 느낄 수 있는 다른 여성과의 친밀감에서 어려움을 겪을 수 있다.

다른 양육자의 경우 아이 자신의 감정보다도 타인의 감정과 경험 표현에 더 민감해지도록 가르칠 수 있다. 예를 들어 베타니의 양육자는 양육자 본인의 감정과 베타니의 반응이 얼마나 일치하는지에 따라 베타니의 반응을 차별적으로 강화했다. 양육자가 베타니에게 아이스크림을 먹고 싶은지 물어보았을 때 만약 베타니 자신의 감정을 표현했다면 ("음…… 별로 안 먹고 싶어요."), 그 표현은 부정("베타니, 너는 엄마가 너를 위해서 하려는 어떤 것에도 감사하지 않는구나.")이나 또 다른 혐오적 결과로 이어졌을 수 있다. 때문에 베타니는 양육자가 아이스크림을 원한다는 것을 변별하고, 양육자의 감정과 일치하는 대답을("네. 먹고 싶어요. 엄마.") 했을 때 얻는 효과를 이미 발견했을 것이다. 베타니는 또한 양육자의 바람을 식별하고 그 바람을 자기 자신의 것으로 경험하고 표현하는 법을 학습했다. 어떤 상황에서는 양육자의 기분이 모든 종류의 행동 효과를 변별하는 아동의 능력 측면에 기능적으로 중요할 수 있다. 예를 들어 만약 베타니의 양육자가 기분이 좋지 않을 때 베타니를 신체적으로 학대했다면, 베타니는 자기 자신의 감정 변별보다 양육자의 감정 변별을 훨씬 더 많이 학습했을 것이다. 성인이 된 그녀는 대인 관계에서 건강하게 선을 긋는 것에 어려움을 겪을 수 있고, 다른 사람의 고통을 자신의 것처럼 경험하며 마치 다른 사람의 고통이 자기 자신에게 직접 해를 끼치는 것처럼 이를 해결하려 애쓸 수 있다.

더욱 심각하고 해로울 가능성이 큰 유형의 왜곡은 성인이 아동을 희생양으로 삼을 목적으로 무력화시키려는 시도에서 의도적으로 경험에 틀린 명명을 할 때 발생한다. 예를 들어 벤의 축구 코치는 벤이 열 살쯤 되었을 때부터 성적 학대를 시작했다. 학대가 시작되기 전, 코치는 벤에게 사랑과 존중을 과장하여 표현하였다. 그 결과 벤은 코치 곁에 있을 때 가장 큰 자부심과 자기 확신을 느낄 때가 많았고, 따라서 벤은 그 관계에 이끌렸다. 그러나 학대가 시작되자 벤의 코치는 그의 애정 일부를 거둬들이기 시작했고, 벤의 애정 표현과 성행위에 대한 순응 정도에 따라 애정의 정도를 결정했다. 벤에게 이 의도적으로 잘못된 이름 붙이기는 자기 자신의 반응에 대한 의미를 왜곡시키는 결과를 초래했다(예를 들어 혐오감을 느낄 때 '사랑'이라고 명명함). 이 같은 경우, 추후 피해자의 심리적 건강에 심각한 결과를 초래할 수 있다. 예를 들어 성인이 된 벤은 수용과 사랑이 노골적이지 않은 전형적인 관계들은 회피하고, 정서적 친밀감이 생길 때마다 성적으로(때로는 부적절하게) 자신을 표현하려 할 것이며, 사랑을 느끼기 위해 지배를 허용하는 학대적인 관계를 추구하게 될지도 모른다. 내담자가 자신의 정서적 경험을 잘못 명명할 때, 치료자의 과제는 단순히 감정에 대한 민감성을 높여 주는 것을 넘어 내담자가 감정에 적절한 이름을 붙일 수 있도록 특정 상황에서의 신체적 감각과 요소를 사용하는 방법을 명확하게 훈련토록 하는 것이다.

회피 Avoidance

지금까지 논의된 예시들은 주로 아동기 학습 경험과 관련된 것들이다(그러나 발달 지연이 있는 성인에서도 이러한 레퍼토리를 다뤄야 할 수 있으므로 전적으로 아동에게만 해당하는 것은 아니다). 내적 경험에 대한 부정확한 지칭 언어 행동이 인생에서 나중에 발생하는 때도 있다. 정서적 경험은 우리 인간의 경험에 근본적으로 중요하다. 그러한 경험들은 우리의 존재를 채색하여, 우리의 삶을 때로는 더할 나위 없이 즐겁게, 또 때로는 극도로 고통스럽게 만든다. 우리는 어떤 감정은 긍정적으로, 그리고 또 다른 감정은 부정으로 지칭 언어 행동을 하는 법을 배운다. 그리고 긍정적이라고 생각하는 감정은 추구하되 부정적이라고 생각하는 감정은 피해야 한다고 학습한다. 부정적인 정서 경험을 피하는 것은 우리 사회에서 특히 중요해 보인다. 불안, 슬픔과 같은 감정은 우리의 안녕에 대한 위협으로 여겨진다. 그리고 우리는 마치 행복을 느끼는 것이 더 만족스러운 삶을 사는 유일한 수단인 양 어떻게 행복해질 것인가에 대한 메시지의 홍수 속에 빠진다.

어떤 사람들은 원치 않는 감정을 다루기 위해 회피 전략을 택할 수 있다. 예를 들어, 소프트웨어 엔지니어인 제임스는 23세 무렵부터 사회 불안증으로 고통받기 시작했다. 그는 불안이 자신의 사회생활을 방해하고 그로부터 심각한 고통을 겪고 있었기 때문에 이러한 불안에서 벗어나기를 절실히 원했다. 제임스는 사회 불안증이 극한으로 치달을 때마다 그에 대처하기 위해 억제 전략을 적용했다. 한마디로 "난 신경 안 써."라는 태도로 자신의 내적 경험에 대응하는 자세를 택한 것이다. 이러한 전략은 효과가 있는 것처럼 보였다. 그의 사회적 불안이 오래지 않아 상당히 줄어들었기 때문이다. 따라서 제임스는 삶에 대해 지속적으로 이러한 전략으로 접근했다. 그리고 여러 사회적 상황에서 불안이 계속 나타나자, 그는 모든 사회적 상황에서 자신의 감정을 없애는 전략을 적용하기 시작했다. 또한, 다른 사람들의 감정을 인식하는 것도 그를 매우 불안하게 만들었기 때문에 (예를 들어 다른 사람들이 화를 내면 그들의 분노가 자신이 한 일로 인해 발생했을 것이라고 생각하거나, 다른 사람들이 불쾌해 보일 때 자신을 좋아하지 않기 때문이라고 생각하는 등) 이러한 전략을 다른 사람들의 감정에도 적용해야 했다. 제임스가 이러한 전략을 거듭할수록 자신과 다른 사람의 내적 경험에 대한 이해가 점점 약해졌다. 그러던 중 제임스가 서른 살이 되었을 때 파트너가 병에 걸렸고, 제임스는 평소처럼 '난 신경 안 써' 전략으로 반응했다. 그의 명백한 관심 부족으로 관계는 끝났고, 제임스는 무슨 일이 일어난 것인지 이해하기 어려워했다. 다시 말해 그는 거의 10년 동안이나 자신이나 다른 사람의 감정을 인식하지 못했고, 그로 인해 그에겐 파트너가 아플 때 민감하게 반응할 수 있게 하는 레퍼토리가 없었다.

어떻게 내적 경험에 대한 지칭 언어 행동을 하는 법을 가르칠 것인가? How to Teach Tacting of Internal Experiences

누군가가 자신과 타인의 감정적 상태를 해석하는 능력에 문제가 있다면 그 결과는 부적절한 사회적 행동으로 이어질 수 있다(LeBlanc et al., 2003). 사적 사건에 대한 명명(지칭 언어 행동)의 어려움은 부적절한 행동과 연결된다(Durand, 1993). 따라서 이들 문제를 해결하기 위한 훈련 과정 개발이 필요했다. 자폐 스펙트럼 장애 아동은 특정 상황에 의해 유발된 감정에 이름을 붙이는 능력이 제한적이다(Harris, Johnson, Hutton, Andrews, & Cooke, 1989). 이 레퍼토리를 테스트하기 위해 아이에게 한 이야기를 들려주고, 특정 등장인물이 그의 상황에 따라 어떤 감정 표현을 할지 예측해보도록 요구할 수 있다. 동일 연령대 일반 발달 상태의 아이들과 비교했을 때, 자폐 스펙트럼 장애 아동이 특정 상황에서의 감정적 반응 인식 능력이 저하되어 있다는 결과가 많은 연구에서 보고되었다(Downs & Smith, 2004).

McHugh, Bobarnac, & Reed(2011)는 교정 피드백을 이용하여 자폐 스펙트럼 장애로 진단된 아동이 상황에 따른 감정('행복해', '슬퍼', '화가 나', '무서워')에 대해 지칭 언어 행동을 하도록 성공적으로 훈련시켰다. 이들 연구자의 접근 방식으로 내적 레퍼토리에 대한 지칭 언어 행동이 레퍼토리가 부족하거나 결여된 내담자에서 훈련될 수 있다는 경험적 증거가 제공되었다. 이 작업은 틱택토tic-tac-toe 게임으로 차용되었으며, 내적 경험에 대해 지칭 언어 행동을 하는 능력이 부족한 이들(특히 아동·청소년 또는 발달 지연 성인)을 대상으로 활용되었다(Gordon & Borushok, 2017을 참조). 내담자가 내적 경험을 묘사하는 언어 사용을 촉진하는 기법이 게임의 내용이다. 예를 들어 치료자가 내담자에게 단순한 기분 상태를 나타내는 간단한 얼굴이 그려진 종이를 보여 준다. 예를 들어 '행복함', 즉 웃는 얼굴을 보여 주며 치료자가 내담자에게 "이것이 어떤 느낌일까요?"라고 묻는다. 내담자가 '행복'이라는 단어로 올바르게 반응하면, 이 올바른 반응은 강화된다. 만약 내담자가 잘못 응답하면 우선 교정 피드백을 준 다음, 질문의 감정이 어떻게 느껴지는지 묘사한다. 치료자는 감정을 묘사한 후 내담자가 이런 감정을 언제 느껴 봤는지 "행복하다고 느꼈던 적이 언제인가요?"라고 질문한다. 만약 내담자가 여전히 대답할 수 없다면, 치료자는 치료자 자신이 행복했던 때와 관련된 예시를 제공할 수 있다. "저는 생일선물로 아이패드를 받았을 때가 기억나네요. 그때 참 행복했죠." 그 후 치료자는 이 방법의 확장판으로 종이에 다른 표정의 몇 가지 다른 얼굴을 그린 다음, 게임을 하듯이 내담자에게 무엇을 선택했는지를 알리지 않고 얼굴 중 하나를 선택할 수 있다(내담자가 치료자에게 이 작업을 할 수도 있다). 그리고 그 감정을 경험했을 때 겪었던 사건을 설명하고 나면, 내담자가 치료자가 선택한 얼굴을 맞추게 하는 것이다. 이 게임은 내담자의 나이와 맥락에 따라 조정할 수 있다.

언어적으로 발달한 개인에서 자신의 감정에 대해 지칭 언어 행동을 하도록 훈련시키기
Training Verbally Advanced Individuals to Tact Their Emotions

언어적으로 발달한 개인이 내적 경험에 대해 지칭 언어 행동을 하는 데 어려움을 겪는 경우, 치료자의 과제는 내담자가 자신의 현재 경험과 다시금 주의 깊게 접촉할 수 있도록 돕는 것이다. 이때 내적 경험과 접촉하려는 시도가 내담자에게 익숙하지 않은 영역이므로, 치료자는 강한 저항에 직면할 수 있다. 따라서 치료자는 내담자가 자신의 경험과 다시 접촉할 수 있도록 느린 보조로 도와야 한다. 즉 내담자가 쉽게 식별할 수 있는 외부 자극 또는 감각 경험에 이름 붙이는 것부터 시작한다. 물론 식별하기 쉬운 대상은 내담자마다 천차만별일 수 있다.

감각 경험 변별하기 Discriminating Sensory Experiences
자기변별 작업은 특별히 위협적이지 않은 경험적 요소, 즉 감각 경험에 이름 붙이는 법을 가르치는 것부터 시작할 수 있다. 이런 취지에서 감각 경험 중 어떤 측면이 내담자에게 적절하게 해가 없을지는 내담자별로 다양할 것이다. 신체 이미지에 관한 문제로 어려움을 겪고 있는 사람은 호흡에 집중하거나 여기에 주의를 기울이는 것이 매우 어려울 수 있다. 마찬가지로 사회 불안증이 있는 사람은 붐비는 방 안에서 다른 사람들에게 주의를 기울이는 것이 어려울 수 있다. 그러나 신체 이미지와 관련된 어려움을 겪는 사람에게는 대기실에 앉아 자신의 주위에 있는 사람들을 바라보는 것, 예를 들면 그들이 무엇을 입고 있는지, 어떤 자세를 취하고 있는지, 어떻게 움직이는지, 표정은 어떤지 등을 관찰하는 방법이 큰 도움이 될 수 있다. 마찬가지로 사회 불안이 있는 사람은 자리에 앉아 호흡할 때의 느낌, 예를 들어 코 또는 입 주위의 공기, 공기를 흡입하고 공기를 밀어내는 모든 근육 움직임, 숨을 들이쉬고 내쉼에 따라 옷의 느낌이 변하는 것 등을 알아차리는 연습을 하면 큰 도움이 될 것이다. 기회만 주어진다면 내담자는 치료자가 효과적인 방법을 만들 때 명확한 도움을 줄 수 있다.

고려해야 할 또 다른 점은 변별과 명명이라는 두 기술의 통합에 관한 것이다. 작업 초반에 치료자는 내담자에게 다음과 같이 명명할 때의 경험을 알아차려 보도록 간단히 권할 수 있다. "숨을 들이마실 때 몸 어디에서 따뜻함이 느껴지는지 알아차려 보세요." 이후 치료자는 더 모호한 지침을 줄 수도 있고("몸속 온도가 변하는지, 또는 몸의 부위마다 온도가 다른지 알아차려 보세요.") 내담자에게 경험을 명확히 명명하도록 지도할 수도 있다("당신이 지금 무엇을 알아차렸는지 한마디로 말해주세요."). 결과적으로 치료자는 다음과 같이 내담자가 감각 경험을 알아차리고, 그 경험을 명명하고, 그 경험에 명명한다는 것을 알아차리도록 지도할 수 있다. "새로운 경험이 당신의 알아차림 안으로 들어오면, 그 경험에 이름 붙일 만한 한 단어가 떠오르도록 하고, 이름 붙이기를 마쳤다면 그다음 경험으로 넘어가세요."

치료자는 2분에서 5분 동안 이어지는 간단한 훈련을 시작으로 이러한 능력을 쌓아가도록 도울 수 있고, 여러 안내를 통해 이를 뒷받침할 수 있다. 이 작업에서는 먼저 치료자가 내담자의 주의를 이끈다. "가슴과 배의 근육이 어떻게 공기를 들이마시게 하는지 지금 잠깐 알아차려 봅시다." 짧은 녹음본을 홈페이지에 올려놓거나, 내담자의 이메일로 보내 주거나, 공유 드라이브에 제공하는 방식으로 내담자가 집에서 연습하도록 촉진할 수도 있다. 이 훈련은 점차 20분에서 30분가량 정도로 길어지게 되고, 내담자는 치료 회기와 집 모두에서 치료자의 지도 없이 스스로 자신의 주의를 이끌게 된다.

치료실 밖에서의 연습은 이러한 능력의 일반화에 특히 중요하지만, 이를 촉진하기 어려울 수 있다. 일부 내담자는 시간을 따로 마련해 녹음본이나 비구조화된 훈련을 활용하여 규칙적으로 연습하는 데 능숙할 것이다. 연습에 어려움을 겪는 내담자들에게는 기존의 일상 활동에 주의를 기울이는 기회이자 그들의 감각 경험을 알아차릴 기회로 활용하는 훈련을 과제로 주면 도움이 된다. 예를 들어 매일 설거지를 할 때마다 손에서 느껴지는 감각을 알아차려 보는 과제를 줄 수 있다. 또는 출퇴근길을 녹지로 지나가 보도록 과제를 줄 수도 있다. 내담자가 이러한 기술을 다양한 맥락에서 활용할 수 있게 하는 연습 또한 필요하다. 예를 들어 내담자는 하루 동안 각기 다른 상황에서 감각 경험을 알아차리고 명명하도록 알람을 설정해 둘 수 있다. 연습 초반에 하나의 감각 경험(예를 들어 발의 느낌이나, 어떤 공간에서 가장 밝은 빛 같은)에 주의를 기울이도록 정해주면 내담자가 이러한 연습을 성공적으로 수행하는 데 도움이 될 수 있다.

감정을 변별하고 명명하기 Discriminating and Labeling Emotions

내담자가 감각 경험에 대해 알아차리고 이름 붙이는 기술을 발달시키고 나면(그리고 이름을 붙이는 과정도 어느 정도 알아차리면), 다음 단계는 이러한 기술을 더욱 취약한 경험, 즉 감정에 적용하는 것이다. 이 자기변별 작업 단계는 변별하기 쉬워 내담자가 저항할 가능성이 낮은 감정부터 도입된다. 이러한 감정의 종류 역시 내담자에 따라 다양할 것이다. 어떤 내담자에게는 흥분이 시작하기에 좋은 감정일 수 있다. 반면 또 다른 내담자의 경우 흥분은 불안과 너무 밀접하게 연관되어 있어, 기초 기술 일부가 발달된 다음에 다뤄져야 할 수 있다. 치료자는 내담자가 결과적으로 원하는 감정부터 원치 않는 감정까지, 미묘한 감정에서 강렬한 감정까지 모든 범위의 감정을 알아차리고 명명할 수 있기를 바랄 것이다.

감각 경험과 마찬가지로 치료자는 처음에는 구조화된 훈련에 대해 분명한 지시를 제공하고, 이후에는 점차 이러한 도움을 줄여갈 수 있다. 예를 들어 처음에는 이미 치료자가 파악하고 있는 내담자가 행복해지는 주제에 관해 이야기하도록 요청한다 (예를 들어 "아들 잭은 요새 어떻게 지내고 있나요?"). 그런 다음 내담자가 설명을 멈추도록 하고, 행복한 경험의 다른 면을 알아차려 보도록 한다. 예컨대 치료자는 "잭이 다른 아이들과 논다는 이야기를 시작하신 직후에, 저는 당신의 표정이 바뀌는 것을 알아차렸습니다. 방금 당신에게 무슨 일이 일어난 건가요?"라고 물어볼 수 있다. 그런 다음 치료자는 세부사항을 늘려가며 "당신의 움직임에서 어떤 변화를 알아차렸나요?" 또는 "당신이 이야기할 때 목소리가 바뀌는 걸 들으셨나요?"라는 식으로 탐색해 볼 수 있다. 결과적으로 치료자는 내담자가 행복 또는 자신이 겪고 있는 어떠한 다른 느낌이라도 알아차리고 표현하도록 다음처럼 유도할 수 있다. "제가 보기엔 어떤 행복이 여기에서 피어나는 것 같네요. 당신은 무엇을 알아차리셨나요?"

더욱 발전된 작업은 내담자가 역동적인 정서 경험을 알아차리고, 이들 경험과 변화하는 맥락과의 연관성을 식별케 하는 것이다. 다음은 내담자가 현재 정서 및 감각 경험에 접촉하도록 유도하는 회기 내 연습이다.

| 치료자 | 지금 여기에서 무엇을 느끼는지 생각해 보시고 (*잠시 멈춤*) 진실로 당신의 마음 안으로 들어가서 (*잠시 멈춤*) 이렇게 하는 동안 당신의 몸에서 일어나는 변화를 알아차려 보세요. (*잠시 멈춤*) 지금 여기에 초점을 맞출 때 몸에서 어떤 특별한 반응이 일어나는 것을 알아차리셨나요? (*잠시 멈춤*) 만약 당신이 특별한 반응이나 느낌을 알아차렸다면, 이를 신체 감각으로 알아차려 보세요. (*잠시 멈춤*) 정확히 몸의 어느 부분에서 이 느낌이나 감각을 경험하는지 알아차려 봅니다. (*잠시 멈춤*) 감각에 빛을 비춘다고 상상하면 그 감각이 정확히 몸 어디에 머무르고 있는지 알아차리는 데 도움이 될 겁니다. (*잠시 멈춤*) 만약 감각과 느낌이 불쾌한 것일지라도, 그저 잠시 동안 그게 정말 무엇인지, 그것은 단지 신체 감각이며 당신이 제거하거나 싸워야 할 것이 아님을 알아차려 보시고 (*잠시 멈춤*) 당신의 느낌과 감각을 마치 이런 식으로는 처음 알아차리는 듯이 호기심을 가져 봅니다. (*잠시 멈춤*) 현재 느낌에 대해 계속 떠올리면서, 이제부터는 당신의 감각과 느낌이 당신으로부터 꺼내져 나와 당신 앞에 앉아 있는 물체라고 상상해 보세요. (*잠시 멈춤*) 그 감각과 느낌이 물체라면, 그 모양은 어떤가요? (*잠시 멈춤*) 어떻게 생겼나요? (*잠시 멈춤*) 당신의 느낌이라는 물체는 어떤 색인가요? (*잠시 멈춤*) 그 느낌과 감각이 물체라면 질감은 어떨까요? (*잠시 멈춤*) 물체가 움직인다면, 얼마나 빠르게 움직일 것 같나요? (*잠시 멈춤*) 얼마나 무거워 보이나요? (*잠시 멈춤*) 그저 잠깐 동안 이 느낌과 감각이 물리적 속성을 가진 것처럼 상상해 보시고 (*잠시 멈춤*) 한발 물러나서 살펴볼 수 있다면 이 감정과 느낌이 어떻게 보일지 생각해 보세요. (*좀 더 길게 멈춤*) 그리고 지금 (*잠시 멈춤*) 다시 원래 있었던 자리인 당신의 몸 안으로 이 물체가 돌아올 때, 이 느낌과 감각을 환영하며 맞아들여 보시고 (*잠시 멈춤*) 이 물체가 다시 당신 자신에게로 돌아오는 걸 받아들이면서 당신에게 어떤 생각이나 감정이 나타나는지 그저 알아차려 보세요. (*잠시 멈춤*) 그리고 다시 한번 당신의 몸 어디에 이 감각이 머무르는지 알아차려 봅니다. (*잠시 멈춤*) 그건 정확히, 몸 어디에 있나요? *잠시 멈춤*) 그건 정확히, 무엇인가요? (*잠시 멈춤*) 당신의 느낌을 무엇도 더해지거나 빠지지 않은 그저 하나의 신체 감각으로 경험해 보세요. (*잠시 멈춤*) 느낌이 나타나는 지점에 빛을 비춘다고 상상해 보면 그 감각이 정확히 몸 어디에 머무르고 있는지 알아차리는 데 도움이 될 겁니다. (*잠시 멈춤*) 그리고 이제, 당신의 알아차림을 숨을 들이마시고 내쉴 때 느껴지는 현재의 감각과 배의 움직임으로 옮겨 보고 (*잠시 멈춤*) 배의 감각에서 몸 전체의 감각으로 알아 |

차림의 범위를 넓혀 봅니다. (*잠시 멈춤*) 지금 순간에서 몸 전체의 강한 감각을 다시 한번 발달시켜 보세요. (*잠시 멈춤*) 잠시 후 연습을 마무리하겠습니다. 하지만 그 전에 잠시 시간을 들여 오늘 하루 감각과 느낌을 마음챙김하는 연습을 한 여러분 자신을 자랑스러워해 주세요. (*잠시 멈춤*) 그리고 다시 여러분의 주의를 방 안으로 가져와 (*잠시 멈춤*) 여러분이 앉아 있는 이 자리를 떠올리며 (*잠시 멈춤*) 눈을 떴을 때 무엇이 보일지 상상해 봅니다. (*잠시 멈춤*) 어떤 것이든 느낄 준비가 되었다면, 눈을 뜨고, 스트레칭이나 여러분이 자연스럽다고 여겨지는 어떤 동작이든 해 보세요. (*잠시 멈춤*)

치료자는 어떤 현재 경험에서든 이 '정서 및 감각과 깊이 접촉하기' 연습을 내담자가 자신의 현재 감정 및 감각을 명명해보는 예제로 사용할 수 있다. 이러한 연습은 내담자가 이전에는 접촉할 수 없었거나 지칭 언어 행동을 할 수 없었던 경험을 정확하게 변별하는 데 도움이 된다. 내적 경험을 변별하는 레퍼토리가 확립되고 나면, 이들 레퍼토리가 공식적 또는 비공식적 마음챙김 연습을 통해 꾸준히 숙달되어 건강한 자기화를 촉진하는 이상적인 결과를 기대해 볼 수 있다.

직시적 관계 반응의 획득 Acquiring Deictic Relational Responding

자기화의 발달에 필요한 다른 주요 레퍼토리는 직시적 관계 구성이다(첫 번째 레퍼토리는 내적 경험에 대한 지칭 언어 행동이다). 내적 경험에 대한 지칭 언어 행동과 마찬가지로, 직시적 관계 구성(관점 취하기) 레퍼토리 또한 자기화 레퍼토리 획득에 필수이다. 맥락행동과학 관점에서 볼 때, 직시적 관계로 관점 취하기는 공감의 발달, 자기에 대한 정교한 감각, 마음챙김 알아차림을 뒷받침하는 핵심 언어-기반 기술이다. 앞서 언급했듯이 아동은 세 가지 주요 직시적 또는 관점 관계 학습을 통해 자신의 행동을 타인의 행동과 다르게 관계 짓는 법을 학습한다.

1. *너*의 반대로서 *나*
2. *거기*의 반대로서 *여기*
3. *그때*의 반대로서 *지금*

아동은 '너 여기서 뭐 하니?', '지금 나 뭐 하고 있지?', '내가 그때 뭐 하고 있었지?'와 같은 질문에 적절히 반응하는 법을 학습한다. 아동이 이러한 질문에 점차 적절하게 반응하는 법을 학습하면서, 자신의 행동에 대해 질문을 받을 때마다 항상 *나, 여기, 지금* 관점에서 대답하는 것을 학습하게 된다. 그리고 아동은 이러한 관점이 일관되며 다른 사람들의 관점과는 다르다는 것을 학습한다. 예를 들어 만약 당신이 내 행동에 관해 묻는다면 나는 항상 *나, 여기, 지금*의 입장에서 대답할 것이다. *나*는 항상 *여기*의 관점으로부터 오는 것으로, *거기*에 있는 다른 사람의 관점으로부터 오는 것이 아니다. 그러므로 다른 사람의 관점과 연관하여 자신의 관점에 관해 이야기하는 법을 학습하는 과정을 통해, 관점에 대한 감각이 추상화된다. 직시적 관계 반응은 경험을 다른 사람(*너*)이 아닌 *나*에게 일어난 것으로 묘사할 수 있게 한다. 또한, 이를 통해 우리는 지속적인 *나*에 대한 감각을 발달시킬 수 있고, 이러한 감각은 모든 경험의 일관된 측면이며 그러한 경험들에 대한 관점 취하기를 가능케 한다. 이들 레퍼토리로 우리는 우리가 누구이며, 무엇을 즐기고, 무엇을 중요하게 여기는지에 대한 갈수록 정교해지는 관념을 발달시킨다.

관계구성이론 연구를 통해 자폐 스펙트럼 장애(Rehfeldt & Barnes-Holmes, 2009), 사회적 무쾌감증(Villatte, Monestㆍs, McHugh, Freiza i Baquㆍ, & Loas, 2008), 조현병(O'Neill & Weil, 2014), 병적 이타주의(Vilardaga & Hayes, 2011), 준(準)임상적 자기애(Almada, 2016)에서 직시적 관계 반응의 결함이 확인되었다. 전형적인 성인에서 직시적 관계 반응 연습으로 외집단 구성원에 대한 공감이 강화(Vilardaga et al., 2009)되고, 근본 귀인 오류(다른 사람의 행동이 외부의 상황적 원인이 아닌 기질적 특성에 기인한다고 간주하는 경향)가 감소(Hooper, Erdogan, Keen, Lawton, & McHugh, 2015)되는 것으로 나타났다.

어떻게 직시적 관계 구성의 결핍을 치료할 수 있을까? 바로 이것이 핵심 질문이다. 다중 표본 훈련을 사용하여 직시적 관계 반응 기술을 훈련할 수 있음을 제안하는 연구의 수가 점점 늘어나고 있다. 전형적인 발달 과정에 있는 아동(Davlin, Rehfeldt, & Lovett, 2011; Heagle & Rehfeldt, 2006), 조현병(O'Neill, 2012), 다운증후군(Montoya-Rodrㆍguez, McHugh, & Molina, 2017), 자폐 스펙트럼 장애 아동(Weil et al., 2011; Jackson et al., 2014; Rehfeldt et al., 2007을 참조)을 대상으로 한 연구에서 이러한 기술 확립이 성공적이었다고 보고하였다.

직시적 관계 반응 훈련Training Deictic Relational Responding

Yvonne Barnes-Holmes(2001)는 *나-너, 여기-거기, 지금-그때*의 세 가지 직시적 구성 훈련 프로토콜을 관계 복잡성에 따라 3수준으로 나누어 개발했다.

1. *단순 관계 반응*
2. *역전 관계 반응*
3. *이중 역전 관계 반응*

표 4.1은 실험 및 훈련 프로토콜 레퍼토리의 개략적인 표현과 예시이다(지시적 관계 반응의 근거에 논문으로는 Montoya-Rodr guez, Molina, & McHugh, 2017을 참조). 역사적으로 이 프로토콜은 제한된 레퍼토리를 가진 학습자를 위한 비연속-시행 형식으로 사용되어 왔다. 비연속-시행 형식은 단순화되고 구조화된 단계를 사용하는 교육 방법이다. 한 번의 시행으로 기술을 가르치는 대신, 기술을 쪼개어 세분화된 한 단계를 가르치는 시행 방법을 사용한다. 훈련 과정에서는 순차적인 질문과 즉각적인 교정 반응, 고도로 통제된 환경, 올바른 반응의 강화를 통해 직시적 관계 구성이 표준화된다. 아울러 이러한 프로토콜은 훈련 대상에게 이득이 될 경우에는 자연어 대화 형식으로 적용될 수도 있다. 실험 및 훈련 시행 전체에 대해서는 McHugh et al.(2004)를 참조하라.

*직시적 관계 레퍼토리 훈련 지침*Guidelines for Training Deictic Relational Repertoires

직시적 관계 반응을 훈련하려면 우선 특정 기술이 개인의 레퍼토리에 자리 잡고 있어야 한다. 이 기술에는 공동 주시(및 기타 형태의 상호 반응 지향성), 지칭 언어 행동, 동등 및 차이 관계 구성이 포함된다. 치료자는 이러한 전제 조건 기술을 시험한 다음, *나*와 *당신(너)*이 누구를 언급하는지 특정해야 한다. 이는 각 시행에서 명확해야 한다(예를 들어, "*나*, 선생님은 빨간 벽돌을 가지고 있다. *너*, 학생은 파란 벽돌을 가지고 있다."와 같이). 실제 이름도 여기에 삽입될 수 있다. 이 시점부터 관점을 일정하게 유지하는 것이 중요하다. 예를 들어 치료자가 시행 항목에 대해 *나*라고 말할 때 이는 항상 치료자에 관한 언급이어야 하고, 치료자가 *당신(너)*이라고 말할 때, 이는 항상 내담자에 관한 언급이어야 한다. 관점의 일관성은 *나*를 자기로 언급하고, *당신(너)*을 다른 사람으로 언급하는 것에 대한 올바른 관념을 촉진한다.

표 4.1 직시적 관계 과제 종류

관계 유형	나-너	여기-거기	지금-그때
단순	나는 초록 블록을 가지고 있고, 너는 빨간 블록을 가지고 있다. 나는 무엇을 가지고 있을까? 너는 무엇을 가지고 있을까?	나는 여기서 공포를 치고 있고, 너는 거기서 수영을 하고 있다. 나는 무엇을 하고 있을까?	어제 나는 책을 읽고 있었다. 오늘 나는 텔레비전을 보고 있다. 나는 어제 무엇을 했을까? 나는 오늘 무엇을 하고 있을까?
역전	나는 초록 블록을 가지고 있고 너는 빨간 블록을 가지고 있다. 만약 내가 너이고, 네가 나라면, 나는 무엇을 가지고 있을까? 너는 무엇을 가지고 있을까?	나는 여기서 공포를 치고 있고, 너는 거기서 수영을 하고 있다. 만약 여기가 거기라면, 그리고 거기가 여기라면, 나는 무엇을 하고 있을까? 너는 무엇을 하고 있을까?	어제 나는 책을 읽고 있었다. 오늘 나는 텔레비전을 보고 있다. 만약 오늘이 어제라면, 그리고 어제가 오늘이라면, 나는 오늘 무엇을 하고 있을까? 나는 어제 무엇을 했을까?
이중 역전	나는 여기서 공포를 치고 있고, 너는 거기서 수영을 하고 있다. 만약 여기가 거기이고 거기가 여기라면, 그리고 만약 내가 너이고 네가 나라면, 나는 무엇을 하고 있을까? 너는 무엇을 하고 있을까?	나는 여기 대학교에 있고 너는 거기 커피숍에 있다. 만약 여기가 거기이고 거기가 여기라면, 그리고 만약 내가 너이고 네가 나라면, 나는 어디에 있을까? 너는 어디에 있을까?	어제 나는 책을 읽고 있었다. 오늘 나는 텔레비전을 보고 있다. 만약 어제 (그때)가 오늘 (지금)이고 오늘(지금)이 어제 (그때) 라면, 그리고 만약 내가 너이고 네가 나라면, 나는 무엇을 하고 있을까? 나는 무엇을 하고 있을까?

훈련 과정은 단순한 것에서부터 복잡한 것으로 진행되어야 한다. 관계 구성 측면에서 *나-너*의 대인 관계 훈련이 먼저 시행되어야 하며, 그다음 공간 관계(*여기-거기*), 이후 시간 관계(*지금-그때*)를 훈련해야 한다. 이러한 순서는 대인 관계가 관점 취하기 그 자체의 핵심 토대라는 사실과 나머지 두 관계 중 시간 관계가 공간 관계보다 더 복잡하다는 사실에 근거하여 결정되었다. 시간 관계에는 배우고 연습하기에 상대적으로 보다 더 어려운 추상적인 변별이 포함되기 때문이다. 복잡성의 수준은 단순 관계에서부터 시작하여 *나-너, 여기-거기, 지금-그때*의 역전 관계로 발전시켜야 한다. 그리고 그다음에 *나-너/여기-거기*의 이중 역전 관계, *여기-거기/지금-그때*의 이중 역전 관계로 발전시켜야 한다.

학습자를 돕기 위해 처음에는 물리적 촉진제를 이용하다가 점차 줄여갈 수도 있다. 촉진제에는 *나*(교사)와 *너*(학생)를 가리키는 것이 포함될 수 있는데, *너*가 가지고 있는 것과는 대조되는 나가 가지고 있는 다른 물건(빨간 벽돌과 초록 벽돌 같은)을 사용하거나, *나*와 *너*가 있는 곳을 나타낼 수 있는 물건(책상이나 의자 같은)을 사용한다. 시간 관계에 대한 자극은 언젠가(오늘 또는 *어제*)에 수행된 활동을 보여 주는 사진(예를 들어 동물원 사진 또는 책상에 앉아 일하는 사람의 사진)이 포함될 수 있다. 또한, 회기 중에 내담자에게 참여하도록 촉진되는 일련의 활동이 포함될 수도 있다(예를 들어, *지금 바로 손뼉치기 대 일 분 전에 가리키기*). 다음 관계 또는 다음 복잡성 수준의 훈련으로 진행하기 위한 숙달 기준은 부가적인 촉진제 없이 최소 6회 연속으로 정답을 맞히는 것이다. 치료자는 더 복잡한 작업이나 새로운 관계 유형으로 넘어가기 전에, 항상 새로운 관계에 대한 일반화가 적용되었는지를 확인해야 한다. 예를 들어, *나*가 한 색깔의 의자에 앉고 *너*가 다른 색깔의 의자에 앉는 방식으로 아동이 *여기-거기*의 공간 관계에 대한 훈련을 받았다면, 이 훈련 항목을 넘어 일반화하여 반응하는 아동의 유연성과 능력을 시험하기 위해 다른 장소(*해변* 또는 *사무실*과 같은)에서의 반응을 함께 탐색해 보아야 한다. 전통적으로 직시적 관계는 '책상머리' 학습 과정을 통해 훈련되어 왔지만, 최근에는 흥미로운 만화를 제공하는 소프트웨어 응용프로그램으로 개발되었다. 과제가 흥미로울수록 학습자들이 지속적으로 참여하는 데 도움이 되리라 본다.

기초 레퍼토리를 갖춘 상태에서 직시적 유창성 훈련하기
Training Deictic Fluency When the Basic Repertoires Are in Place

이미 직시적 관계 레퍼토리를 가지고 있더라도 직시적 관계 훈련을 통해 자기와 타인을 인식할 때 보다 유연해지는 혜택을 누릴 수 있다. 예를 들어 당신의 지인 중 어려운 시간을 보내고 있는 누군가를 떠올려 보자. 지금 잠시 시간을 내어 당신이 그 사람이라고 상상해 보라. 당신은 어디에 있을 것 같은가? 당신은 무엇을 느끼고 있을 것 같은가? 당신은 어떤 생각을 할 것 같은가? 당신에게는 무엇이 필요할 것 같은가? 이렇게 하다 보면 상대방의 관점에 대한 더욱 폭넓은 인식을 경험하는 자신을 알아차릴 수도 있을 것이다. 이 연습은 또한 우리 자신의 경험에 대한 관점을 취하는 데에도 적용될 수 있다. 많은 마음챙김과 수용 연습은 우리 자신의 경험에 대한 직시적 관계 구성하기와 연관된다. 예를 들어, *나는 지금 여기에서* 내가 약간의 불안을 가지고 있다는 것, *내가 실수하지 않기를 바란다는* 생각을 가지고 있다는 것, 손가락이 따끔거린다는 감각을 가지고 있다는 것을 알아차렸다. 실제로 각기 다른 다수의 치료에 걸쳐 유연한 직시적 관계 반응을 적극적으로 촉진하는 다양한 치료적 훈련이 존재한다(표 4.2 참조).

표 4.2 여러 치료 전통에서의 직시적 관계 반응에 대한 치료적 연습 예시

연습	치료 접근
지금으로부터 10년 뒤의 당신이 당신의 인생을 되돌아보는 모습을 떠올려 보세요. 무엇이 보이시나요?	수용전념치료
만약 당신 자신으로서 최상의 상태라면, 당신은 지금 무엇을 할 건가요?	긍정심리학
만약 당신의 가장 친한 친구가 지금 당신이 느끼는 감정을 그대로 느끼고 있다면, 당신은 그에게 뭐라고 조언해 줄 건가요?	인지치료
당신의 현명한 마음이 바로 지금 당신에게 무엇이라고 이야기하나요?	변증법적 행동치료
만약 당신이, 당신이 아는 사람 중 가장 자비로운 사람이라면, 당신은 지금 당신과 같은 감정을 느끼는 사람에게 어떤 말을 해 줄 건가요?	자비중심치료
의자 작업	정서중심치료(게슈탈트)

M. Villatte의 제10회 국제맥락행동과학회Association of Contextual Behavioral Science 오스트레일리아-뉴질랜드 지부 학회 기조 연설("*A Manifesto for Clinical RFT*")에서 허가를 받아 인용함.

사회적 판단 이론에 관한 연구에서 Hooper et al.(2015)은 직시적 관계 반응 과제에

속한 항목에 대한 정확한 반응이 근본 귀인 오류 발생률의 현저한 감소와 관련된다는 점을 입증했다. 연구 참여자들은 그들이 사회적 판단을 내린 대상(개인)의 관점을 취하도록 직접적으로 요청받지는 않았고, 대신 표 4.1에 기재된 것과 같은 역전 및 이중 역진 직시적 관계 과제 시행에만 응답했다. 따라서 복잡한 수준의 직시적 관계 반응을 단순히 수행하는 것만으로도 적절한 레퍼토리가 자리 잡힌 사람의 대인 관계에 대한 관점 취하기의 핵심 양식을 바꿀 수 있을 것이다. 그뿐만 아니라 내담자의 대인 관계 관점을 바꾸는 것은 여러 학파에 걸쳐 치료자들이 오랫동안 해오고 있는 일이기도 하다(표 4.2 참조).

앞서 살펴보았듯 건강한 자기에 대한 감각 획득은 적정 발달 환경뿐만 아니라 내적 경험 변별 및 직시적 관계 반응 레퍼토리와도 연관된다. 자기화에 대한 이 두 가지 자리 잡힌 레퍼토리와 함께 개인은 더 복잡한 자기화 레퍼토리를 추가로 획득할 수 있다.

세 가지 자기화 레퍼토리
The Three Selfing Repertoires

이전 장에서 우리는 언어 또는 언어 행동에 대한 맥락행동과학 접근의 핵심으로 관계구성이론을 소개한 바 있다. 우리는 자기에 대한 관계구성이론 접근의 기본 이론이자 경험적인 기반으로서 자신의 반응에 언어적으로 반응하는 것을 살펴보았으며, 자기변별과 관점 취하기에 대한 레퍼토리의 획득 또한 다루었다. 이번 장에서는 비교적 완전히 발달된 언어적 자기의 맥락행동과학적 개념화에 대해 3가지 자기화 레퍼토리에 초점을 맞추어 논의할 것이다. 핵심 개념은 인간이 자신과 환경을 비롯한 세상에 대한 관계 구성을 학습하면서 세 가지 개별 자기화 레퍼토리, 보다 전통적인 어법으로 자기에 대한 세 가지 감각을 획득하고 나면 이들 레퍼토리가 우리 인간의 삶에서 심리적 중추 역할을 하게 된다는 것이다. 이 장에서는 이러한 세 가지 레퍼토리에 대해 좀 더 상세히 다룰 것이다.

세 가지 자기화 레퍼토리 The Three Selfing Repertoires

앞장에서 우리는 관점 취하기와 직시적 관계(*나-너, 여기-거기, 지금-그때*)의 획득에 대해 논했다. 관계구성이론에서는 여러 유형의 관계를 포함하는 확장된 관계 레퍼토리의 조합(달리 말해 확장된 언어 레퍼토리)인 관점 취하기의 획득이 기능적으로 다른 세 가지 자기화 레퍼토리, 즉 자기에 대한 감각을 확립하는 데 기여한다고 제안한다(Hayes, 1995).

1. *내용으로서의 자기*self-as-content: 개념화된 자기, 또는 언어적 관계에 관한 내용으로서의 자기

2. *과정으로서의 자기*self-as-process: 알아차리는 자기, 또는 언어적 관계의 진행 과정으로서의 자기

3. *맥락으로서의 자기*self-as-context: 관찰하는 자기, 또는 언어적 관계의 맥락으로서의 자기

이어지는 내용에서 우리는 이러한 세 가지 자기화 레퍼토리를 다룰 것이다.

*내용으로서의 자기(개념화된 자기)*Self-as-Content (the Conceptualized Self)

내용으로서의 자기 또는 개념화된 자기는 사람들이 자신과 자신의 역사를 시간의 흐름에 따라 구성한 정교하고 묘사적이며 평가적인 관계망으로 이루어진다. 언어적 인간인 우리가 자기 인식을 하게 되는 순간, 우리는 우리의 행동을 해석하고, 설명하고, 평가하고, 예측하고, 합리화하기 시작한다. 일관성은 강력한 강화 요인인 반면 비일관성은 강력한 처벌 요인이므로, 우리는 자신의 개인적인 역사와 성향에 대한 설명과 평가를 일관된 관계망(일반적으로 시간과 상황에 걸쳐 지속되는 자기에 대한 일관된 표현)으로 구성하고자 고군분투한다. 예를 들어 톰은 시간이 지나며 알게 되는 자신의 반복된 행동(다른 사람에게 돈, 시간, 도움을 주는 행동)과 이 반복되는 행동을 발견한 다른 사람들로부터 받는 피드백과 칭찬을 바탕으로 자신을 '관대한 사람'으로 서술할 수 있다. 그는 이러한 자기 서술을 자기 자신에 대해 생각하거나 다른 사람들에게 자신에 관해 설명할 때 때때로 사용할 수 있다. 이 자기 서술은 톰이 학습한 '관대함'에 대한 개념과 일치하는, 기능적으로 유사한 행동 사례를 취합한 일관된 관계망이다. 이 범주에 맞지 않거나 적어도 모호할 수 있는 행위(거리에서 논란의 여지가 있는 자선단체의 자원봉사자가 기부를 요청했을 때 기부하지 않음)의 경우에는 '관대함'에 대한 자기 개념에 알맞게 톰이 적절한 방식으로 해석할 수 있다("나는 이미 여러 다른 자선단체에 기부하고 있고, 관대한 사람이라도 한계는 있으니까."). 그리고 이를 통해 지각된 비일관성을 회피할 수 있다.

개념화된 자기는 삶의 모든 언어적 측면을 포함하고, 개인의 현재 및 과거의 감정, 감각, 선호도, 능력, 생각, 상호 작용 및 학습에 대한 지식을 통합하는 정교한 관계망이다. 실제로 이 관계망에는 의식적인 경험 전체가 포함된다. 또한, 수반성이 여러 다른 맥락에서 서로 다른 깊이의 자기 이해 형성을 지원하므로 다층으로 된 구조이기도 하다. 예를 들어 누군가가 주어진 행동 사례를 자신의 상사에게 설명하는 방식은 자신의 치료자에게 설명하는 방식과 매우 다를 수 있다. 또한, 다른 개인(친구, 가족, 직장 동료)과 자신의 역사 차이에 근거하여 자신을 그들과 매우 다르다고 표현하거나 최소한 그렇게 생각할 수도 있다.

여러 다른 맥락에서 다른 사람들과의 다양한 관계와 경험을 가진 클리오나를 생각해 보자. 그녀는 사랑이 가득하고 헌신적인 어머니로서 두 자녀와 놀고 대화하기 위해 시간을 내며, 가능한 한 아이들에게 공감하며 아이들을 이해하기 위해 최선을 다한다. 그녀는 아이들의 아빠가 바람을 피우고 있음을 알게 된 후 이혼했다. 그녀는 전 남편을 사랑했기에 이혼할 때 깊은 배신감을 느꼈으며, 그와 이야기해야 할 때면 여전히 그에게 깊은 분노를 느낀다. 동시에 그녀는 새로운 데이트를 시작하는 것을 포함하여, 그녀가 자신의 삶을 어떻게 대처하고 관리하는지에 대해 스스로 놀라워했다. 그녀는 최근에 새로운 사람을 만나기 시작했고, 이는 짜릿한 경험이다. 지금은 더 많은 경험을 통해 성숙해졌음에도 불구하고, 그녀는 처음 데이트를 시작했던 고등학교 시절의 느낌을 느낀다. 그녀는 부모를 사랑하지만, 부모 각자와는 서로 다른 관계를 맺고 있다. 그녀는 언제나 속내를 털어놓기 쉬운 어머니와 훨씬 더 가깝고, 아버지와의 관계에서는 자식으로서 의무를 다하는 예의 바른 딸이다. 그녀는 언니와도 가까운 사이이다. 언니는 학창 시절 그녀를 늘 지켜주었으며 지금도 여전히 클리오나는 언니를 존경한다. 이제 둘 다 성인이 되었지만 클리오나는 여전히 자신을 어린 동생처럼 느낀다. 그녀의 동창들은 항상 클리오나를 어느 정도 '장난꾸러기'로 보았다. 그녀는 여전히 동창들과 어울리며, 그들을 만날 때 '장난꾸러기' 모드로 돌아오는 것을 즐긴다. 직장에서 그녀는 중간 관리자이고 그녀의 부하 직원들은 그녀를 열심히 일하는 상사이자 엄격하지만, 공정한 사람이라 여긴다. 한편 그녀는 자신의 상사에게 자신이 전문적이고 야심이 있다는 것을 보여 주기 위해 열심히 노력했고, 최근 그녀의 노력은 승진으로 이어졌다. 이렇듯 클리오나는 다양한 맥락에서 다양한 관계들과 다양한 많은 경험을 가지고 있다. 이러한 다양한 맥락에서 그녀는 (사랑 가득하고 헌신적인)어머니, (배신당한)전처, (사랑하고 존경하는)딸, (어린)여동생, (웃기고-위로하고-위해주는)친구, (엄격한)관리자, (근면한)회사원 등 다양한 역할을 수행한다. 그리고 그녀는 각각의 역할에 따라 상당히 다른 경험(자기 내용 레퍼토리)을 가지고 있다. 이러한 역할 중 일부는 더욱 친밀하고 깊은 정서적 관계(예를 들어 가까운 가족 구성원과의 관계에서의 역할)에 뿌리를 두고 있는 반면, 다른 역할의 경우 상대적으로 타인과의 연관이 적고 얕기도 하다(상사와 직속 부하와의 관계에서의 역할처럼).

기능적 수준에서 개념화된 자기화를 이해하고자 할 때 우리가 그려볼 수 있는 이론적 시스템 중 하나로 2장에서 소개했던 다차원 다수준 구성체계(MDML framework)가 있다. 다차원 다수준 구성체계에서는 다음과 같은 네 가지 차원에서 관계 구성을 분석한다는 점을 되짚어 보자.

1. 유도성

2. 일관성

3. 복잡성

4. 유연성

관계망의 범위와 함께 자기화-이해가 여러 상황에서 각기 다른 깊이를 보인다는 사실을 고려하였을 때, 개념화된 자기 레퍼토리가 높은 복잡성을 가진다는 점은 이미 언급한 바 있다. 개념화된 자기 레퍼토리는 일반적으로 상당히 정교하다고 제안되며, 여기서 정교하다는 의미는 잘 연습되어 있으며, 따라서 전형적으로 유도성이 낮다는 것을 의미한다. 예를 들어 우리가 자신을 묘사할 수 있는 많은 방식(관대하다, 외향적이다, 보수적이다 등등)은 잘 정립되고 연습된 구성 양식들이다. 물론 이는 내용에 따라 다양하다. 우리가 앞서 만났던 톰은 지난 몇 년 동안 자신을 관대하다고 생각했다. 반면 최근 몇 개월 동안 그는 스스로를 조금 뚱뚱하다고 묘사하기 시작했는데, 아마 자신의 체형 차이를 알아차리기 시작하고 나서부터였을 것이다. 아울러 우리는 자신에 대한 새로운 내용을 계속 학습하고 있다. 그럼에도 불구하고 대부분 내용은 이미 잘 확립된 관계망으로 동화되는 경향이 있으며, 따라서 기존 관계망을 확장하거나 더욱 정교하게 만든다. 예를 들어 메리는 자신이 신인 밴드를 좋아한다는 점을 알게 되고 이는 분명히 그녀가 자기 자신에 대해 새로이 발견한 점이지만, 그녀가 이 밴드를 좋아한다는 점은 아마도 더 오래되고 잘 확립된 관계 양식(특정 음악 장르 또는 음악 전반을 좋아함)과 일관될 것이다.

자기 개념은 또한 비교적 높은 일관성을 가진다고 말할 수 있다. 일관성과 유도성의 상관관계는 최소한 낮은 유도성(관계 구성 양식이 잘 실행됨)이 높은 일관성을 예측한다(동일 양식에 다중 노출될 경우 해당 양식이 강하게 확립되므로)는 점에서 드러난다. 따라서 자기화의 핵심 양식은 낮은 유도성과 높은 일관성을 보일 것이다. 일반적으로 관계 구성에 대한 일관성은 사회적 환경에 의해 어릴 때부터 강화되는 반면 비일관성은 처벌되므로, 일관성은 강력한 조건화된 강화제가 된다. 따라서 우리는 우리의 자기화 네트워크에 대한 일관성을 유지하기 위해 노력하고 있다. 그러므로 이렇게 잘 확립된 양식과 모순되는 것으로 보이는 모든 정보는 수용되는 대신 자기화 네트워크에 변화가 일어나지 않도록 저항받고, 왜곡되며, 거부될 수 있다. 이렇게 경직되게 일관성을 추구하는 경우 궁극적으로 문제가 발생할 수 있으며 심리적 건강 또한 저해될 수 있다.

자기 내용의 유연성에 대한 주제는 특히 중요하며, 치료를 찾는 많은 사람의 심리적 고군분투의 핵심이기도 하다. 자기 내용은 사회-언어적 세상의 결과이자 세상에 대한 탐색을 촉진시키는 관념과 복잡성의 다양한 수준에서 이루어지는 행동에 대한 설명과 연관된다. 그러므로 일반적인 사회 언어적 환경에서 자란 인간에게 이러한 내용은 실로 피할 수 없는 것이며 그의 세상 어디에나 존재한다(클리오나의 예를 떠올려 보라). 그러나 이 자기화 활동에서 주목해야 할 측면은 우리가 현재 순간에 일어나는 대로 서술하는 과정에는 거의 주의를 기울이지 않는다는 것이다. 달리 말하자면 우리는 이 과정 자체를 관계 구성의 한 행위로서는 거의 참여하지 않는다. 과정으로서의 자기에 참여하는 것은 기능의 변형이라는 전형적 양식을 약화시키며, 서술의 문자적 내용에 그대로 일치하게 행동하는 것보다 더욱 광범위한 반응을 촉진시킨다. 이처럼 과정으로서의 자기에 참여하면 관계 구성이 유연해질 수 있다.

좀 더 자세히 살펴보자. 만약 어떤 사람이 *나는 무가치하다*고 생각하며 그것을 객관적으로 진실한 설명이라 간주하고 이에 반응한다면, 이는 특정 논리에 합당한 정서적·행동적인 기능의 변형(기분이 나빠지거나 친구를 회피함)으로 이어질 가능성이 크다. 이것이 바로 유연하지 않은 상태, 즉 경직성이다. 반면 이 사람이 이러한 생각에 대해 단순한 관계 구성 행위로 반응한다면, 방금 언급한 것과 같은 정서적·행동적 결과가 더 적게 발생하므로 그가 선택할 수 있는 행동이 덜 제한된다. 이는 보다 유연한 반응을 나타낸다. 우리의 자기 서술과 연관된 많은 경직성(특히 '나는 도도하다' 또는 '나는 관대하다'와 같은 비교적 가볍거나 긍정적인 묘사)은 대부분 해가 없을 것이다. 그러나 우리의 자기 내용에 관한 경직성은 다양한 정도의 역기능적이거나 부적응적 행동 결과(체험 회피와 같은)를 초래할 수 있다. 이는 특히 '나는 무가치하다'와 같은 부정적인 자기 서술 같은 경우, 그리고 이런 자기 서술이 상대적으로 빈번하게 발생하는 경우 더욱 가능성이 커진다. 수용전념치료(Wilson, Hayes, Biglan, & Embry, 2014)로 알려진 맥락행동과학-기반 심리치료에서 이 현상은 *인지 융합*cognitive fusion으로 지칭되며, 이는 비임상적 대인관계 문제에서부터 완전히 발병한 정신 병리에서 관찰되는 행동 문제까지 모든 범위 내 행동 문제에서 주요 원인 요소로 간주된다.

더욱이 내용으로서의 자기 측면에서 유연성이라는 주제는 자기의 또 다른 자기화의 주요 주제인 가치와 중첩된다. 수용전념치료 견해에서는 심리적 건강과 활기찬 자기화 양식의 안내자로서 가치가 특히 중요하다고 명시한다. 이러한 관점에서 가치는 계층 관계망(자기 내용 네트워크의 일부인)의 정점으로, 열망과 목표를 끌어내는 데 기여하고 그 결과 이러한 열망과 목표 달성을 위한 특정 행동 양식에 동기를 부여한다고 서술된다.

예를 들어 어떤 사람이 지적 자극을 소중히 여긴다면, 특정 유형의 경력(연구자로서 일하는 것)을 열망하거나 특정 취미(제2 언어를 읽거나 배우는 것)에 빠져들 수 있다. 그리고 지적 자극을 소중히 여기며 지적 취향을 공유할 수 있는 배우자를 찾으려 할 수 있다. 이러한 각 목적과 목표는 지적 자극의 가치에 대한 계층 관계망을 뒷받침하는 부분으로 고려할 수 있다. 더불어 이러한 목적과 목표는 특정 활동들에 의해 차례로 지지될 수 있다. 즉 연구원으로서의 지위를 얻는 것은 좋은 대학교에 진학하고, 여러 학위(박사 학위 등)를 취득하기 위해 노력하고, 자신의 영역에 연구 네트워크 연락망을 구축하고, 어떤 자리에 지원하는 것 등과 관련될 수 있다. 따라서 계층의 맨 위에 있는 폭넓고 중요한 가치는 이러한 활동들의 기능을 활동이 더 강화되게 만드는 가치에 다가가는 작업으로 하향 변형시킨다.

중요한 점은 이러한 유형의 계층 관계망이 관계구성이론이 내용으로서의 자기 유형으로서 가치를 개념화하는 방법이라는 것이다. 따라서 가치는 '내용으로서의 자기화'라는 주제에서 중요하게 고려된다. 그러나 다른 유형의 자기 내용과 마찬가지로 가치 또한 궁극적으로 자기 자신의 지속적인 경험, 특히 호불호에 대한 정확한 변별에 뿌리를 두어야 한다. 이는 외부로부터 주어지거나 강요된 가치와는 대조적이다. 한 가지 예는 양육자가 자녀에게 강요하는 특정 직업에 대한 가치로, 자녀는 실제로는 다른 곳에서 주입되었음에도 그 직업에 관한 생각을 그 자신의 개인적인 가치로 간주하여 내면화한다. 예를 들어 존은 스포츠를 좋아하고 프로 선수가 되기를 갈망하지만, 아버지는 존이 변호사가 되기를 원하므로 자신이 변호사가 되고 싶어 한다고 자신을 납득시킨다. 이처럼 개인의 선호가 무시되거나 충분히 탐구되지 못한 채 강요된 가치에 따라 행동하는 것은 경직된 양식을 구성한다. 대조적으로 이상적인 경우는 가능한 한 자신을 만족시키는 것이 무엇인지에 대한 지속되는 개인 경험(존의 경우 체육 활동 및 운동 기술에 대한 열망)을 기반으로 가치를 설정하고, 이어서 이러한 경험-기반 가치를 따라 행동을 선택하는 것이다(예를 들어 부모가 허락하지 않더라도 프로 운동선수가 되는 것). 따라서 유연성은 건강한 가치 행동에 필수적이다. 자기 내용으로서 가치는 개인의 역사적 경험과 선호에 뿌리를 두어야 하며, 만약 그러한 경험과 선호에서 벗어난다면 가치 평가는 유연성을 잃을 수 있다.

과정으로서의 자기(알아차리는 자기) Self-as-Process (the Knowing Self)

과정으로서의 자기 또는 알아차리는 자기는 지금, 이 순간 일어나는 행동에 대한 지속적인 언어적 변별을 지원하는 레퍼토리이다. 알아차리는 과정 또는 지속적인 인식으로서의 자기를 반영하는 말은 일반적으로 '나는 ……한 기분이 들어', '내 생각에……", '나는 ……가 궁금해' 등과 같은 문구로 시작한다. 4장에서는 이러한 능력의 발현 및 초기 훈련에 대해 논의하였으며, 이는 성인의 자기화 레퍼토리 전체에 대해 마르지 않는 원천을 제공한다. 알아차리는 자기는 개념화된 자기를 양육한다. 즉 자신이 '우울한 사람'임을 알아차리기 위해서는, 우선 자주 슬픔을 느낀다는 점과 많은 맥락에서 에너지가 낮다는 점을 알아야 한다. 또한, 나중에 살펴볼 바와 같이, 알아차리는 자기는 세 번째 자기에 대한 감각인 맥락으로서의 자기(관찰하는 자기)를 지원하는 핵심 역할을 한다. 자기 관찰 레퍼토리가 맥락으로서의 자기에 핵심적으로 중요하기 때문이다.

과정으로서의 자기는 내용으로서의 자기 레퍼토리의 맥락에서 발생하므로, 과정으로서의 자기에서 내용으로서의 자기로 쉽게 넘어갈 수 있다. 예를 들어 타니아가 영화를 보면서 슬픔을 언어적으로 변별할 때, 그녀는 자신을 영화를 보며 우는 사람 또는 평소에 감정적인 사람으로 자기 자신을 여길 수 있다. 따라서 그녀의 경험에 대한 언어적 변별 자체는 상대적으로 잘 유도되고, 복잡하며, 일관된 네트워크에 즉시 끌어들여질 수 있다. 모든 관계 구성의 특징인 일관성을 향한 경향성을 감안할 때, 이 과정은 적어도 어느 정도 선까지는 실제로 일어날 것이다. 진행되는 행동에 대해 더욱 일관되게(따라서 더 잘 연습되는) 언어적 변별을 실행할수록, 이러한 일이 일어날 가능성은 줄어든다. 과정으로서의 자기에 대한 의도적이고 일시적으로 확장된(마음챙김 연습의 일종으로 분류되는) 연습이 특히 도움이 될 수 있다. 초심자는 이 연습을 긴 시간 유지하는 것이 어려울 수 있지만, 비교적 규칙적인 연습을 지속한다면 시간이 지남에 따라 자신의 현재 행동을 언어적으로 변별하는 조작적 기술이 강화될 것이다. 확장된 과정으로서의 자기를 촉진하는 잘 연습된 레퍼토리는 우리가 이 기술을 의도적으로 연습할 동안뿐만 아니라 더 일반적인 상황에서도 경직된 내용으로서의 자기로 빠져들 가능성을 줄여준다.

다차원 다수준 구성체계를 사용하여 과정으로서의 자기를 분석해 보면, 과정으로서의 자기는 내용으로서의 자기에 비해 유도성 측면은 상대적으로 높고, 복잡성 및 일관성 수준은 상대적으로 낮은 경향이 있다고 볼 수 있다. 유도성이 상대적으로 높은 이유는 현재의 경험은 새로우며 때로는 특정 측면에서 과거의 경험과 상당히 다를 수 있기 때문이다. 예를 들어 타니아는 영화에서 특정 장면을 볼 때 슬퍼할 수 있으며, 이 경험을 특정한 방식으로 생각하고 분류할 수 있다. 현재의 슬픔은 다른 슬픔의 순간과 비슷하지만, 또한 특별하다. 이는 특정 캐릭터와 특정 배우가 나온 특정한 화면의 순간과 관련하여 느껴지고 이름 붙여진 슬픔이다. 어쩌면 배경음악이 특별하게 흐르는 것을 발견할 수도 있고, 또는 주연 여배우를 보며 친구를 떠올릴 수도 있다. 따라서 현재 순간에 타니아가 이름 붙일 수 있는 특정한 경험은 이전 경험과 유사하지만, 또한 특별하다. 그러므로 이러한 경험을 특징짓는 것은 (일반적으로 잘 연습된) 자기 내용에 따라 반응하는 것보다 일반적으로 유도성이 더 높다.

과정으로서의 자기는 일반적으로 특정하거나 개별적인 경험에 더 초점을 맞추고 광범위한 주요 개념에는 덜 초점을 맞추기 때문에, 과정으로서의 자기가 내용으로서의 자기에 비해 복잡성은 상대적으로 더 낮다. 과정으로서의 자기는 일관성 또한 비교적 낮은데, 지금 순간의 대상들이 새롭고 특별하기 때문이다. 이러한 특징들은 적어도 어느 정도는 일관성에 반하는 것처럼 보인다. 일관성은 관계망에 이미 포함된 요소들에 존재하며, 새롭고 특정한 현상은 아직 분류되거나 범주화되지 않았기에 정의상 일관성이 떨어지기 때문이다. 마지막으로 과정으로서의 자기는 높은 유연성이 부여되는 것으로 보이는데, 과정으로서의 자기에 참여하는 것이 이미 이전의 언어적 반응에 대한 언어적 변별(예를 들어 누군가가 *나는 불안하다*는 생각을 가지고 있는 것)과 연관된 반영적 유형의 반응이기 때문이다. 따라서 과정으로서의 자기 반응 자체에 대한 언어적 변별('나는 방금 *나는 불안하다*는 생각을 가졌다는 생각을 가졌다'와 같이) 또한 동일한 기능 범주에 속한다.

이러한 방식으로 과정으로서의 자기에 대한 특성을 설명할 때, 이는 절대적인 방식이 아닌 내용으로서의 자기와 비교하여 설명한 내용이라는 점을 기억해야 한다. 따라서 과정으로서의 자기가 '절대적으로' 높은 유도성, 낮은 복잡성, 낮은 일관성, 높은 유연성을 가지는 것이 아니라, 내용으로서의 자기와 비교했을 때 이러한 경향을 가지는 것이다. 특정 상황에 따라 다른 자기화 패턴과 마찬가지로 과정으로서의 자기 또한 각 차원의 수준에서 다양할 것이다.

과정으로서의 자기 레퍼토리는 사회-언어적 공동체와 개인 모두에게서 행동의 조절에 매우 유용하다. 사회-언어적 공동체 측면에서, 과정으로서의 자기 레퍼토리는 어떤 개인의 학습 이력에 대한 지식이 없는 공동체 구성원이 그 사람의 행동을 예측할 수 있게 한다. 예를 들어 만약 한 개인이 상대방에 대해 화가 난다고 말한다면, 다른 사람들은 특정 맥락에서 상대에게 어떻게 행동할 것인지 예측할 수 있다. 과정으로서의 자기는 또한 개인 자신에게도 결정적인 지침이다. 자신의 반응에 효과적으로 반응하려면 우선 반응과 반응의 영향에 대해 알고 있어야 한다. 예를 들어 타인의 행동에 대한 자기 생각과 느낌에 대해 유동적이고 유연하게 이해하고 반응하는 능력은 개인적 관계를 확립하고 유지하는 맥락에서 매우 중요하다.

자기 규칙 또한 과정으로서의 자기가 없다면 훨씬 덜 효과적일 것이다. 관계구성이론 관점에서 볼 때, 언어적 인간은 일상 행동을 안내하는 방대한 수의 자기 주도적 규칙들을 만들어 내기에 자기 규칙은 중요한 주제가 된다. 이러한 자기 주도적 규칙 중 일부는 단순하고 사소한 반면('가게 앞에서 좌회전해야 해'), 다른 규칙들은 복잡하고 심오하다('내 삶에서 의미 있는 일을 해야만 해'). 이러한 자기 주도적 규칙의 효과는 의심할 여지없이 상당하다. 대부분의 경우 생활에 유용한 자기 주도적 규칙을 만들려면 과정으로서의 자기를 정확히 사용해야 한다. 우리를 적절히 이끄는 규칙을 개발하기 위해서는 특정한 상황에서 우리가 어떻게 느끼는지, 그러한 상황에서 특정한 조치를 취했을 때 어떤 결과로 이어질지를 알고 있어야 하기 때문이다. 예를 들어 우리가 바라는 경력에 대한 유용한 규칙("나는 사람들과 만나는 직업을 원해.")을 발달시키기 위해 특정 유형의 활동들에 대한 우리의 반응을 변별(즉, 사람들과 함께 있는 것에 대한 자신의 호불호를 변별)할 수 있어야 한다. 물론 우리가 우리의 반응을 잘 변별할 수 있더라도, 우리가 발달시킨 규칙은 유용하지 않을 수 있다. 따라서 면접과 같은 중요한 상황에서의 불안과 관련하여 우리가 발달시킨 규칙은 상대적으로 유용할 수도 있고("필요한 일을 하는 동안 그런 느낌이 들 때 그걸 예측하고 받아들여"), 불리하게 작용할 수도 있다("무슨 수를 써서라도 그런 느낌을 피해야 해, 그런 느낌이 떠오르는 상황을 가능한 피해서라도"). 이러한 경우 다음과 같은 가치와의 연결이 유용할 수 있다. "비록 면접 중에 불안해지더라도, 나는 정말로 이 직업을 바라니까 그걸 견뎌야 해."

과정으로서의 자기 역시 가치와 관련하여 핵심적으로 중요하다. 앞서 우리는 현재 경험에 대한 알아차림이 유연하고 심리적으로 건강한 가치 행동의 기초임을 제안했다. 또한, 이전에 제안한 바와 같이 한 개인의 가치는 때때로 그 자신의 경험보다 다른 사람으로부터의 출처(양육자가 가르친 가치 또는 전수된 사회적 지혜)를 기반으로 하며, 이후 자신의 것으로 채택될 수 있다. 그러나 지적했던 바와 같이, 그러한 주어진 비개인적인 가치는 자신의 개인 경험이나 관점과 완벽하게 일관되지 않을 수 있다. 이상적으로 가치는 자신의 반응과의 지속되는 경험적 접촉을 기반으로 해야 하며, 이와 같은 과정으로서의 자기에 대한 일관된 연습은 건강한 가치 행동에 근본적으로 중요하다.

4장에서 우리는 과정으로서의 자기 레퍼토리 발달을 위협하는 것들을 살펴보았다. 여기에는 언어적 공동체에 의한 부적절한 훈련이 포함된다. 그 예로는 개인의 감정, 생각, 감각에 대한 인식과 표현이 처벌받고, 무시당하고, 거부되거나 반박되는 경우가 있을 것이다. 이러한 예는 아동방임, 또는 학대 사례에서 자주 관찰된다. 방임된 아동에게 자신과 타인의 경험에 효과적으로 반응하게 해 주는 질문을 해 주고 경험을 명명하는 법을 가르쳐 줄 사람이 부재했다면, 자신이 경험하는 정서와 감각을 '배고픔', '지루함', '피곤함' 등으로 정확하게 묘사하는 방법을 학습하지 못할 수 있다. 이와 유사하게 부모의 손에 의해 통증과 두려움을 경험하는 아동이 '엄마는 널 사랑하고 절대 너를 아프게 하지 않을 거야'라는 말을 들었다면, 자신의 심리적 경험을 정확하게 예측하거나 묘사하는 방법을 학습하지 못할 수도 있다.

부족한 자기 이해는 체험 회피의 결과이거나 부정적인 결과를 초래할 것이라 예상되는 난해한 심리적 사건으로부터 회피하거나 도피하려는 경향의 결과일 수 있다. 양방향 관계를 통한 기능의 변형으로, 혐오스러운 사건에 관한 자기 이해는 그 자체로 혐오스럽다. 이는 인간이 실제로 고통이 발생한 상황을 회피하거나 도피한다고 해서 항상 고통으로부터 회피하거나 도피할 수 없다는 것을 의미한다. 우리는 자신의 심리적 경험으로부터 도피할 수 없기 때문에, 종종 그 경험에 대한 인식을 회피하려고 시도한다. 이러한 만성적인 체험 회피 경향은 자기에 대한 명백한 영향으로 인해 자신의 생각, 감정, 감각의 관찰과 설명의 어려움(감정인식불능증, 무쾌감증, 무동기에서와같이)으로 이어질 수 있으며, 이러한 어려움은 우울증, 외상 후 스트레스 장애 및 경계선 성격 장애와 같은 심리적 장애의 특징이 된다. 과정으로서의 자기 레퍼토리의 결함과 관련된 다른 어려움으로는 주의를 유지하거나 옮기지 못하는 것(주의력 장애, 공포 불안으로 이어지는 강박적 자기 집중), 개념화된 과거와 미래에 압도되어 현재 순간은 걱정과 반추로 인해 상실되는 것(불안과 우울), 자기에 대한 정동 연관성을 내재한 판단과 관련된 관계 구성의 우세(자기애, 우울, 불안, 성격 장애)사 포함된다. 이러한 상태들에 대해서는 이어지는 장들에서 더욱 자세히 살펴볼 것이다.

맥락으로서의 자기 (관찰하는 자기) Self-as-Context (the Observing Self)
맥락으로서의 자기 레퍼토리의 핵심은 직시적 관계 구성을 특징짓는 핵심 양식과 관련된다. 즉, 이러한 구성을 하는 누군가는 항상 *나-여기-지금*의 관점에서 반응한다. 이런 의미에서 맥락으로서의 자기는 모든 자기변별로부터 추출된 불변량으로 이해할 수 있다. 그것은 언어적 반응의 내용(또는, 보다 구체적으로 말하자면 직시적 관계 반응)으로부터 추출되었기 때문에, 이는 내용으로부터 자유롭고 따라서 처음 발현되는 시점부터 일정하며 변하지 않는다. 이는 언어적 반응의 산물이지만, 개인이 했던 모든 것에 적용되는 언어적 범주로서 비언어적 자기(직접적인 심리 과정의 결과인 행동적인 흐름)와 언어적 자기(관계 구성을 통해 얻은 지식의 대상 및 과정 모두)를 통합한다. 따라서 맥락으로서의 자기는 비언어적 자기 이해와 언어적 자기 -이해 사이의 경험적 연결고리를 제공하는 것으로 설명된다.

이 좁은 의미(순수한 관점)에서, 맥락으로서의 자기는 관계 구성의 산물임에도 불구하고 언어적으로 표현하거나 접촉하기가 어렵기 때문에 *초월적 자기*transcendent self라고도 한다. 한 사람의 관점은 대상으로 경험될 수는 없다. 이를 경험하기 위해서는 자신의 관점이 아닌 관점을 취해야 하는데, 이것은 불가능하기 때문이다. 따라서 개인의 관점은 대상 같은 것이 아니므로 무한하고 불변하며 항상 존재하는 것으로 설명된다. 그러므로 이는 영적이고 종교적인 개념 및 경험과 연결된다. 자신의 관점에 대한 직접 경험은 불가능하다. 그럼에도 불구하고 관점 취하기의 '내용이 없는 상태' 측면은 명상 연습을 통해 접근할 수 있으며, 심지어 이는 일부 종교적, 영적 전통에서 명백히 촉진되기도 한다. 예를 들어 자신의 관계 구성(과정으로서의 자기의 일종)에 대한 지속되는 언어적 변별과 관련된 훈련은 기능의 변형이 크게 감소된 맥락을 만들 수 있으며, 이러한 맥락에서 모든 행동에 대한 변치 않는 배경으로서 관점 취하기 자체의 감각이 증폭될 수 있다.

명상을 통해 도달할 수 있는 초월적인 경험은 특정 상황에서 치료적일 수 있으며 심지어 변형에 대한 잠재력을 가질 수도 있다. 이러한 경험들은 잠재적으로 중요하고 심리적으로 유익하지만, 이는 관점 취하기로부터 언어적으로 생성되는 경험으로 널리 인식된 맥락으로서의 자기의 잠재적 결과들 중 단지 하나만을 나타내는 것이다. Steven Hayes(2011년 맥락행동과학협회의 이메일 토론 중)에 따르면, 맥락으로서의 자기는 '관점의 관점에서 관찰과 설명을 가능하게 하는, 일련의 직시적 관계들(특히 나/여기/지금)이 함께 이루어지는 유연한 사회적 확장'으로, '마음 이론, 공감, 연민, 수용, 탈융합, 초월적인 자기 감각을 포함한 많은 다른 경험들'을 촉진한다. 이러한 관점에서 맥락으로서의 자기는 다른 사람의 경험과 구별하여 자신의 경험을 관계적으로 구성하는 모든 과정과 경험을 포함한다. 이 레퍼토리의 핵심은 언어적으로 생성된 관점 취하기의 경험이다. 방금 나열된 각기 다른 결과들은 서로 다른 패턴의 (전형적으로는 은유적인) 관계 구성하기를 통해 촉진될 수 있다. 이것들은 관점 취하기 경험 자체의 기능의 변형을 통해서 뿐만 아니라, 개인의 환경과 행동의 다른 요소들을 통해서도 이루어진다. 예를 들어 (부정적인 사적 경험의) 수용, (언어적 영향으로부터의) 탈융합, (전형적인 경험으로부터의) 초월과 같은 결과는 그릇container으로서의 관찰자, 또는 적어도 자신의 (감정, 생각 같은) 사적 행동으로부터 자유로운 관찰자의 은유적 구성하기를 통해 뒷받침될 수 있다. 따라서 그는 이 행동에 대해 다양한 방식으로 자유롭게 반응할 수 있다(즉, 이런 방식의 구성하기는 행동의 유연성을 촉진한다). 제시된 바와 같이, 은유적인 구성을 사용하면 잠재적으로 유용한 방식으로 행동과 환경의 기능을 변형시키는 데 도움이 된다. 이러한 종류의 맥락으로서의 자기 연습은 또한 응용 영역에서 중심적인 역할을 할 수 있다. 이에 대해서는 이후 장에서 살펴볼 것이다.

방금 설명한 관점에서 맥락으로서의 자기의 핵심은 계층 구성이다. 이 구성은 관련 요소(부분 또는 구성원)를 해당 요소의 통합(전체 또는 집단)과 관련짓는다. 자기의 경우 구성 요소들은 한 사람이 하는 모든 것들(생각, 느낌 등)이며, 관점은 자기의 통합을 위한 일관된 맥락을 제공한다. 이런 의미에서 맥락으로서의 자기화는 *나*와 관련된 전반적인 맥락에 포함된 활동들을 계층적으로 구성하는 것이다. 이런 식으로 자신의 행동을 구성하면 행동뿐만 아니라 이를 포함하는 자기 또는 *나*의 기능 모두를 변형시킬 수 있다. 그렇게 함으로써 나의 행동에 대해 나 자신과 연결되어 있는 동시에 분리되어 있는 감각을 가질 수 있다. 이를 통해 나는 부정적이거나 혐오스럽게 보이는 측면까지도 포함하여 자신의 행동과 경험의 어떤 측면이든 수용하거나 소유할 수 있게 되고, 나의 행동이나 경험의 어떤 측면도 나를 정의하지 않음을 알아가며 나의 선택이 행동이나 경험의 어떤 측면에 의해서도 제한되거나 금지되지 않는다는 점을 인식하고 학습할 수 있다. 이런 식으로 자신의 행동을 구성하면 유연성이 부여되며, 이는 심리적 건강에 특히 중요하다.

넓은 의미에서 맥락으로서의 자기는 매우 포괄적이고 다양하여 다차원 다수준 구성 체계의 네 가지 차원에 따라서도 달라진다. 한편, 더 좁은 의미의 맥락으로서의 자기는 일반적이지 않은 레퍼토리이므로 맥락으로서의 자기에서 4가지 다차원 다수준 구성체계의 차원을 함께 사용하는 것이 다른 전통적인 레퍼토리에서 사용하는 것보다 덜 적합하다는 논쟁의 여지가 있다. 그럼에도 불구하고 만약 다차원 다수준 구성체계 차원이 적용된다면, 우리는 맥락으로서의 자기 레퍼토리가 (매우 자주 연습되었기 때문에) 유도성이 낮고 (복잡성에서부터 추출되었음에도 불구하고 현상 자체는 단순하기 때문에) 복잡성도 낮으며, (예측 가능성이 높기 때문에) 일관성은 높다는 것을 알 수 있다. 마지막으로 이러한 레퍼토리는 당사자가 이 경험으로부터 벗어나거나 한 걸음 물러날 수 없기 때문에 매우 경직된 것으로 볼 수 있다. 이 마지막 요점은 놀랍게 보일 수 있는데, 앞에서 제안한 것처럼 관찰자로서의 자기는 심리적 유연성을 뒷받침하는 것으로 보일 수 있기 때문이다. 순수한 관점으로 자기에 대한 감각을 갖는 것이 다른 행동 레퍼토리(내용으로서의 자기와 같은)와 관련된 행동의 유연성을 촉진하는 데에는 실제로 도움이 될 수 있지만, 관점으로서의 자기 반응 자체는 정의상 이 반응 자체에 대한 관점을 취할 수 없기 때문에 유연하지 못하다고 볼 수 있을 것이다.

특히 더 좁은 의미의 순수한 관점에서, 맥락으로서의 자기는 인간이 어떻게 심리적 고통을 경험하고 조절하는지에 대한 중요한 시사점을 갖는다. 이러한 자기에 대한 감각은 개념화된 자기 또는 알아차리는 자기처럼 혐오스러운 내용에 위협받지 않기 때문이다. 이러한 자기화 레퍼토리는 깊은 정서적 고통에 맞설 수 있도록 하고 의지, 연민, 친밀감을 촉진시킨다. 만약 내가 불안장애나 우울장애 같은 진단적 맥락에서 특히 혐오스러운 정서 반응을 경험하고 있다면, 순수한 관점으로서 자기에 대한 나의 감각을 길러 자신의 부정적인 구성으로부터의 분리를 촉진함으로써 이러한 구성에 동반되는 전형적인 기능의 변형 양식을 약화시키는 데 도움이 될 것이다. 반대로 부족한 맥락으로서의 자기 레퍼토리는 다양한 사회적, 심리적 문제로 이어질 수 있다. 여기에는 불안정한 정체성 또는 자기에 대한 감각(경계성 인격 장애 및 해리 장애에서 관찰되는), 혐오스러운 사적 경험을 마주하며 느끼는 소멸에 대한 두려움, 타인과의 친밀감 또는 관계에서의 어려움, 사회적 무쾌감증, 타인을 낙인찍거나 객관화하는 것, 공감 및 자기 연민의 부족 등이 포함된다.

세 가지 자기화 레퍼토리와 기타 관점들
The Three Selfing Repertoires and Other Perspectives

지금까지 설명한 세 가지 다른 자기화 레퍼토리 또는 자기에 대한 감각은 언어적인 성인의 레퍼토리를 특징짓는다. 이 세 가지 레퍼토리는 자기화에 대한 경험적으로 지지되는 관계구성이론 분석의 논리적 개념 확장이다. 따라서 이 레퍼토리들은 이 핵심 영역에 대한 새롭고 실용적인 통찰을 제공할 수 있다. 심리적 고통과 심리치료 탐구에 이러한 개념을 적용하는 것은 이 책 다음 장의 주제가 될 것이다. 이번 장의 결론 부분에서는 이러한 개념이 대안적인 심리적 접근에서의 자기에 대한 접근과 어떻게 비교되는지 간략하게 살펴볼 것이다.

개념화된 자기(내용으로서의 자기)는 James(1981)의 '대상으로서의 나^{me}' 또는 '경험적 자기empirical self', 인본주의 심리학의 '자기 개념self-concept(Rogers, 1961)', 주류 인지주의 심리학의 '자기 도식self-schema', Gallagher(2000)와 Dennett(1991)의 '서사적 자기narrative self'에 해당하는 것으로 볼 수 있다. 또한, 개념화된 자기가 경직되고 도움이 되지 않는 방식으로 행동을 유도할 때 심리적 문제가 발생할 수 있다는 제안은 자기 개념이 '진정한' 자기에서 벗어나 심리적 부적응을 야기한다는 인본주의의 불일치 개념과 중요한 유사성을 갖는다. 그러나 인본주의 및 기타 접근 방식들과 달리, 개념화된 자기 접근은 자기의 초기 기원과 성인기에서의 자기 관련 심리적 부적응에 대한 기능 분석적 설명을 제공하여 독창적인 연구와 개입을 촉진할 수 있다.

많은 종교적 및 심리 치료적 전통은 개방성, 민감성, 전체성이라는 이름으로 과정으로서의 자기(알아차리는 자기)의 중요성을 강조하는 것으로 보인다. 예를 들어 치료 관계의 목표 중 하나는 내담자가 자신의 감정에 접촉하게 하거나, 관계구성이론 용어로 더욱 폭넓은 언어적 공동체에서 조작되며, 보다 일반적으로 조절된 감정 용어에 대한 구성을 확립하게 하는 것이다. 이러한 알아차리는 자기에 대한 강조는 원래 인본주의 심리학 운동에 국한되었지만, 이제는 다른 치료적(인지행동치료) 및 비치료적(산업 및 조직 심리학) 심리적 접근에서도 중요하게 인식되고 있다.

신경과학적 근거는 내용으로서의 자기와 과정으로서의 자기의 구별을 지지한다. 예를 들어 Farb et al.(2007)은 신경학적으로는 구별되지만, 관습적으로는 통합되어 있는 두 가지 자기 참조 양식에 대한 증거를 발견했다. 연구자들은 서사적(개념화된) 자기, 즉 시간(*지금-그때*)과 장소(*여기-거기*)에 걸친 단일 관점(*나*)으로부터의 경험 통합을 과잉 학습되고 연습으로 자동화된 자기 참조의 고위 명령 모드로 기술하였다. 한편 연구자들은 경험으로부터 얻어지는 자기experiential self(과정으로서의 자기)가 일시적인 신체 상태의 신경 표지자로부터 파생된 보다 기초적인 순간 자기 참조 모드이며, 심리적 현재에 대한 인식을 뒷받침하는 신경학적 변화들에 의해 특징지어진다는 점을 발견하였다.

맥락으로서의 자기의 핵심 측면은 자신의 자기화 과정에 대한 관점을 취할 수 있는 능력이다. 따라서 이에 상응하는 하나의 개념은 메타 인지 또는 실행 기능에 대한 인지 심리학적 개념이다. 두 개념은 결과적으로 마음챙김 명상과 연결된다(Teper, Segal, & Inzlicht, 2013). 기초과학(Farb et al., 2007)과 임상(Miller, Fletcher, & Kabat-Zinn, 1995)연구에서 마음챙김 명상이 심리적 건강을 증진시키고 자신의 심리적 과정에 대한 통찰력을 향상시키는 기반을 제공한다는 사실을 입증하는 경험적 증거가 점차 쌓이고 있다. 우리의 관점에서 볼 때, 자신의 호흡 또는 주위 환경에 대한 경험에 초점을 맞춘 간단한 마음챙김 명상 연습은 과정으로서의 자기 반응과 관련된다(Foody, Barnes-

Holmes, & Barnes-Holmes, 2012를 참조). 이는 자신의 행동에 대해 관점을 취하는 조작적 행동을 강화시킬 뿐만 아니라, 인지 융합(앞서 언급했듯 역기능적 결과를 초래하는 관계 구성을 통한 기능의 변형이 지배적인 상태)의 기능적 맥락을 약화시킨다. 이 과정은 만약 마음챙김 명상이 아니라면 점점 확장하는 내용으로서의 자기 관계망의 일부가 될 수도 있는 지속되는 생각들과 함께 이루어진다. 두 가지 과정 모두 맥락으로서의 자기와 관련된 관점 취하기의 일반화된 레퍼토리를 증가시킬 것이다.

앞서 살펴보았듯이 맥락으로서의 자기의 결과 중 하나는 영적, 종교적 경험과 관련된 자기 초월이다. 심리학에서 이와 관련된 개념은 절정 경험peak experience(Maslow, 1964)이다. 이는 인본주의 및 자아 초월 심리학에 묘사되어 있으며, 신비하고 계시적이며 개인적인 깨달음으로 특징지어지는 경험이다. 인본주의 심리학 관점에서는 이러한 경험의 빈도와 질의 향상을 자기실현self-actualization의 중요한 특성으로 묘사한다(Maslow, 1964). 또한, 자아 초월 심리학의 지지자들(Wilber, 1997)은 심리적 발달을 지속시키기 위해 이러한 경험을 의도적으로 탐구하는 것을 지지한다. 앞서 제안한 바와 같이 이러한 경험들을 관계구성이론/맥락행동과학 접근으로 보았을 때는 전형적인 기능의 변형 수준이 감소하는 맥락에서 순수한 관점 취하기가 일시적으로 증폭되는 것으로 해석될 수 있다. 따라서 절정 경험의 본질과 기원은 그 자체로 구성 학습을 형성하는 관점 취하기의 과정으로 설명된다. 이러한 방식으로 관계구성이론/맥락행동과학 접근법은 절정 경험 및 다른 형태의 계시적 통찰에 관해 실증 연구 프로그램으로 뒷받침되는 상향식 이해를 제공할 수 있다. 이러한 종류의 구체화는 명백히 관계구성이론/맥락행동과학 접근 방식에서 유일하며, 이러한 경험뿐만 아니라 마음챙김이나 맥락으로서의 자기 같은 보다 일반적인 관련 분야에 대해서도 우리의 이해를 개선시킬 수 있는 후속 연구를 촉진할 것이다.

마지막 몇몇 장에서 설명할 자기화에 대한 관계구성이론/맥락행동과학 접근법의 가장 중요하고 참신하며 특별한 측면은 이러한 접근법에 내재된 철학적 가정과 다차원 다수준 구성체계 같은 개념의 발전을 통해 적절한 자기 서술적 행동의 발달에 대한 예측과 영향을 촉진하는 변수를 특정할 수 있다는 것이다. 이러한 변수들의 예로는 관계 반응(동등, 지시적, 유추)에 대한 맥락적 단서들과 자기 발달의 여러 수준에서 정확한 자기 서술(환경으로부터 자기를 변별, 타인으로부터 자기를 변별, 맥락으로부터 내용을 변별 같은)을 위한 (전형적으로 사회적인) 강화 등이 있다.

이러한 실용성을 지향하는 접근 방식은 예컨대 자폐 장애 인구에서의 자기 및 관점 취하기 발달의 지연 또는 자기 관련 심리 치료적 문제와 같은 자기 관련 문제에 관한 개입을 순조롭게 촉진할 수 있다. 또한, 지속적인 연구를 통해 이론을 개선하여 더욱 발달된 개입을 도출할 수도 있을 것이다. 예를 들어 아동의 기초 구성 평가 및 훈련과 관련된 관점 취하기 구성에 대한 상당량의 경험적 연구가 이미 존재하며(Rehfeldt et al., 2007; Weil, Hayes, & Capurro, 2011을 참조), 성인에서의 공감과 같은 치료적으로 적절한 행동 양식에 대한 연구도 다수 진행되었다(Viladaga, 2009를 참조). 따라서 나머지 장에서는 관계구성이론/맥락행동과학 접근의 실용 지향적 관점으로 심리적 고통을 이해하고 치료하기 위해 이러한 접근을 사용하는 방법을 다룰 것이다.

자기 내용 문제
Self Content Issues

5장에서 우리는 전형적인 자기화 레퍼토리를 특징짓는 자기에 대한 감각의 중요한 측면을 다루었다. 무엇보다도 가장 흔하고 쉽게 이해될 수 있는 측면은 내용으로서의 자기일 것이다. 자기에 대한 감각의 이 측면은 '우리는 누구인가?'에 대한 이야기나 서사뿐만 아니라 설명이나 명칭을 포함한다. 물론 5장에서 자기의 또 다른 두 가지 측면에 대한 논의에서 살펴보았듯이 우리는 우리가 동의하는(또는 우리가 탓하게 되는) 설명이나 명칭 그 이상이며, 우리 자신에 대해 말하는 이야기들 그 이상이다. 그러나 때때로 우리는 특정 명칭이나 설명(특히 '우울한', '뚱뚱한', '알코올 중독인'과 같은 부정적인 것들)에 매우 경직되게 초점을 맞추거나, 우리 자신의 이야기에 지나치게 사로잡혀 우리가 이러한 이야기들 그 이상이라는 사실을 잊어버리곤 한다.

수많은 현상이 이런 식으로 우리가 자기 내용에 사로잡히거나 갇히도록 하는 데 영향을 미친다. 먼저 첫째로는 *일관성, 글자대로의 해석literality, 규칙 추종* 같은 복잡한 인간 언어에 수반된 세 가지 현상(즉, 관계 구성)이 영향을 줄 수 있으며, 이는 특히 우리가 이들을 의식하지 못하는 경우 문제를 일으킬 수 있다. 이 현상들은 언어 사용에 관한 일반적인 특징이기도 하다. 그러나 인간이 속한 사회 언어적 공동체의 산물로서 그다지 언어 사용의 특징이라고 볼 수 없는 4가지 부가적 현상, 즉 *부적절한 이상, 부정확한 규칙, 지나치게 단순한 명칭, 역할 할당*도 자기 내용 관련 문제에 영향을 준다. 이 4가지 현상은 앞서 언급된 언어의 3가지 특징에 부가적인 것들이지만, 이러한 특징들로부터 지지받고 또한 이들을 강화하며 상호 작용한다.

언어의 속성 Properties of Language

일관성 Coherence

2장에서 논의하였듯 다차원 다수준 구성체계에서는 일관성을 언어의 핵심 차원으로 본다. 언어 공동체는 우리의 관계 구성이 내적으로 일관성을 갖거나 모순이 없어야 한다고 가르친다. 그 결과 일관성 자체가 자동으로 강화제로 작용하며 우리 자신과 세상에 대한 언어 사용의 핵심 특징이 된다. 물론 언어 공동체가 관계 구성에서 일관되어야 한다고 우리를 가르치는 타당한 이유가 존재한다. 일관성을 통해 우리는 개인이자 사회 구성원으로서 우리의 환경과 행동을 체계적으로 만들 수 있고, 이는 우리가 속한 세상과의 효과적인 상호 작용을 크게 촉진할 수 있다. 그러나 동시에 우리는 일관성의 추구가 때로는 우리를 잘못 인도할 수 있다는 사실 또한 인식하고 있어야 한다. 일관성에 부여된 강력하고 조건화된 강화적 가치로 인해, 우리는 대단히 중요하거나 잠재적으로 더 중요한 맥락과 일관된 반응은 무시한 채 제한된 맥락에서만 일관성을 좇아가는 결과에 이를 수 있다.

예를 들어, 앨런이 새로 산 소프트웨어 프로그램이 사용하기 어렵다는 것을 알아가는 상황을 상상해 보자. 그는 새 소프트웨어를 쓸 때 비슷한 어려움을 겪었던 이전 경우들을 떠올리며 자신은 소프트웨어 사용을 어려워한다고 일반화할 수도 있고, 심지어는 이를 더욱 일반화하여 자신이 그다지 똑똑하지 않다는 결론을 내릴 수도 있다. 이 결론은 앨런의 특정 체험과 관련된 과거의 경험적 증거와 일치할 수 있고, 어쩌면 그가 예전에 읽었던 기사 속에서 똑똑한 사람들은 비교적 쉽게 소프트웨어를 사용한다고 주장한 내용과 부합할지도 모른다. 이러한 생각에서 볼 때, 앨런의 결론은 하나의 결론을 향하는 두 종류의 증거들과 부합한다는 면에서 비교적 일관된다고 볼 수 있을 것이다. 그러나 앨런은 이러한 결론에 도달할 때 제한된 수의 사실에만 초점을 맞췄다. 아마도 그는 자신이 접근할 수 있는 더 확장된 관계망 속 내용, 예컨대 자신이 글쓰기에 재능이 있으며 친구와 동료 여러 명이 자신의 글을 칭찬했던 사실과 같은 것들은 순간 잊어버렸을 것이다. 앨런이 이런 정보를 추가하여 결과적으로 더욱 큰 정보 세트에 근거하여 일관성 있는 결론에 도달했더라면, 자신이 그다지 똑똑하지 않다는 그의 결론은 아마도 수정되었을 것이다. 이러한 확장된 정보를 고려한 그의 수정된 결론은 '몇몇 분야에서 다른 분야보다 더 재능이 있기는 하지만, 나는 전반적으로 꽤 머리가 좋은 편이야.'일 것이다.

이것은 비교적 단순한 예로서 제한된 맥락 안에서 일관성의 개념을 설명하고 맥락 확장이 어떻게 결론을 바꿀 수 있는지 보여 주기 위해 제시되었다. 일관성은 언어의 대단히 중요한 측면이고 문제 해결에 막강한 유용성을 발휘하지만 그럼에도 이는 특정 맥락에서의 한 가지 기능일 뿐, 맥락에 대한 충분한 알아차림이 없는 일관성 그 자체를 추구하다 보면 잘못된 결론으로 빠질 수 있다.

우리가 확인하였듯이 일관성은 그 자체로도 매우 강화적이며, 일관성의 결여는 처벌로 작용한다. 이 사실은 다른 언어적 맥락들에 적용되는 것과 똑같이 언어적으로 창조된 자기에도 적용된다. 우리의 언어적 세상에서 자기가 차지하는 중심적 위치, 예컨대 자신의 경험을 묘사할 때 전형적으로 '내가'와 '나를'이라는 어구를 사용하는 경우 등을 고려하였을 때, 일관성은 다른 맥락보다 자기의 맥락에서 훨씬 더 중요해지는 경향이 있다. 따라서 내가 (주체로서) 나 자신을 설명하고 평가하고자 할 때, 나는 내가 누구인지에 대해 논리적이고 일관된 의미를 만들기 원한다.

제한된 맥락에서 일관성이 도움이 되지 않는 또 다른 예로, 충동적인 결정을 내리는 누군가를 생각해 보자. 어쩌면 그녀는 그녀가 감당할 수 없는 비싼 물건들을 사거나, 결과가 부정적임에도 오락성 약물을 사용하는 습관을 가지고 있을 것이다. 또한 이러한 행동이 문제를 야기하는 행동 양식이라는 것도 알고 있다고 가정해 보자. 그녀는 이 행동들로부터 *나는 충동적이야* 라는 규칙을 만들어 내며 자신이 왜 이러는지 궁금해할 수 있다. 그런 다음 충동성에 관한 책을 읽기 시작하고, 자신이 읽은 내용에 근거해서 자신이 충동적인 이유를 도출할 수도 있을 것이다. 예를 들어 자신의 부모가 지나치게 엄격했기 때문에, 나이가 들어 스스로 결정을 내려야 하게 되자 자신을 잘 다스리지 못하는 것이라고 결론지을 수 있다. 아니면 자신이 충동적이기 쉬운 기질을 가지고 태어났다고 추론할지도 모른다. 혹은 자신이 받았던 양육과 기질 사이의 어떤 상호 작용이 원인이라고 생각할 수도 있을 것이다. 그녀가 떠올리거나 만들어 낸 이런저런 이유는 자신의 문제 행동 양식에 대한 일관된 설명으로서 기능하기 시작한다. 결과적으로 이제 그녀는 자신이 받았던 양육이나 자신의 기질, 또는 이 둘의 조합으로 자신의 충동적 행동을 자연스럽게 정당화할 수 있게 되었다. 자신의 배경을 고려했을 때 이렇게 행동하는 것이 피할 수 없는 운명이므로, 어쨌든 그녀는 자신의 행동에 대해서 그다지 기분 나빠할 필요가 없는 것이다. 게다가 '충동적인'이라는 자기 명칭을 도출한 것은 그녀 자신의 상황에 대해 일관성 있게 이해해냈다는 언어적 인정을 제공하므로, 그 자체로 매우 강화적이다. 이런 식으로 일관성이라는 특징은 그녀가 자신의 행동을 설명하도록 도울 수 있고, 이러한 '들어맞는' 상태는 그녀에게 좋은 느낌을 준다.

그러나 그녀가 자신의 충동적인 행동 양식을 실제로 바꿀 가능성이 있는 측면에서는 문제가 발생한다. 그녀가 자신의 행동이 문제가 된다는 것을 이미 알고 있으며 이 행동을 바꾸기를 바란다는 사실을 기억해 보자. 그럼에도 불구하고 이제 와서 어린 시절 자신의 부모를 바꿀 수도 없고, 자신의 기질도 바꿀 수 없다. 그렇다면 과연 그녀는 어떻게 앞으로 자신의 충동적인 행동을 줄일 수 있을까? 다시 말해 그녀는 과거를 바꿀 수 없기에 자신의 충동성을 불가피한 것으로 결론지어버릴 수 있다. 이런 식으로 (바꿀 수 없는) 과거를 도움이 되지 않는 미래의 행동 양식을 설명하고 정당화하는 데 이용하게 되고, 이러한 정당화는 다시 문제 행동이 일어날 가능성을 높일 것이다.

다시 말하자면 모든 도출된 일관성은 하나의 특정 맥락에서 유도된 것으로, 따라서 그 맥락에서만 한 걸음 벗어나면 더 유용한 대안들이 보이기 시작한다. 과거 역사가 개인을 충동성에 취약하게 만든 경우라 해도 도움이 되지 않는 습관을 최소화하거나 없애기 위해 나아갈 수 있을 것이다. 그러나 상대적으로 제한된 맥락에서 도달한 분명해 보이는 일관성은 자신의 상황에 대해 취하는 어떠한 행동도 더 어렵게 보이게 만든다. 이렇듯 한 맥락에서의 일관성 추구는 개인이 파괴적인 행동 양식에서 벗어날 가능성을 떨어뜨린다.

일관성의 추구는 '사랑스럽지 않은'과 같이 명칭이 매우 강력히 부정적인 경우에도 일어날 수 있다. 이러한 경우에서조차 일관성의 강화적 가치는 개인에게 이 명칭에 관한 확증이나 일관된 설명을 찾도록 만들 수 있다. 예를 들어 누군가는 자신의 과거에 실패했던 모든 관계, 거절당했던 경우, 소원했던 가족관계 등을 찾아내어 이것들을 자신이 사랑받을 수 없는 사람이라는 확증으로 여길 수 있다. 이 분명해 보이는 증거는 그의 미래 행동에 영향을 주게 된다. 어쩌면 그는 자신의 결여된 사랑스러움을 보충하기 위해 자신의 핵심 가치에 맞는 배우자를 고르는 대신 학대하는 배우자를 고를지도 모른다. 언어적 내용을 과도하게 그리고 잠재적으로 문제가 될 정도로 믿는 것을 맥락행동과학에서는 *내용과의 융합*이라 부른다. 만약 누군가의 선택이 자신에게 중요한 것에 근거하기보다 *나는 사랑스럽지 않아* 라는 규칙과의 융합에 근거하여 이루어진다면, 그 사람은 중요한 무언가(동등한, 정직한, 친밀한 동반자 관계 같은)와 적극적으로 동떨어진 선택을 할 수 있다. 게다가 이 선택은 심지어 자기 강화적(즉, 자기 충족적 예언의 실현)이 될 것이다. 이런 근거로 선택된 관계는 제대로 유지될 가능성이 적고, 따라서 *나는 사랑받을 수 없어* 라는 결론을 지지하는 또 다른 증거를 만들어 낼 것이기 때문이다.

아울러 명백히 부정적인 자기 내용(*나는 이기적이야* 또는 *나는 실패자야*)과 관련될 때 잘못 안내된 일관성이 문제가 된다는 점은 분명해 보이지만, 표면상 긍정적인 자기 내용(*나는 똑똑해* 또는 *나는 성실해*)과 관련될 때에도 문제가 될 수 있다. 예를 들어 *나는 성실해* 라는 믿음을 일관되게 유지한다는 것은 다른 사람들보다 저녁이나 주말을 포함하는 더 긴 시간을 일에 투자하고 있으며, 따라서 더욱 진실로 가치 있는 활동에 쓸 시간을 희생시키고 있음을 의미할 수 있다.

제한된 맥락에서 일관성을 추구하는 것은 자신을 스스로 제한하고 무력하게 만드는 것일 수 있다. 제한된 맥락 안에서 자기 내용(명칭, 평가, 판단 등)과의 일관성을 추구하는 것은 자기 내용이 우리 자신의 일부가 아닌 마치 우리의 전부인 양 행동하도록 영향을 끼쳐 우리를 함정에 빠뜨린다. 이것은 자기 관련 문제로 이어질 수 있다. 이 과정에 대응하려면 제한된 맥락 안에서의 일관성 추구가 문제가 되는 방식들을 인식할 수 있어야 한다. 가치의 맥락에서 더욱 기능적인 방식으로 일관성을 추구하면 건강한 자기화 레퍼토리를 촉진할 수 있다. 이렇게 더 기능적인 의제로 다가갈 때는 머릿속 절대적인 내용을 그저 받아들이기보다 의문을 가질 필요가 있으며, 우리의 미래나 목표 달성에 도움이 되는 것들에 대해 중요한 결정을 내릴 때 특히 이러한 태도를 보여야 한다. 예를 들어 충동성이라는 꼬리표를 달고 다니는 사람이라면 이를 자신이 사용하는 그저 단순한 꼬리표로 여기는 것이 중요하다. 이 꼬리표는 많은 면에서 타당할 수도 있지만, 자신의 행동이나 미래에 영향을 줄 수 있는 다른 많은 변수 또한 함께 존재한다. 즉 어떤 단일한 설명도 모든 것을 아우르는 전부이자 끝이 될 수는 없다. '충동적'이라는 표현을 자신이 누구인지에 대한 설명 대신 그저 꼬리표로 본다면 자신의 언어 행동(자신이 누구이며, 무엇이 될 수 있고, 무엇이 될 것인지에 대한 모든 것을 설명할 때 '충동적'이라는 꼬리표를 사용하는 행동)이 만들어 낸 함정에 갇힐 가능성은 줄어들 것이다.

글자대로의 해석 Literality

글자대로의 해석은 언어의 또 다른 매우 중심적이자 보편적인 측면이다. 이는 세상에 대한 언어적 설명이 단지 설명이 아닌 그 안에 있는 대상들의 본질을 표상하는 것처럼 보이는 정도를 나타낸다. 달리 말하자면 글자대로의 해석은 언어적 설명이 진실처럼 보이는 정도를 뜻한다. 관계구성이론 관점에서 글자대로의 해석은 관계 구성하기에 대한 맥락조절과 특정 맥락이 관계 구성을 통한 기능의 변형을 촉진하는 정도에 근거한다. 많은 전형적인 언어적 맥락이(종종 *글자대로의 해석 맥락*이라 불림) 광범위한 기능의 변형이 일어나게 하고, 그 결과 우리의 행동은 해당 설명을 엄격히 따르게 된다. 그러나 다른 맥락에서는(예컨대 언어 자체를 하나의 과정으로 알아차려 가는 맥락들) 기능의 변형이 덜 광범위하게 일어나고, 따라서 우리의 행동이 언어적 표현을 따르지 않을 수도 있을 것이다.

일관성과 마찬가지로 글자대로의 해석 또한 언어 훈련의 산물이며, 최소한 언어의 적절한 기능과 유용성의 측면에서 중요한 역할을 한다. 만약 우리가 상황마다 끊임없이 우리 언어 표현의 진실성을 의심한다면 언어는 환경에 대한 우리의 행동에 조절력을 발휘하지 못할 것이고, 따라서 우리에게 방향을 알려주고 안내하며 우리가 문제를 해결할 수 있도록 만드는 힘을 갖지 못할 것이다. 그러나 이러한 일부 상황에서의 유용성에도 불구하고, 글자대로의 해석이 모든 상황에서 유용한 것은 아니다. 후자의 상황은 우리가 한 걸음 뒤로 물러나 언어를 행동 과정으로 알아차리지도, 이 언어 행동 과정이 언제 어떻게 우리가 중요한 수반성을 볼 수 없게 만드는지도 결코 인식하지 못하는 상황일 것이다. 이런 사례에 해당하는 주제는 다차원 다수준 구성체계와 그 밖의 다른 곳에서 *유연성*으로 불려왔다. 케이크 요리법 따라 하기부터 소설책 읽기까지 삶 속 많은 부분에서 높은 수준의 기능 변형은 유용하고 환영받지만, 모든 경우에 그런 것은 아니다(부정적이거나 제한하는 자기 서술을 믿는 경우처럼). 궁극적으로 이런 차원에서 언어 사용에 관한 유연성이란 자신의 가치 있는 목적 추구를 극대화하기 위한 하나의 과정으로서 언어와 관계를 맺었다가 멀어졌다가 할 수 있는 능력이다.

내용과의 융합이란 자기 관련 내용이든 다른 것이든 사고 과정에 대해 관점 취하기 없이 꾸준하고 확고하게 그 내용을 믿는 것이라 볼 수 있다. 예를 들어 제인은 평생 그녀의 체중과 싸워오고 있다. 그녀는 42세이며 결혼해서 새 가정을 이루기를 간절히 원하고 있다. 그녀는 *나는 사랑스럽지 않아* 라는 생각과 융합되어 있으며 이 생각을 완벽히 믿고 있다. 그녀는 이 생각 및 관련 생각(*나는 매력적이지 않아, 나는 나쁜 사람이야, 나는 나약해, 나는 신뢰할 수 없는 사람이야, 나는 사랑 받을 가치가 없어*)을 실제이자 진실로 취급한다. 이런 도출된 생각들을 그대로 믿은 결과로 그녀는 연관된 고통스러운 감정(후회, 슬픔, 수치심 등) 또한 경험한다. 게다가 관찰 가능한 특정 행동 양식이 늘어난다. 그녀는 외출, 데이트, 승진을 위해 노력하는 활동(혹은 그녀가 눈에 띄는 어떤 활동이라도)을 피하고, 먹는 행동에서 위안을 찾는다. 달리 말하자면 그녀가 진실이라고 인식하는 부정적인 어떤 생각(*나는 사랑스럽지 않아* 같은)을 붙들고 있을 때, 그녀는 그 생각의 내용에 따라서 생각하고, 느끼고, 행동할 가능성이 크다. 관계구성이론 언어로는 높은 수준의 기능 변형이 발생했다고 말한다.

또한, 일관성의 경우에 설명했던 것처럼 부정적인 자기 내용만이 문제를 일으키는 것은 아니다. 어떤 자기 내용(긍정적이든 부정적이든)을 이런 식으로 진실이라고 믿는다면 문제를 초래할 수 있다. 예를 들어, *나는 사랑스럽지 않아* 와 *나는 최고야* 라는 생각은 우리가 누구인지에 대한 진실한 설명이라기보다 우리가 누구인지에 대한 평가일 뿐이며, 이는 우리가 이를 진실이라고 믿는 경우라도 마찬가지다. 이런 내용과 지속해서 융합된다면 상황에 유연하게 대응하는 우리의 능력은 약해질 것이다.

글자대로의 해석과 관련하여 고려해야 할 또 다른 주제는 일관성과의 관계이다. 두 개념 사이에는 중요한 유사점과 차이점이 존재한다. 두 가지 모두 언어의 보편적이자 영향이 큰 측면일 뿐만 아니라 서로 강하게 연결되어 있을 가능성이 크다. 자신의 믿음에서 높은 수준의 일관성을 경험하는 것이 진실성에 대한 믿음을 지지할 가능성이 큰 한편, 글자대로의 진실성에 대한 더 강한 믿음이 실제 현실을 이해할 때 일관성 추구의 중요함을 강조할 것이기 때문이다. 동시에 이 둘 사이에는 최소한 한 가지 중요한 차이도 존재한다. 글자대로의 해석은 언어의 효과를 증폭시키는 데 유용하지만, 언어가 기능하는 데 절대적으로 필요한 것은 아니다. 이는 맥락주의 같은 세계관이 진실에 대한 실용적 관점에서 글자대로의 해석을 삼간다는 사실과 같은 예시에서도 분명히 드러난다. 대조적으로 일관성은 언어가 기능하는 데 논쟁의 여지없이 필수적이다. 어느 정도 최소한의 일관성이 존재하지 않는다면 언어는 비기능적이 될 것이다. 물론 제한된 맥락에서 추구할 때에는 일관성이 우리를 잘못된 길로 이끌 수도 있지만, 궁극적으로 일관성은 맥락 안에서 달성되어야 한다. 맥락행동과학에서 일컫는 기능적 일관성을 위해 힘써 노력하는 것은 심리적으로 건강한 자기화의 중요한 측면이다.

규칙 추종 Rule Following

2장에서 살펴보았듯이 규칙은 사건들 사이의 관계를 기술하며 이를 이해하는 사람의 행동에 영향을 미칠 수 있다. 사회가 우리에게 규칙을 부여할 수도 있고, 우리 스스로 규칙을 유도해낼 수도 있다. 규칙이 정확하고 도움이 될 때도 있지만, 부정확하고 그다지 도움이 되지 않을 때도 있다. 정확한 규칙은 광범위한 영역에서 우리에게 상당히 유용하다. 그러나 규칙이 부정확한 경우에 우리가 특정한 이유로 어쨌든 이 규칙을 추종하는 선택을 한다면 이는 우리에게 문제를 초래한다.

규칙의 정형화된 예로는 공원에서 볼 수 있는 *잔디밭에 들어가지 마세요*나 수영장에서 보이는 *다이빙 금지* 표지판 등이 있다. 이런 규칙을 마주하는 사람은 그것을 따르게 된다(공원 잔디밭에 들어가지 않거나, 얕은 풀장에서 다이빙하지 않는 등). 여기에 별로 새롭거나 놀랄만한 점은 없다. 그러나 맥락행동과학은 여러 중요한 측면에서 규칙 추종에 대한 개념을 확장시키며 규칙들이 우리에게 영향을 주는 방식과 이유에 대해 자세히 설명한다.

맥락행동과학에서 '규칙'이라는 용어는 정형화된 규칙들보다 훨씬 더 많은 것을 아우른다. 즉 '규칙'이라는 용어는 잠재적으로 행동을 조절할 수 있는 모든 종류의 관계망을 의미한다. 예를 들어 *나는 주의력 결핍 장애가 있어* 라는 자기 서술이 규칙으로 기능할 수 있는 것처럼, *내가 슬픔을 그만 느낀다면, 내 우울증은 사라질 거야* 같은 수반성도 규칙('만약-그렇다면' 규칙)이 될 수 있다. 이러한 종류의 관계망들은 정형화된 규칙처럼 보이지 않더라도 행동을 조절하거나 영향을 미친다(따라서 행동을 지배하거나 조절하는 기능을 갖고 있다는 의미에서 '규칙'이라는 용어를 적용한다). 달리 말하자면 우리는 대개 무엇이 일어나는지 알지도 못한 채 규칙에 주의를 기울이고 우리의 행동을 규칙에 일치하도록 수정한다. *내가 슬픔을 그만 느낀다면, 내 우울증은 사라질 거야* 라는 규칙을 가진 사람의 경우, 규칙에 일관되도록 음주, 주의 분산, 다른 사람으로부터 안심 구하기와 같은 자신의 슬픈(우울증으로 이어지는) 감정을 제거하는 행동들을 시도할 것이다. 주의력 결핍 장애에 대한 규칙을 가진 사람의 사례를 보자면, 이 장애는 진단을 받은 직후부터 자신에게 적용하기 시작하는 꼬리표가 된다. 이런 식으로 자신을 범주화한 다음에는 이 진단과 일치하도록 행동하기 시작할지도 모른다. 새로운 사람들을 만날 때 이런 식으로 자신에게 꼬리표를 붙일 수도 있고, 자신이 무언가 잘못되었다거나 남들과 다르다는 생각을 만들어 내게 될 수도 있다. 이 사람이 진단을 받기 전에는 자신을 자발적인 사람이라고 생각했다고 상상해 보자. 관련된 행동 레퍼토리는 많은 사회적 상황에서 꽤 잘 작동했을 것이다. 그러나 진단을 받은 다음부터는 자신의 자발적인 측면을 자신의 잘못된 부분으로 보고, 많은 상황에서 자신을 위해서 잘 작동해왔음에도 불구하고 자발적으로 사는 걸 그만두려 애쓸지도 모른다(덧붙이자면, 맥락행동과학에서 규칙 추종을 관계망을 통한 행동 조절로서 정의한다는 사실은 이 현상이 일관성이나 글자대로의 해석과 마찬가지로 다차원 다수준 구성체계를 통해서 접근할 수 있다는 것을 의미한다. 그러나 일관성이나 글자대로의 해석과는 대조적으로, 규칙 추종은 관계망으로서 다차원 다수준 구성체계의 '차원' 대신 핵심 '수준' 중 하나에 속한다).

맥락행동과학은 또한 규칙의 효과를 강조한다. 이러한 효과는 긍정적일 수도, 부정적일 수도 있다. 규칙은 우리가 도움이 되는 방식으로 환경에 적응하거나 환경을 변화시키게 하므로 대단히 유용할 수 있다. 동시에 우리의 행동이 수반성에 둔감해지게 만들고, 행동의 부적응 양식이 유지되게 하여 우리를 잘못된 길로 인도할 수도 있다. 예를 들어 자신의 감정을 변화시켜야 한다는 특정 규칙(즉, 슬픔 느끼기를 중단해야 한다)을 가진 사람은 슬픈 감정을 없애려 무언가(음주 등) 하려고 노력할 것이며, 이는 단기적으로는 작동하는 것처럼 보일지라도 장기적인 기회는 약화시키거나 제거해버릴 수 있다(건강이나 수명에 해를 끼치거나, 관계나 직업 전망에 부정적 영향을 줌으로써). 주의력 결핍 장애를 가진 사람의 경우, 자신이 무언가 잘못되었다는 믿음은 *나는 사랑받을 가치가 없어*와 같은 추가 규칙을 만들어 내도록 유도할지도 모른다. 그다음에는 다른 이들을 회피하려 할 수도 있다. 이 경우에도 회피는 그가 더욱 활기차고 풍요로운 방식으로 삶을 경험할 기회를 없애버릴 것이다.

두 경우 모두에서 개인은 직접적인 경험과의 접촉에 머무르며 다른 결과를 만들어 내기보다 규칙을 경직되게 추종하고 있다. 슬픔을 느끼는 사람의 경우 규칙 추종이 자신의 감정에 대한 직접 경험을 회피하도록 끌어당기고 있으며, 회피가 의미 있는 삶을 사는 데 실로 해를 끼침에도 불구하고 지속되고 있다. 주의력 결핍 장애를 가진 사람의 경우, 경직된 규칙 추종이 자신의 성장과 발전뿐만 아니라 풍부한 세상 경험에도 중요한 타인과의 상호 작용이라는 직접 경험을 회피하도록 끌어당기고 있다. 특정 맥락에서 규칙의 부적응적인 효과에 대응하기 위해, 맥락행동과학에서는 해당 맥락 안에서 규칙의 영향을 줄이는 것을 목적으로 삼는다. 그로써 규칙 대신 직접 경험과의 더 많은 접촉으로 사람들을 되돌아오게 하고, 가치에 더욱 기반을 둔 행위를 할 가능성을 촉진시키고자 한다.

사회 언어적 공동체 관련 문제 Socioverbal Community Issues

복합적 언어의 측면인 앞서 기술된 현상들과는 별개로, 자기 내용의 경직성에 영향을 주는 네 가지 현상이 추가로 존재한다. 이들은 언어 그 자체의 특징이라기보다는 사회 언어적 공동체의 행동 특징이다.

1. 사회는 우리가 함께 따를 수 있는 특정 이상ideal을 세운다.
2. 사회는 우리의 심리에 관한 부정확한 규칙을 제공한다.
3. 사회는 명칭을 부여하고 장려한다.
4. 사회는 의도적으로든 아니든 우리를 위해, 그리고 우리가 따르는 역할을 조직한다.

이 네 가지 현상은 앞서 기술된 언어의 속성들과 결합하여 자기 개념의 경직성을 촉진한다. 이어지는 부분에서 우리는 이러한 현상들을 예시와 함께 다룰 것이며, 앞서 논의된 언어의 속성들에 의해 이들 현상이 악화되는 과정이 담길 것이다.

사회는 부적절한 이상을 세운다 Society Holds Up Inappropriate Ideals

사회(양육자, 가족, 친구, 동료, 지역사회, 권력기관 등)는 우리가 특정 이상을 붙들고 있도록 열심히 권고하며, 따라서 우리는 이상이 항상 유용하지도 않고 정신적으로 건강하지 않더라도 이를 따르려 애써 노력하게 된다. 칼 로저스는 부모나 양육자가 자녀에게 조건부로 긍정적 관심을 주는 방식에 대해 종종 언급했는데, 이는 부모나 양육자가 적절하다고 제시한 특정 이상을 자녀가 따르는 경우에만 자녀에게 긍정적인 관심을 준다는 의미이다. 아마도 부모는 자녀가 특정 관심사나 태도 면에서 자신들을 닮기를 바랄 것이다. 아니라면 그들의 자녀는 특정 종교 전통에서 정의된 것처럼 훌륭한 혹은 고결한 사람이 되기를 열망해야 한다는 가르침을 받을 수도 있다. 후자와 같은 경우 부모는 그들의 바람을 언어적인 권고를 통해 직접 표현하는 반면, 다른 경우에는 부모의 바람을 좀 더 미묘한 피드백을 통해 자녀가 알게끔 하기도 한다. 이때 부모는 자신들의 행동과 그 효과를 그들 자신도 완전히 알아차리지 못할 수도 있다. 어떤 경우에서든 자녀는 특정 행동을 가능한 한 엄격히 받아들이고 따라야 하는 규범으로 여기게 된다. 이후로는 이 규범을 따르는 정도만큼 자신을 착한 사람으로 평가하며, 역으로 이 규범에 벗어난 정도만큼 자신을 나쁜 사람으로 평가하게 될 것이다.

사회는 우리에게 부정확한 규칙을 가르칠 수 있다
Society Can Teach Us Inaccurate Rules

앞서 언급하였듯이 규칙은 정확하고 유용할 수 있다. 그러나 규칙은 또한 부정확할 수도 있고, 그 결과 우리의 주의를 분산시키고 약하게 만들 수도 있다. 우리 문화에 깊이 뿌리내리고 있는 문제적 규칙 중 하나는 감정이 행동의 원인이라는 것이다. 이 규칙 아형의 한 가지 예로 어려운 과업을 맡기 전 자신감을 가져야 한다는 규칙이 있다. 다른 예로는 불안한 느낌이 무언가를 잘 해내지 못하게 만들거나 심지어 전혀 할 수 없게 만든다는 것이다. 이들 규칙은 우리가 어떤 종류의 감정(슬픔이나 불안)을 느낄 때 특정 유형의 행동(발표를 잘 해내는 것 같은)을 할 수 없다고 믿게 하는 식으로 우리의 행동에 영향을 미칠 수 있다. 우리는 이에 따라 결정을 내릴 수 있으며(예를 들어 발표해야 할지도 모를 다가오는 행사를 회피하기로 함), 심지어 우리에게 부정적인 영향을 미치더라도 규칙을 따르는 결정을 하기도 한다. 모든 사람은 슬픔이나 불안 같은 부정적인 감정을 경험하므로, 이런 의미에서 모든 사람이 이런 종류의 부정확한 규칙에 의해 부정적인 영향을 받을 수 있다. 특히 부정적인 감정을 자주 경험하는 사람의 경우 상황은 훨씬 더 나빠질 것이다. 이런 사람은 살면서 찾아오는 기회들에 대해 마음을 열기보다는 닫는 결정을 내릴 가능성이 훨씬 더 크다. 그뿐만 아니라 다른 사람들보다 더 빈번하게 부정적인 감정을 경험하는 자신을 전반적으로 무능하다고 판단하려 들 것이다.

사회는 지나치게 단순화된 명칭을 부여하고 장려한다
Society Assigns and Encourages Overly Simplistic Labels

2010년부터 일반인을 대상으로 진행된 '왓 아이 비 프로젝트What I Be Project'라는 사회 실험에서, 사진작가 스티브 로젠필드는 참여자들에게 그들의 가장 깊은 곳에 자리한 가장 어두운 불안정함insecurity을 글씨로 적어보도록 요청하였다(http://whatibeproject.com을 참조). 참여자들이 써낸 불안정함으로는 신체 이미지, 물질 남용, 정신질환, 인종, 성 정체성에 관한 자기 평가가 있었다. 자기 식별된 명칭은 굵고 선명한 검은색 글꼴로 참여자의 팔, 가슴, 혹은 얼굴에 써졌고, 참여자들은 그 글자가 두드러지게 보일 수 있도록 사진을 찍었다. 각 사진은 참여자가 자신의 불안정함, 두려움, 부정적인 명칭에 위축되지 않도록 힘을 실어 주는 역할을 한다. 이 프로젝트가 참여자가 자신에게 부여하거나 다른 사람이 달아준 명칭을 부인하는 기능을 하는 것은 아니다. 대신, 이 프로젝트는 사람들이 자신의 연약하거나 어두운 부분 모두를 수용해야 한다고 제안한다. 로젠필드의 사진에 담긴 불안정함의 물리적 표현은 우리가 누구이며 무엇이 될 수 있는지에 대한 주제가 우리 자신에 대해 가장 좋아하지 않는 면보다 더 다양하고 역동적이라는 것을 묘사하는 작용을 한다. 이처럼 로젠필드의 프로젝트는 우리가 단순히 우리의 명칭이 아니라는 점을 제안한다. 우리는 자신이나 다른 사람에 의해 우리가 썩 유능치 않고, 사랑스럽지 않으며, 멍청하다는 식으로 여겨질 때 우리의 세계가 얼마나 좁아질 수 있는지 문화적으로 알고 있다. 명칭에 대한 강한 집착은 문제가 될 수도, 자기혐오와 수치심을 악화시킬 수도 있기에 이 프로젝트가 자기의 광대한 경계를 탐험하는 데 초점을 맞춘 것은 의미 있는 일이다. 예를 들어 한 젊은 참여자는 자신의 이마 한가운데에 진한 검정 잉크로 '또라이'라고 썼다. '또라이'라는 말은 그녀의 인생 모든 부분에서 말이 되는 이야기였을지도 모른다. '또라이'라는 말은 그녀의 삶을 안내해 온 규칙이었을 수도 있다. '또라이'라는 말은 그녀의 정체성이자 그녀에게 유일하게 허락된 역할이었을지도 모른다. 임상가인 우리의 작업을 통해 알고 있듯이, '또라이'와 같은 명칭은 자신과 다른 사람과의 관계에 파괴적인 영향을 줄 수 있다. 만약 그녀가 보게 되는 모든 것들이 '또라이'라는 단어의 렌즈를 통해 덧씌워지고 좁아진다면, '또라이'라는 말은 그녀의 삶을 통째로 삼켜버릴 것이다. 즉 그녀의 행동은 '또라이'라는 단어가 말하는 이야기와 경직되게 일치되어 버린다. 그녀의 역동적이고 복잡한 다른 부분들, 예컨대 풍자적인 농담을 좋아하고, 정원을 세심하게 가꾸며, 할머니를 사랑한다는 부분들은 '또라이'라는 말에 그 빛을 잃어버릴 것이다. 다시 말해 삶을 더욱 충만하게 살아갈 수 있는 그녀의 능력이 제한되는 것이다. 로젠필드의 사진 프로젝트는 명칭의 문제와 이것의 강력한 속성을 잘 설명하고 보여준다. 명칭은 우리가 우리 자신을 보는 방법이나 우리가 내리는 결정을 극도로 제약할 수 있다. 우리는 우리에게 주어진 명칭 그 이상이다. 그러나 우리는 종종 특정 명칭이나 설명('우울한', '뚱뚱한', '노숙자인'과 같은)에 경직되게 집중하여 우리가 명칭이나 설명 그 이상이라는 사실을 잊어버린다. 명칭에 대한 강한 집착은 제한적일 뿐만 아니라 자기 관련 문제로 이어질 수 있다.

사회는 우리를 역할로 조직한다 Society Organizes Us into Roles

사회는 사람들을 공식적(관리자, 경찰관, 선생님, 학생, 지도감독자, 군인, 남편, 아내와 같은 역할 배정을 통해)이거나 비공식적(똑똑한 학생, 소극적인 가정주부, 부지런한 남편, 과잉 성욕을 가진 여자 친구, 현모양처 같은 역할의 획득을 통해) 역할을 맡도록 조직화한다. 이런 식의 조직화는 사회적으로 유용하다. 또한, 공식적으로 배정된 역할은 종종 사회의 기능을 위해 필수적이다. 그러나 한 특정 역할이 한 특정 개인에게 가장 적합한 것이 아닐 수도 있으며, 그럼에도 개인은 그 역할에 순응하고 따르도록 압력을 받을 수 있다.

역할은 자기에 대한 감각 측면에서 어느 정도 안정감을 제공할 수 있다. 역할에서의 일관됨은 우리를 더 예측 가능하게 만든다. 그러나 역할은 우리를 제한할 수도 있다. 많은 역할은 정형화된 틀로 여겨질 수 있는 것들이다. 이것들은 때로 유용하지만, 사람들을 틀 안으로 집어넣는 경향이 있다. 다시 말해 특정 역할에서 어떠해야 한다고 제시하는 내용에 관해서는 관계 구성이 유연성을 잃을 수 있다. 예를 들어 현모양처라는 역할은 불가능하지는 않을지 모르지만, 매우 어려운 기준(완벽히 깨끗한 집과 완벽히 예의 바른 자녀와 같은)을 달성하도록 여성에게 극심한 압력을 가할 수 있고, 여성 배우자를 찾는 남성들에게 비현실적인 기대를 하게 만들 수도 있다.

특정한 이상화된 역할이 대중 매체에 등장하기도 한다. 영화 〈스텝포드 와이프 The Stepford Wives〉에서는 자신의 역할을 완벽히 해내는 모범적인 아내상에 관한 생각을 검토한다. 영화에서 나오는 완벽한, 즉 순종적이고 가정적인 부인들은 로봇으로 밝혀진다. 이 영화는 무엇보다도 이와 같은 역할의 인위성과 편협함을 시사한다. 또한 이 영화에서 제시하는 특히 중요한 점은 역할을 받아들일 때 인간의 자기가 어떻게 사라질 수 있는가에 관한 내용이다. 우리가 받아들이거나 동일시하는 역할들은 우리가 살고 있는 문화의 산물이다. 또 다른 예로 서구 사회는 일부일처 관계 참여에 대한 중요성을 강조하며, 독신인 사람을 나이와 성별이 가미된 주요 측정 기준에 따라 바람둥이, 헤픈 여자, 노처녀 등으로 다양하게 분류한다. 서구 사회에서 보다 일반적으로 독신 남성과 여성이, 특히 대중매체에 의해 값이 매겨지는 방식을 반영한 예로서 두 연예인의 결혼 사례를 예로 들 수 있다. 영화계 스타 조지 클루니는 결혼으로 길들여졌다고 회자되는 반면, 제니퍼 애니스톤은 결혼으로 구제받았다는 소리를 듣는다(Freeman, 2014). 게다가 한 역할을 결정짓는 특징의 수가 많을수록 해당 역할은 그러한 특징들을 가진 사람에게 더 적합하게 보일 수 있다[따라서 만약 내가 연애에 적극적인 미혼의 중년 여성이라면, 나는 쿠거(역주: 젊은 남자와의 연애나 관계를 원하는 중년 여성)가 틀림없다].

이상화된 역할의 어떤 면들은 기능적일 수 있지만(예컨대 어떤 엄마가 되고 싶은지에 대한 기대를 확립함으로써), 글자대로 받아들여진 정형화된 역할이 우리가 되고 싶은 것과 하고 싶은 것에 대한 안내자인 우리 자신의 경험을 무시하게 만들 수 있다. 실제로는 만족스러움을 느끼며 많은 충만한 관계들을 누리고 있음에도 불구하고, 비극적인 독신 여성의 역할을 맡고 있는 것처럼 보인다고 느끼는 29세의 여성을 생각해 보자. 만약 그녀가 실제 느끼는 것과 그녀가 느껴야 하는 것 사이의 차이가 그녀로 하여금 자신이 느끼는 것에 문제가 있다고 생각하게 만든다면, 그녀는 현재 자신이 느끼는 만족감을 무시하기 시작하며 바라지도 않는 관계를 추구하려 들지도 모른다. 제한적인 모조품 역할에 사로잡혀 있는 내담자는 실로 자신의 상황에 대한 관점이 결여되어 있듯이 내적 경험과의 접촉 또한 결여되어 있으며, 자기에 대한 개념화를 사실처럼 여긴다.

역할 차용adopting의 대안은 우리 자신을 있는 그대로 수용하는 것이다. 이러한 수용은 지금-여기에 놓인 우리의 모든 복잡성과 미묘한 차이 안에서 일어난다. 지나치게 단순화되어 있는 이상을 추종하기 위해 우리의 '자기'를 역할에 맞추려 왜곡시키는 대신, 우리는 우리의 복잡하고 다면적인 자기에 대한 감각을 수용할 수 있다. 거듭 강조하듯이 언어의 작동 방식에 대한 알아차림은 우리 자신의 언어 사용에 관한 유연한 반응과 결합하여 수용의 결과를 촉진할 수 있다.

건강한 자기화를 향해
Toward Healthy Selfing

짐은 일주일 전 회계사라는 직업을 잃었다. 그는 거실 커튼 사이로 몰래 밖을 살피며, 직장을 잃기 전 자신의 모습인 독립적이고 자족적인 남성이라는 감각이 상실되었다고 느꼈다. 그는 지금 자신의 모습을 부끄러워하며, 지난주 내내 자신이 집 밖을 나가지 않았다는 것을 누군가 알까 봐 창피해한다. 그는 사람들을 멀리하기 위해 사람들이 이 사실을 알지 못하게 하려고 전화를 피하고 단지 문자만 한다. 그는 이런 자신의 인생이 혐오스럽다. 그는 절망 속에서 한 치 앞을 내다볼 수가 없다. 그는 자신이 실패자이며, 자신 같은 실패자를 고용하려는 사람은 없을 거라 믿는다. 새로운 직장을 구하지 못할까 봐 퇴직금을 쓰기도 두렵다. 그는 이웃인 빌리가 길을 따라 걸어오는 것을 보고, 눈에 띄지 않으려 커튼을 닫아 버린다.

• • •

짐은 일주일 전 회계사라는 직업을 잃었다. 건강관리는 늘 그가 신경을 쓰는 부분이라 달리려 밖에 나왔고, 일시적으로 직장이 없으니 달리기에 더 많은 시간을 쓸 수 있다. 실직은 자신이 실패자라는 생각과 수치심을 불러왔다. 짐은 이런 생각과 느낌이 올라오도록 허용하며, 이것들은 단지 왔다 갈 경험이라는 것을 안다. 그는 자신이 바라는 삶의 방향을 생각하며, 회계사 일은 단지 생계 수단이었을 뿐 실제로 자신은 더 사회적인 직업을 원하는 것 같다고 생각한다. 그는 두렵기도 하지만 바라는 방향으로 움직이는 것에 대한 희망 또한 느낀다. 길을 따라 달리다 이웃인 빌리를 만났다. 그는 멈추어 자신의 최근 실직에 대해 이야기하며 잠시 빌리와 이야기를 나눈다. 빌리는 짐을 지지해주며 다가오는 주말에 함께 식사하자고 그에게 권한다. 짐은 빌리와 주말에 만나기로 약속을 하고, 우정이 자신에게 참 중요하다는 것을 알아차린다. 짐은 다시 달리며 자신이 실직에 대해 부정적인 생각들을 가지고 있다는 것을 알아차리지만, 그래도 어쨌든 계속 달린다.

이 두 가지 예에서 우리는 짐을 같은 지점(실직)으로부터 출발시켰지만, 매우 다른 자기화 목록을 가정하여 각 예시에서 그가 이 사건에 어떻게 대처하는지 상상한다. 첫 번째 예에서 그의 목록은 좁고, 제한되어 있으며 자신의 개념화된 자기에 경직되게 집착하고 있는 반면, 두 번째 예에서의 목록은 넓고 유연하며 가치-중심적이다. 이 장을 읽는 모든 임상가들은 첫 번째 시나리오에서 짐이 자기 자신과의 관계에 문제가 있다는 것을 알아차릴 수 있을 것이다. 짐이 두 번째 시나리오에서 나온 것과 같은 넓고 유연한 자기화 목록을 발전시키도록 도와주려면 임상가는 무엇을 할 수 있을까? 이 질문에 대한 대답이 이번 장의 중심 내용이며, 독자가 유연한(건강한) 자기화를 촉진하는 수단으로 이전 장들에서 나온 이론과 개념을 적용하도록 돕는 것을 목표로 한다.

건강한 자기화에 대한 맥락행동과학 개념을 고려하기 전에, 자기화의 맥락행동과학 개념을 다시 살펴보는 것부터 시작해 보자. Hayes, Barnes-Holmes, 그리고 Roche (2001)에 따르면, '자기는 (자신의) 행동에 대해 단순히 행동하는 것이 아니라, (자신의) 행동에 대해 언어적으로 행동하는 것이다.' 이 정의는 자기화의 개념이 비교적 단순한 것(다른 대상으로부터 자신이 좋아하는 것과 좋아하지 않는 것을 언어적으로 변별하는 아동)부터 비교적 복잡한 것(내용으로서의 자기화, 과정으로서의 자기화, 맥락으로서의 자기화를 비롯한 광범위한 자기화 레퍼토리에 따라 삶을 바꾸는 중요한 결정을 내리는 언어적으로 정교한 성인)까지 매우 다양한 가능성을 포함하도록 허용한다.

이전 장들에서 보았듯 비교적 발달한 언어를 사용하는 개인의 자기화 레퍼토리에서도 결여되거나 빈약한 직시적(나-너, 여기-거기, 지금-그때) 관계 반응뿐만 아니라 내적 경험에 대해 지칭 언어 행동을 하지 못하는 것과 같은(서로 다른 감정들을 변별할 수 없음) 결핍이 존재할 수 있다. 이들은 더 전형적이고 포괄적인 자기화 레퍼토리의 발달이 이루어지게 도와주는 교정 훈련이 필요한 심각한 결핍이다. 그리고 이들의 발달이 이루어진다고 하더라도, 다루어져야 하는 문제들(낮은 자존감이나 지속적인 자기비판과 같은)은 당연하게도 여전히 존재한다. 평균적인 자기화 레퍼토리가 획득되는 전형적인 사회 언어적 환경뿐만 아니라 언어 자체가 가진 여러 측면 또한 이런 문제가 일어나게 한다. 건강하고 유연한 자기화 과정의 확립에 대한 질문은 이러한 레퍼토리의 맥락에서, 즉 더욱 전형적이고 포괄적인 자기화 레퍼토리의 맥락에서 특히 개연성을 가지게 된다.

건강한 자기화 Healthy Selfing

맥락행동과학 관점에서 볼 때 건강한 혹은 유연한 자기화는 본질적으로, 내용으로의 자기 측면에서 유연하지 않은 관계 구성을 최소화하고 가치-일관 행동을 최대화하며 과정으로서의 자기화와 맥락으로서의 자기화를 지속적으로 연습하는 것이다. 세 가지 자기화 레퍼토리 모두(내용으로서의 자기, 과정으로서의 자기, 그리고 맥락으로서의 자기) 전형적인 언어 사용이 가능한 성인의 자기 레퍼토리와 관련된다. 과정으로서의 자기는 진행 중인 경험을 언어적으로 변별하는 것(명명하기)이다(예를 들어 '지금 나는 불안을 느끼고 있어'). 오랜 시간에 걸친 과정으로의 자기 활동이 기반이 되고, 여기에 타인에 의한 우리 행동의 관계 구성이 더해지며 점점 더 복잡해지는 자기 내용 관계망이 유도될 것이다. 이 관계망에는 이전의 경험을 요약하고 조직화하는(동등하게 또는 위계적으로 구성하는) 서술, 명칭, 규칙이 포함된다. 예를 들어 존은 다양한 상황에서 때때로 불안을 느낀다. 그는 자신이 친구 몇몇보다 더 불안을 느끼는 것 같다는 점을 알아차렸다. 그의 친한 친구인 마티는 존이 쉽게 겁먹는다고 놀린다. 존은 자신이 불안해하는 사람이라는 개념을 도출해 내고, 그런 식으로 자기 자신을 여기게 된다. 이러한 내용의 유도는 불가피하며, 이해, 의사소통, 자기 안내가 목적일 때에는 실로 중요해진다. 그러나 결정적으로 중요한 사실은 우리가 이 개념과 어떻게 관계하는지가 우리의 심리적 건강을 좌우한다는 점이다. 우리가 자신을 내용적 요소와 경직되게 맞추려 할수록 우리는 내용으로서의 자기에 기반을 둔 채 움직이게 되고, 이는 심리적으로 무의미하며 제한적이다. 이런 행동을 최소화하기 위한 핵심 방법은 과정으로서의 자기화 및 맥락으로서의 자기화 조합을 꾸준하게 수시로 행하는 것이다. 맥락으로서의 자기는 개인의 모든 자기화 활동에 참여하는 중심 장소로, 경험에 대한 이 측면에 우리가 언어적으로 참여하는 만큼 맥락으로서의 자기는 변형적이 될 수 있다. 관계구성이론 측면에서 맥락으로서의 자기화를 하는 것은 모든 것을 아우르는 *나*라는 맥락 안에 포함된 것으로서, 자신의 자기화 활동을 계층 구성하는 것이다. 이 활동은 더 일상적인 용어로는 *관찰자 관점* observer perspective 취하기로 불리기도 하며, 자신의 가치 달성에 최대한 이득이 되는 방법으로 자신의 행동을 이끌기 위해 자신의 진행 중인 경험(과정으로서의 자기화)의 관계 구성에 대한 적절한 맥락 조절을 촉진한다.

과정으로서의 자기화 및 맥락으로서의 자기화 조합에서의 최대한의 활동인 유연한 자기화의 개념을 더 깊이 논의해 보는 차원에서, 각 요소와 이들의 상호 작용에 대해 좀 더 자세히 검토해 보자. 과정으로서의 자기는 현재 경험을 관계적으로 구성하는 것이다. 이 활동이 반드시 지속적으로나 상시적으로 행해질 필요는 없다. 그러나 누군가 꾸준하고 폭넓게 이 활동을 하고 있다면, 특히 이 활동을 의도적으로 유연하게 적용하고 있다면, 이 사람은 마음챙김을 통한 알아차림을 하고 있기에 현재 경험의 구성에 기반을 두지 않는 특정 내용(내용으로서의 자기)에 지배당할 가능성이 더 줄어들 것이다.

아동이 시간의 흐름에 따른 자신의 경험을 관계적으로 구성하는 것을 학습할 때, 과정으로서의 자기는 자기화의 발달적 출현의 핵심적 측면이 된다. 이런 식으로 아동이 자신의 경험을 구성할 때, 이는 또한 자기 내용 생성(유도)의 근거를 제공한다. 과정으로서의 자기가 중요한 이유는 정확한 자기 내용(주류의 사회적 관습과 일관된)이 존재하기 위해서는 자신의 현재 경험(의 언어적 변별)과 주기적인 정확한 접촉이 필요하기 때문이다. 이러한 자기에 대한 감각이 중요한 또 다른 이유로는 과정으로서의 자기가 내용으로서의 자기보다 훨씬 더 다양하기에, 과정으로서의 자기가 심리적 건강의 근본이 되는 행동 유연성을 촉진할 수 있다는 점이다.

자기 내용은 그 자체로는 문제가 되지 않는다. 이는 단지 자신의 자기에 대한 학습된 언어적 표현들일 뿐이다. 자기 내용은 특정 맥락에서는 어느 정도 부정확하거나 모호할 수 있다(바로 이 점 때문에 자기 내용은 기능적 관점에서 우리의 목표 달성에 그다지 도움이 안 된다고 하는 것이다). 우리가 가진 많은 언어적 내용이 어느 정도까지는 이러하다. 그럼에도 불구하고 우리 자신에 대한 학습이 계속되며 이 내용은 우리에게 더 도움이 되도록 꾸준히 정제되고 각색될 수 있다. 그러므로 문제는 우리의 자기 내용이 아닌 자기 내용에 대한 우리의 반응이다. 만약 우리가 자기 내용에 유연성을 가지고 반응한다면, 우리는 자기 내용에도 불구하고 우리의 행동을 변화시키며 적응해갈 수 있다. 우리가 유연성 없이 반응하는 만큼 자기 내용은 우리의 경험을 왜곡하고, 우리를 가치를 향한 활동으로부터 떨어뜨려 놓을 것이다. 자기 내용에 관한 이 경직된 상태가 내용으로서의 자기라는 용어가 종종 의미하는 바이다.

그러므로 내용으로서의 자기에 부합되게 반응하는 것은 문제가 될 수 있다. 내용으로서의 자기가 본질적으로 경직되고 유연하지 못하기 때문이다. 이런 경우 내용으로서의 자기에 대해 한 가지 생각해 볼 수 있는 방법은, 자기 내용이 *지금-여기*와 같은 높은 수준의 기능 변형을 촉진하는 직시적 관계 구성 용어로 구성된다는 점이다(다시 말해, 우리는 이를 믿고, 이는 이후의 우리 행동에 강하게 영향을 준다). 게다가 우리는 자기 내용의 많은 부분에 반복적으로 반응하고, 따라서 자기와 내용 간 강력한 수준의 동등 구성을 촉진한다(다차원 다수준 구성체계에서 이러한 반응은 낮은 유도성과 높은 일관성을 가진다). 이는 해당 관계에 부합되는 기능의 변형을 더욱 강력하게 만든다. 반면 과정으로서의 자기 모드, 즉 우리의 진행 중인 현재 경험을 구성하는 모드에서는 자기 내용이 *지금-여기*(우리의 현재 감정 상태를 정확하게 변별하지만, 우리의 변별 그 자체에 어떠한 관점도 취하지 않을 때)와 *그때-거기*(우리가 바로 직전에 가졌던 생각을 고찰하고 이 생각이 머릿속에서 떠오른 이유에 대해 의문을 가질 때)로 함께 구성될 수 있다. 비록 내용이 일반적으로 *지금-여기*로 경험될지라도(즉 우리가 자주 이것에 대해 관점을 취하지 않더라도), 이 내용은 우리의 진행 중인 경험의 일부로서 상대적으로 다양(우리의 심리 상태는 시간에 따라 변화하므로)할 것이고, 어떤 특정 내용과 *나* 사이의 동등 구성이 강력해지는 것을 제한하도록 작동할 것이다. 그러므로 이런 자기화 모드는 건강한 자기화에 결정적으로 중요한 유연성 등을 지지하는 한 방법이다. 덧붙이자면 우리가 행동을 변별하고 의도적으로 명명하는 과정으로서의 자기 연습에 더 참여하면 할수록, 우리는 나타나는 어떤 특정 내용(느낌, 감각, 생각)을 알아차리며 내용에 대한 관점을 취할 수 있게 되고, 이들 내용과 관련하여 유연하게 행동할 가능성이 더 커진다. 이러한 의도된 연습의 규모는 맥락으로서의 자기 구성을 통해 더욱 증폭될 것이다.

개인은 어린 나이부터 자신이 속한 언어 공동체에 의해 과정으로서의 자기화를 하도록 (적어도 일반적으로) 훈련되므로, 일반적인 언어 능력을 가진 모든 개인은 살아 있는 동안 현재 진행형으로 과정으로서의 자기화에 최소한 어느 정도로는 계속 참여한다. 그러나 사람들이 이 과정에 참여하는 정도나 깊이는 개인의 역사에 따라 다양할 것이다. 예를 들어 자기변별 훈련을 비교적 부적절하게 받았을 일부 사람들은 자신의 주관적 경험의 측면을 항상 정확하게 또는 정밀하게 변별할 수 없을 것이다. 일례로 불안을 나약함으로 여겨 불안에 대해 단 한 번도 이야기하지 않는 가정에서 커가며, 그 결과 자신이 언제 불안을 느끼는지 적절하게 변별하는 것을 결코 학습할 수 없는 아동을 상상해 보자. 대조적으로 마음챙김이나 명상 훈련을 받은 일반적으로 언어를 사용하는 성인은 자신의 과정으로서의 자기화 활동의 일관성, 포괄성, 정확성, 정밀성 측면에서 다수의 다른 사람들보다 더 높은 점수를 얻을 것이다. 이상적인 경우 사람들은 자신의 심리적 유연성 수준을 증대시키기 위해 한평생 과정으로서의 자기화 레퍼토리에 대한 훈련을 받을 것이며, 실제로 이러한 훈련은 심리치료 맥락에서도 유용하게 쓰인다. 그러나 현실에서 이런 훈련은 정신치료에서든 다른 영역에서든 상대적으로 드물게 쓰이고 있으며, 따라서 이는 지금 시점에서는 많은 사람이 쉽게 접할 수 있는 훈련이 아니다. 그러므로 과정으로서의 자기는 대부분의 언어적으로 평범한 사람들에게서 완전한 심리적 건강에 바람직할 정도에 비해 덜 의도적으로 덜 일관되며 덜 포괄적으로 연습되고 있다.

현재에서 경험된 자기 내용은 개념화된 자기를 유지하며 비교적 고정되고 제한적인 자기에 대한 감각에 기여하는 경향이 있다. 예를 들어 만약 내가 발을 헛디딘 즉시 나 자신을 어설프다고 표현한다면, 이는 이후로 나 자신을 어설픈 사람으로 여길 가능성을 조금 더 높일 것이다. 개념화된 자기가 유지되는 경우는 과정으로서의 자기 활동이 지속적이지 않거나 잘 연습되고 않은 상황에서 더 쉽게 일어나지만, 비교적 자주 과정으로서의 자기 연습을 할 때도 발생할 수 있을 것이다. 이는 이미 확립된 내용으로서의 자기와 강하게 부합되는 잘 반복되고 준비된 내용(종종 *끈끈한 내용*이라 불림)에 대해서 특히 잘 일어나는 경향이 있다. 바로 이것이 비교적 잘 발달된 과정으로서의 자기 레퍼토리조차도 문제적 자기 내용과의 경직된 관계를 막지 못하게 되는 한 가지 상황이다. 또 다른 상황은 상대적으로 함께 머물러 있기 어려운, 의도적으로 회피하도록 만들 가능성이 큰 부정적 자기 내용(혐오적 감정과 같은)이 존재할 때다. 회피가 심할수록 자신의 경험과는 덜 접촉하게 될 것이며, 경험에 의해 덜 정확하게 인도될 것이고, 따라서 자기 내용의 잠재적 왜곡이 더 커질 것이다.

지금 하는 논의에 관한 과정으로서의 자기화의 또 다른 측면은 이 활동이 가진 상대적 다양성이다. 이 속성은 유연성(핵심 장점)을 증진시킬 수 있지만, 또한 유연성을 상대적으로 불안정하게 만드는 속성이기도 하다. 지속적으로 변화하는 경험 그 자체는 장기적으로 충만한 삶을 살게 하는 충분한 안내자가 될 수는 없다. 이것이 자기 내용 레퍼토리가 적어도 부분적으로는 중요한 이유이다. 자기 내용은 일관성(내가 누구이며 무엇을 좋아하는지와 같은 이야기의 일관성)의 강화 효과에 의해 생산되고 유지되며, 이 일관성은 다시 안정성을 촉진한다. 이는 일관성이 예측을 뒷받침하기 때문이며, 나의 호불호를 내가 더 믿을만하게 예측할수록 실망스럽거나 혼란스러운 것으로 드러나는 선택을 할 가능성이 줄어들기 때문이다. 물론 겉보기에 가장 안정적인 자기 내용일지라도 변화될 수 있기에(예를 들어, 누군가 자신의 직업을 바꿀 때, 직업적 측면에 대한 자기 서술 또한 변할 것이다), 일관성이 안정성을 보장하지는 않는다. 아울러 특정 기간에 걸쳐 제공된 상대적 안정성조차 늘 좋은 것이라고 보장할 수도 없다. 6장에서 살펴보았듯이 자기 내용에 의해 부여된 안정성은 경직되고 제한적일 수 있다. 반면 그와 동시에, 예컨대 가치 형태의 안정성은 우리를 더 장기간에 걸쳐 안내하며 상대적으로 더 만족스럽고 충만한 경험과 접촉할 수 있는 행동 양식의 확립과 유지를 보장하므로 실로 긍정적일 수 있다. 예를 들어 짐의 건강에 대한 가치는 그가 신체 활동에 규칙적으로 참여하도록 이끌고, 그는 신체 활동을 통해 성취감을 얻고 힘이 북돋아지는 것을 경험한다.

비록 과정으로서의 자기 연습이 유익하더라도, 과정으로서의 자기 단독으로는 충분치 않다. 내담자의 과정으로서의 자기 활동을 임상가가 지지해야 할 때 필요한 매우 중요한 방법은 맥락으로서의 자기를 촉진하는 것이다. 맥락으로서의 자기를 이용한 작업은 내담자의 경험에 대한 관점 취하기를 촉진할 수 있다. 이러한 관점 취하기는 경험이(긍정적이든 부정적이든) *나*의 안에 담겨 있지만 나를 정의하지는 않는 것으로 여기고, 따라서 경험에 경직되게 집착하지는 않으면서 경험으로부터 안내받을 수 있도록 한다. 직시적 관계 측면에서 이러한 관점 취하기는 심리적 내용이 *지금-여기*에서보다는 *거기-그때*로서 일관되게 구성되도록 한다. 그러므로 관점 취하기는 내담자가 모든 유형의 경험(긍정적이든 부정적이든)으로부터 심리적으로 거리를 둘 수 있도록 하며, 경험에 주의를 기울이고 그로부터 배울 수 있도록 하는 한편 도움이 되지 않을 기능의 변형(예컨대 체험 회피) 같은 영향은 받지 않도록 한다.

맥락으로서의 자기가 제공한 행동에 대한 관점은 안정성 제공 측면에서도 또한 도움이 된다. 과정으로서의 자기는 경험의 다양성이 특징이다. 긍정적인 측면에서 이러한 다양성은 내용으로서의 자기 모드의 경직성과는 대조적으로 행동 유연성을 뒷받침한다. 그러나 이미 제시된 것처럼 다양성 그 자체로는 장기적으로 심리적으로 만족스러운 삶을 살도록 안내하기에는 불충분하다. 대조적으로 맥락으로서의 자기는 모든 자기화 활동이 일어나는 일관된 중심 장소로서, 자기 내용이 제공하는 가치와 같은 안내와 과정으로서의 자기의 다양성 모두를 포함하는 자신의 경험을 인식하고 학습하는 지속적이고 변치 않는 심리적 플랫폼을 잠재적으로 제공하며 안정성을 촉진한다.

따라서 건강하고 유연한 자기화는 본질적으로 지속적이며 반복되는 과정으로서의 자기 활동으로, 맥락으로서의 자기로부터 지지를 받고, 그로써 가치 추구 같은 자기 내용 측면의 유연성을 극대화한다. 과정으로서의 자기는 현재 순간 경험을 관계적으로 구성하는 것으로, 다양성이 특징으로 따라서 행동 유연성을 뒷받침한다. 그러나 과정으로서의 자기는 관점 취하기와 맥락으로서의 자기의 안정성을 필요로 하며, 이들 안에서 자기 경험은 가치 있는 삶을 위해 잠재적 유연성이 활용될 수 있도록 *나*와 계층적으로 관계된다.

내담자의 건강한 자기화 키워가기 Fostering Healthy Selfing in Clients

맥락행동과학의 관점에서 건강한 자기화란, 과정으로서의 자기와 맥락으로서의 자기 조합에 지속적으로 임하는 것으로 가치 추구에 관한 최대의 행동 유연성을 제공한다. 앞서 설명하였듯이 과정으로서의 자기는 건강한 자기화의 중요한 측면이다. 이는 시간에 따른 모든 변화 속에서 현재 경험에 대한 지속적인 관계 구성으로, 자신의 환경과 상호 작용하며 가치를 효율적으로 발견하고 추구하는 것을 잠재적으로 뒷받침한다. 그러나 결정적으로 과정으로서의 자기의 완전한 잠재력은 맥락으로서의 자기를 통해서만 실현되는데, 맥락으로서의 자기는 다른 자기화 활동에 대한 관점 취하기를 촉진하며 그로써 다른 활동으로부터 제공받은 학습에 관한 최대의 유연성을 제공한다.

방금 기술된 과정들이 정말 건강한 자기화의 핵심이라면, 건강한 자기화 촉진에 관심을 갖게 된 임상가의 핵심 질문은 '이들 과정을 가장 잘 키워낼 수 있는 방법이 무엇인가?'일 것이다. 다음 이어지는 부분에서 우리는 이 분석의 핵심 측면들을 이용하여 건강한 자기화를 촉진하는 한 가지 접근법을 제시할 것이다. 이 접근은 Vilatte, Vilatte, 그리고 Hayes(2016)가 이전에 개발한 분석을 이용한 것으로, 이들은 응용된 상황에서 관련 핵심 과정을 확립하고 강화하기 위해 사용할 수 있는 기법들도 함께 제시하였다. 이 접근에서는 네 가지 과정에 대한 훈련을 설명하고 고찰한다.

1. 다양한 *나*(경험의 다양성)
2. 관점으로서의 *나*(관점 감각에 대한 안정성)
3. 그릇으로서의 *나*(맥락으로서의 자기 및 계층 관계)
4. 유연한 *나*(활동 중 가치에 따라 대응할 수 있는 능력)

표 7.1은 건강한 자기화 혹은 또한 *맥락적 자기감* contextual sense of self이라 일컫는 과정의 촉진을 목표로 제시된 네 가지 과정을 요약하고 있다. 여기에서는 이 과정들을 특정 순서로 제시할 예정이지만, 이를 다루는데 여기에서 제시한 순서가 이용되어야 할 필요는 없다는 점을 유념하자. 마찬가지로 네 가지 과정이 반드시 모두 똑같은 정도로 다루어져야만 하는 것도 아니다. 더욱이 특정 상황에서는 과정 간 전환이 유용하다고 여겨질 수도 있을 것이다.

첫 번째 과정에서 임상가는 내담자가 자신의 경험이 시간에 따라 그리고 관점에 따라 달라지는 것을 인식하도록 돕는데(다양한 *나*), 이것은 과정으로서의 자기의 핵심 측면이다. 두 번째 과정에서는 내담자가 모든 경험에 걸쳐 안정적인 관찰자 관점에 접촉하도록 돕고(관점으로서의 *나*), 여기서는 맥락으로서의 자기를 규정하는 핵심 요소이자 이 레퍼토리 안정성의 중요함을 강조한다. 세 번째 과정에서 임상가는 관찰하는 자기의 계층적 차원을 특별히 강조함으로써(그릇으로서의 *나*), 두 번째 과정에서 시작된 맥락으로서의 자기 훈련을 확장한다. 이들 레퍼토리가 내용에 대한 관점 취하기를 촉진할 잠재력을 강조하는 것이다. 네 번째 과정에서 임상가는 내담자가 관찰자 관점의 안정성으로부터 자신의 가치에 따른 유연한 반응을 할 수 있다는 것을 알도록 돕는다(유연한 *나*). 이제 더욱 자세히 살펴보도록 하자.

표 7.1 건강한 자기화 촉진 작업에서 변화의 표적이 되는 자기화 과정

표적	임상가가 할 수 있는 말
경험의 다양성: 다양한 나	지금 어떻게 느끼세요? ……그리고 지금은요? ……그리고 지금은요?
	당신의 삶에서 일어난 다른 상황들이나 다른 순간들을 떠올려 보세요. 그때는 어떻게 느꼈나요? 지금 당신이 느끼는 것과는 다른가요?
관점 감각에 대한 안정성: 관점으로서의 나	당신 삶 속 다양한 경험에 걸친 생각이나 감각, 느낌을 알아차리는 사람이 누구인지 알아차려 보세요(지난여름, 5년 전, 10대일 때……).
	오늘, 어제, 일 년 동안…… 당신의 경험을 알아차리고 있는 사람은 누구인지 알아차려 보세요.
맥락으로서의 자기 및 계층 관계: 그릇으로서의 나	당신의 경험들은 당신의 일부입니다.
	당신은 당신의 모든 경험을 담는 그릇입니다.
활동 중 가치에 따라 대응할 수 있는 능력: 유연한 나	당신의 역사를 생각해 보았을 때, 당신이 그런 선택을 했다는 건 놀라운 일은 아니네요.
	이제 당신의 경험들이 그저 당신의 일부분일 뿐이라는 것을 알고 있는 상태에서, 당신에게 중요한 것과 일치하는 무엇을 해 볼 수 있을까요? 당신의 가치에 따라 대응할 수 있을까요?

다양한 나 I as Various

첫 번째 과정은 경험의 다양성을 변별하는 것이다. 알아차림 과정에서 다양성을 발견하기 위해, 임상가는 내담자가 시간에 따른 그 자신의 다양한 경험(생각, 느낌, 감각)이 나타나고 사라지는 것을 알아차리도록 촉진해야 한다. 임상가는 많은 방법을 통해 이를 시도할 수 있으며, 내담자가 장기적인 명상 연습을 하도록 돕거나, 내담자가 경험의 변화를 인식하도록 돕기 위해 반복적으로 내담자의 주의를 현재로 돌리거나(예를 들어 '지금 어떻게 느끼세요? ……그리고 지금은요? ……그리고 지금은요?'라고 묻기), 내담자가 관점의 변화를 알아차리도록 하는(예를 들어, 내담자의 삶 속 다른 상황 및 순간들을 회상하며 상황과 순간에 따라 자신의 경험이 어떻게 변화하는지 인식함) 방법 등이 있다. 이런 측면에 도움이 되는 한 가지 기법은 '타임-랩스 촬영(역주: 완만한 연속적인 변화를 일반 촬영보다 긴 일정한 시간 간격을 두고 촬영하는 사진 기법)' 은유이다. 사진사가 한 장소에 카메라를 자리 잡게 하는 것은 관점을 잡는 것이다. 카메라로 일정 기간 사진을 촬영한 다음 그 결과를 살펴본다면, 사진사는 시간에 따라 장면들이 어떻게 변해 가는지 알게 될 것이다. 예를 들어 같은 장소가 어둠으로부터 점차 밝아진 것이나, 사진 구도 안팎으로 들고 난 대상들을 알 수 있을 것이며, 심지어 구도 안에 계속 존재하던 것들도 시간에 따라 그 모습이 변화하는 것을 볼 수 있을 것이다.

어떤 내담자가 치료자를 찾아와 자신이 다른 모든 경험을 포괄하는 것처럼 여기는 특정 생각이나 느낌(예를 들어, *모든 사람이 나를 싫어해*)을 지속해서 갖고 있다고 표현한다면, 이 내담자가 알아차림 과정을 통해 다양성을 발견하도록 돕는 것은 유연한 자기화 레퍼토리를 발달시키도록 돕는 중요한 단계가 된다. 앞서 언급하였듯이 규칙적인 명상이나 마음챙김 연습은 자신 경험의 다양성을 알아차리는 데 도움이 될 수 있다. 아울러 치료 맥락에서 임상가는 치료 회기 동안 경험들이 어떻게 변해 가는지 짚어줄 수도 있다. 예를 들어 내담자가 자신이 어떤 느낌(불안 같은)이나 생각(*나는 멍청해* 같은)을 반복적으로 갖게 된다고 하면, 임상가는 이 내담자에게 '그 생각이 지금도 나타나요? ……지금은요?' ('지금'이라는 단어의 반복은 시간상 다른 지점과의 변별을 쉽게 만든다) 또는 '지금 무엇을 느끼나요? ……지금은요?'와 같은 질문을 해 볼 수 있다.

이처럼 첫 번째 과정의 핵심 측면은 내담자가 단기적(한 치료 회기 안에서처럼, 순간에서 순간으로) 그리고 장기적(몇 차례 회기를 거쳐, 올 한 해, 지금까지 평생) 모두에서 자신 경험의 다양성을 알아차리도록 훈련하는 것이다. 내담자가 경직된 자기 내용(내용으로서의 자기)으로부터 동작하는 동안에는 자신에 관한 생각(자기 내용)을 비롯한 순간순간의 경험(과정으로서의 자기) 다양성을 인식할 수 없다. 이는 또한 과정으로서의 자기를 약하게 만들고, 내담자가 자신의 경험을 추적하는 힘이 약해지는 결과로도 이어진다. 그러나 치료자의 적절한 유도로 이러한 다양성은 분명해질 수 있다. 다음은 내담자가 자신의 경험 다양성을 인식하도록 돕는 방법을 보여 주는 내담자-임상가 역할극의 한 예이다.

내담자   저는 정말 압도될 것 같아요.

임상가   바로 지금, 여기에서도 그런가요?

내담자   맞아요. 일주일 내내 이러고 있어요. 원체 늘 이래요.

임상가   그렇군요…… 당신이 지금 느끼고 있는 것을 말씀해 주실 수 있나요? 정확하게요.

내담자   말하기 어려운데요…… 그냥 초조하고, 혼란스럽고, 안절부절못하겠어요.

임상가   지금, 이 순간 이야기하는 중에 초조하고 혼란스럽다고 느끼고 있나요?

내담자   네. 이걸 말하는 것만으로도 안절부절못하겠어요.

임상가   알겠습니다. 안절부절못하는 그 감각이 어떻게 느껴지는지 말해 주실 수 있나요? 몸 어디에서 그것을 느끼세요?

내담자   조이는 느낌이 들어요. 가슴에서.

임상가   지금도 있나요?

내담자   글쎄요…… 실은, 지금은 사라진 것 같아요.

임상가   알겠습니다. 지금 거기에는 무엇이 있죠?

내담자   이상하네요…… 그런데 그 조이는 느낌이 다시 돌아왔어요.

임상가   신기하네요. 그 감각은 왔다 갔다 하는군요?

내담자   네. 이거 이상한 건가요?

임상가   (미소지으며) 그 조여드는 게 아직도 거기 있나요?

내담자   약간만 있어요.

임상가   파도처럼 왔다 가나요?

내담자   네. 바로 그거예요. 항상 왔다 갔다 해요.

임상가   신기하네요…… 그러니까 그건 왔다 갔다 하면서 변하는군요.

내담자   네.

여기서 임상가는 내담자가 변치 않는 경험이라고 느끼는 경험이 실제로는 오고 가는 경험이라는 것을 알 수 있게끔, 내담자가 자신의 사적 경험이 변화한다(심지어 회기 중에서도)는 것을 변별하도록 돕는다. 이것은 경험의 다양성에 관한 알아차림을 키울 여러 방법 중 하나일 뿐이다. 비교적 짧은 시간 동안에도 경험은 오고 갈 수 있다는 것을 알도록 내담자를 안내하는 것에 더하여, 임상가는 내담자가 자신에 대한 견해나 경험이 상황에 따라 매일매일 달라질 수 있다는 것을 알도록 안내할 수도 있다. 임상가는 다른 상황에서는 내담자가 자기 자신을 어떻게 보는지 그 차이를 탐색하도록 유도함으로써 이 작업을 해 볼 수 있다. 예를 들어 만약 내담자가 *나는 불안정한 사람*이야 라는 견해를 가지고 있는 것처럼 보인다면, 임상가는 내담자가 자신에 대해서 이런 식으로 생각하지 않을 수 있는 일상의 많은 대안적 시나리오들을 고려해 보도록 도울 수 있다. 예컨대 임상가는 '항상 그런가요, 아니면 당신이 불안정하지 않은 때들도 있나요?'라고 물을 수 있다. 내담자가 자신에 대한 대안적 견해를 가질 수 있는 다른 여러 상황을 고려해 보도록 유도함으로써, 임상가는 내담자가 다른 모든 것들에 우선하는 것처럼 보이는 견해가 단지 하나의 견해일 뿐이며, 비록 치료에서 표현했을 때에는 이 견해가 줄곧 유지되어 온 중요한 것처럼 보였을지라도, 시간과 상황에 따라 자신에 대한 견해가 변해왔다는 것을 알 수 있도록 돕는다. 아래의 대화는 내담자가 삶 속 다양한 상황에 걸친 자신에 대한 견해의 다양성 면에서 자신의 경험이 변화한다는 것을 알아차릴 수 있도록 임상가가 돕는 방법의 한 예이다.

내담자   저는 제가 공격적인 사람으로 보이지 않길 바라요. 여자로서 그건 제가 잘못된 것 같고 오해받는 것 같다고 느껴지거든요.

임상가   그렇다면 당신의 어떤 부분이 오해받고 있나요?

내담자   제가 정직하고, 사람들을 돕고 싶어라 하고, 직설적이고, 사실을 있는 그대로 말하는 부분이요.

임상가   정직하다는 것이 어떤 점에서 마음에 드나요?

내담자   세상이 더 솔직담백해지거든요.

임상가   당신은 모든 맥락에서 모든 사람에게 공격적인가요?

내담자   여동생과 있을 때는 공격적이고 직설적이라기보단 더 열려 있게 되고 차분해져요. 걔는 나를 있는 그대로 받아주거든요. 그래서 동생과 함께 있을 때는 내가 뭔가 잘못되었다고 느끼지 않아요.

임상가 사람들과 함께 있을 때는 공격적이고 직설적인 당신의 한 모습이 있고, 당신의 여동생과 함께 있을 때는 열려 있고 정직한 당신의 다른 한 모습이 있다고 말할 수 있을까요?

내담자 다른 사람 옆에서는 저도 달라지는 거라고 볼 수 있겠네요. 제가 어디에 있고, 누구와 함께 있는지에 따라서요. 실은, 아마도 제가 공격적일 때는 제대로 이해받지 못한다고 느낄 때와 더 관련이 있는 것 같아요.

임상가 그러면 여기서는 어떤가요? 저와 함께 있을 때의 당신은 어떤 사람인가요?

내담자 잘 모르겠어요. 여긴 다르죠…… 이건 치료잖아요. 저는 선생님과 함께 있을 때는 정직해질 수 있어요. 제 동생과 함께 있을 때와 같은 식은 아니지만, 그렇다고 공격적이지도 않죠.

임상가 그러면 여기에서의 모습이 당신의 또 다른 모습이라고 말할 수 있을까요? 어떻게 보면 당신이 오해받고 있다고 느끼게 만드는 사람들과 함께할 때 공격적이고 직설적인 당신의 모습 하나, 여동생과 함께할 때 열려 있고 차분한 당신의 모습 하나, 여기 있을 때 열려 있고 정직한 당신의 모습 하나, 이렇게 있는 거네요.

내담자 네. 제 모습이 변하는 것 같아요. 제가 어디 있고, 누구와 이야기하고 있는지에 따라서요.

이 예에서 임상가는 내담자가 자신에 대한 관점과 자신이 어떤 종류의 사람인지에 대한 관점이 삶 속 각기 다른 상황에서 변화한다는 것을 알 수 있도록 도와주고 있다. 이는 내담자가 알아차림 과정에서 다양성에 대한 감각을 얻을 수 있도록 돕는 또 다른 중요한 기법이다.

'다양한 나' 과정의 경험적인 감각을 유도하는 연습의 또 다른 예로서, 집단 기반 연습인 '그건 제가 ……하게 느끼게 해요'라는 경험적 연습을 자세히 살펴보도록 하자. 이 연습에서 집단은 두 명씩 짝지어지고, 둘 중 한 사람이 '저는 x를 느껴요'라는 형태의 문장을 이용하여 자신이 현재 무엇을 느끼고 있는지 식별하는 것으로 시작한다. 그다음 다른 한 사람이 '그건 제가 y를 느끼게 하네요'라고 말하면서, 첫 번째 사람이 자신의 느낌을 식별한 것이 이번에는 다른 사람을 어떻게 느끼게 했는지에 대해 반응한다. 그런 다음 첫 번째 사람이 '그건 제가 z를 느끼게 하네요'라고 말하면서 앞선 문장에 반응하는 식으로 이어진다. 둘 사이 반응이 계속 오가면서, 다른 사람의 마지막 표현이 각자를 어떻게 느끼게 하는지 식별한다. 다음의 연속되는 대화를 살펴보도록 하자.

사람 1: 저는 불안을 느껴요.

사람 2: 그건 제가 슬픔을 느끼게 하네요.

사람 1: 그건 제가 후회를 느끼게 하네요.

사람 2: 그건 제가 불편함을 느끼게 하네요.

사람 1: 그건 제가 짜증을 느끼게 하네요.

사람 2: 그건 제가 호기심을 느끼게 하네요.

사람 1: 그건 제가 차분함을 느끼게 하네요.

집단 내 짝들은 1분에서 2분 정도 이 연습을 하도록 요청받는다. 이 연습에는 자신의 행동에 대한 다른 사람의 반응에 대해 관점 취하기를 유도하는 것을 비롯한 몇 가지 가능한 결과가 존재한다. 그러나 현재 목적과 가장 관련 깊은 결과는 참여자들이 시간에 따라, 그리고 맥락에 기반을 두고 자신의 감정 속 잠재적 다양성(다양한 나)을 알아차리도록 유도되는 것이다. 앞서 설명하였듯이 이러한 경험 다양성 감각을 촉진하는 작업은 내담자의 자기에 대한 감각을 확장하고, 내용으로서의 자기의 경직된 특성을 약화시키며, 심리적 유연성을 촉진하는 중요한 단계가 된다.

관점으로서의 나 as Perspective

내담자가 경험의 다양성을 알아차리도록 가르치는 것은 심리적 유연성을 촉진하도록 하는 중요한 단계이지만, 이는 단지 전체 과정의 한 요소일 뿐이다. 더욱이 경험의 다양성을 촉진하는 과정이 앞으로 나아가기 위한 중요한 단계이긴 하지만, 다양성 이외의 다른 어떤 것과도 접촉하지 못한다면 이는 자기에 대한 감각을 방해할 뿐이다. 문화적으로 우리는 우리의 자기가 우리의 생각과 느낌 같은 것들의 내용에 있다고 배운다. 만약 우리의 경험이 항상 변화한다면, 시간의 흐름에도 안정적인 것은 무엇일까? 달리 말하자면, 우리는 누구인가? 개입의 두 번째 요소에서는 사건에 대한 내담자의 일관된 관점 감각을 촉진함으로써 안정성에 대한 감각을 제공한다.

우리는 경험과 상황을 가로지르는 공통 관점이 존재한다는 것을 인식함으로써, 달리 말하자면 단지 생각, 느낌, 감각에 대한 인식뿐만 아니라 이러한 경험을 누가 인식하고 있는지를 인식함으로써, 관점 감각에 대한 안정성을 발견할 수 있다. '타임-랩스' 촬영 은유로 돌아가 보면, 우리는 우리의 관점이 카메라 같다고 말할 수 있으며, 여기서 카메라는 시간과 사건을 관통하며 사진을 촬영하는 변치 않는 존재이다. 카메라가 따라가는 사건들은 시간에 따라 변할지라도, 카메라는 똑같이, 안정되게, 늘 현재에 남아 있다.

심리치료를 받는 내담자에게 관찰자 관점의 안정성을 변별하는 작업은 시간에 따른 경험의 변화와 다양성을 인식하는 데 매우 중요한 보완재가 된다. 내담자는 자신의 다양한 경험의 배경을 제공하는 시간의 흐름을 관통하는 안정적인 중심 장소가 존재하며, 바로 이곳에서 다양성을 볼 수 있다는 것을 인식하도록 안내받아야 한다. 내담자가 다양성을 인식하면서 안정성에 대한 감각을 얻을 수 있도록 돕기 위해 임상가가 해야 하는 첫 번째 작업은 내담자가 이러한 관점에 대한 감각을 식별하도록 돕는 것이다(관찰자 관점).

임상가는 활동과 견해를 가로지르는 공통된 관점 취하기를 내담자가 인식하도록 도우며 관찰자 관점의 발달을 촉진할 수 있다. 경험은 시간, 장소, 상황에 따라 다르지만 이러한 경험들을 알아차리는 사람은 같다는 것을 내담자가 알도록 안내해야 한다. 임상가는 즉각적인 맥락(치료 회기 중 내담자가 가질 수 있는 생각, 느낌, 감각)과 과거에 일어났거나 장기적으로 일어나고 있는(조금 전 오늘, 어제, 작년, 올 한 해) 활동이나 사건의 맥락 모두에서 자신의 다양한 경험들을 인식하고 있는 사람이 누구인지 인식하도록 안내해야 한다. 따라서 내담자가 관찰자 관점을 변별할 수 있도록 도울 때, 임상가는 내담자가 일정 수준에서 자신의 경험에 대한 다양성을 알아차리도록 유도하는 것부터 작업을 시작한다. 그다음에는 내담자가 사건들에 대해서 가지고 있는 관점의 공통된 가닥을 알아차리도록 유도할 수 있다. 예를 들어 임상가는 내담자가 다른 상황에 걸쳐 자기에 대해 가져왔던 다양한 대안적 견해들(다양한 나)을 알아차리도록 도우면서, 내담자의 '저는 실패자예요.'라는 진술에 다음과 같이 반응하기 시작한다. "당신이 대학생일 때 당신에 대해서는 어떻게 생각했나요? 그리고 마라톤에서 우승했을 때는 어땠나요?" 그런 다음 임상가는 이렇게 다양한 모든 자기에 대한 내담자의 견해에 걸쳐, 이러한 견해의 다양성을 알아차려 온 안정적인 부분이 내담자에게 존재한다는 것을 변별할 수 있도록 다음과 같이 안내할 수 있을 것이다. "당신 자신에 대한 이러한 모든 견해를 알아차려 온 것은 당신의 어떤 부분일까요?" 다음은 내담자가 다양한 경험에 걸친 공통된 관점 취하기를 인식할 수 있도록 임상가가 돕는 방법(다시 말해, 자기의 한 부분이 자신의 경험을 인식한다는 것을 내담자가 인식하도록 돕는 방법)의 예시이다.

내담자	몇 달 전 직장을 잃었어요. 그 이후로 제가 반편이 같다고 느껴요. 거의 온종일 집에서 TV나 보며 시간을 때우고 있고, 이웃 사람들이 저를 보고 왜 저 남자는 출근을 안 하나 궁금해할까 봐 밖에 나가고 싶지도 않아요. 그래요…… 저는 내가 실패자 같다고 느껴요.
임상가	그럼 직장을 잃고 난 다음부터 자신을 실패자처럼, 반편이처럼 보고 계시는 거로군요. 그렇다면 직장을 잃기 전에는 자신에 대해 어떻게 생각하셨나요?
내담자	직장에 다닐 때 정말 열심히 일했고, 그 점을 자랑스럽게 생각했어요. 제 한 몸은 충분히 돌볼 수 있었고요. 독립적인 사람이었죠…… 그런데 지금은 그 모든 게 다 사라져 버렸어요.
임상가	그럼 예전에는 당신 자신을 독립적이고 열심히 일하는 사람이라고 여기며 그걸 자랑스러워했고, 지금은 자신을 반편이라 여기며 당신이 가졌던 자립성을 잃어버렸네요. 이전 직장에서 당신에게 다시 일자리를 제안한다면…… 그때는 자신을 어떻게 생각할 것 같나요?
내담자	그 사람들이 한 짓이 있는데, 절대 예전 직장으로 다시 일하러 돌아가진 않을 거예요. 다시 돌아가 일한다면 꼭두각시 노릇이나 하겠죠.
임상가	그럼 당신 자신에 대한 또 다른 견해가 있는 거네요. 예전 직장으로 돌아간다면, 자신을 꼭두각시로 여기게 될 것 같단 거죠? 그러면 우리는 당신 자신에 대한 세 가지 다른 견해를 볼 수 있네요. 자립적이고 열심히 일하는 당신, 실패자이며 반편이인 당신, 그리고 꼭두각시인 당신. 그러니까…… 자기 자신에 대한 매우 다른 견해들이 있는 거로군요.
내담자	그렇죠.
임상가	당신 자신에 대한 이러한 다른 견해들을 알아차리는 건 당신의 어떤 부분인가요?
내담자	이해가 잘 안 가는데요.

임상가	당신을 열심히 일하는 사람으로 알아차리는 당신의 일부가 있는 것 같아요. 그리고 당신이 반편이라는 것을 알아차리는 당신의 일부도 있고요. 그리고 만약 이전 직장으로 돌아간다면 당신이 꼭두각시라는 것을 알아차릴 당신의 일부도요. 그렇다면 이러한 모든 다른 견해를 알아차리는 당신의 한 부분이 있는 걸까요? 일 분 동안 당신 자신에 대한 이러한 다른 견해들이 영화 속에서 등장한다고 상상해 보죠. 영화가 상영되는 동안, 영화가 영화 자체를 알아차릴 수는 없지요. 그러면 누가 이것을 알아차리는 걸까요? 당신의 어떤 면이 시간에 따른 당신의 경험들에 대해 당신이 가지고 있는 견해의 다양성을 보고 있는 걸까요? 당신의 한 부분이 이 견해들의 다양성을 알아차리고 있는 걸까요? 당신의 경험에 따르면 이것은 사실인가요?
내담자	그렇죠…… 맞아요. 그냥 모두 저인 것 아닌가요?
임상가	우리 자신에 대해 우리가 가진 견해들에는 시간에 따른 신기한 변화가 있는 것 같네요. 예를 들자면, 당신이 이전 직장을 다시 다니게 될 때 느낄 자신에 대한 견해 대(對), 자신에 대해서 지금 느끼는 견해 대, 직장을 잃기 전 자신에 대해서 느꼈던 견해처럼요.
내담자	알겠어요.
임상가	그렇다면 이런 점에서 당신에 관해 시간에 따라 변해 온 무언가가 있는 것 같군요. 그렇지 않나요?
내담자	그러네요.
임상가	하지만 그러한 모든 변화나 견해에 걸친, 당신에 관한 한결같은 무언가도 있고요.
내담자	선생님이 무슨 말을 하시는 건지 알 것도 같아요. 저 자신에 대한 제 태도는 시간에 따라 변해왔지만, 어느 정도는 여전히 항상 저인 거죠.
임상가	네. 당신의 모든 경험에 걸쳐 존재하는 하나의 당신이 있네요. 당신이 새로운 직장을 구한다면 당신의 견해는 다시 변할 가능성이 큰 것 같고요.
내담자	맞아요…… 그렇죠. 제가 새 직장을 구한다면, 제 자존감이 올라갈 거예요. 그리고 저는 다시 저 자신을 자기 책임을 다하는 사람이라고 느끼게 되겠죠.

임상가	그럼 만약, 그리고 바라건대 당신이 새 직장을 구한다면, 자신에 대한 당신의 견해가 또다시 바뀌겠군요. 그때 당신에 대한 당신의 견해는 자신감 있고 자존감도 높은 사람일 것 같네요. 자신에 대해서 당신이 가질 수 있는 변화하는 각양각색의 견해들이 있는데, 이러한 서로 다른 견해들을 알아차리는 사람은 누구인가요?
내담자	저의 그런 부분은 한결같았네요. 그 부분은 이런 모든 경험을 지나오면서도 변함없이 같은 것이었어요.
임상가	당신은 살아온 평생 당신이었지요.
내담자	이제 그건 이해할 수 있어요. 그런데 그게 어떤 상관이 있는지 궁금해요.
임상가	중요한 것은 당신의 견해가 변할 수 있다는 것을, 그리고 그런데도 당신의 한 부분은 여전히 똑같다는 것을 당신이 알 수 있다는 거예요. 당신은 당신의 견해들이 아니란 거죠. 그건 당신의 경험이겠죠?
내담자	이제 이해했어요. 뭔지 알 것 같아요. 제가 그저 '나는 반편이다'라는 견해가 아니란 거로군요.

이 예시에서 임상가는 내담자가 다른 상황들, 즉 직장을 잃은 현재, 실직하기 전인 수개월 전, 다시 직장을 구한 미래의 언젠가 속 그의 경험(또는 자기에 대한 견해)의 다양성을 알아차리도록 돕고 있다. 임상가는 내담자가 견해들을 변화시키도록 촉진하며, 이로써 이러한 관점들에 걸친 영구적이고 변치 않는 내담자의 안정된 가치에 대한 감각, 즉 견해들을 가로지르는 공통된 관점이 있다는 것을 알아차리게 한다. 달리 말하자면 경험들은 시간, 장소, 관점(오늘, 작년 등)에 따라 다르지만, 알아차리는 사람은 같은 것이다.

'관점으로서의 나' 과정을 유도하는 또 다른 예로, 이번에는 집단 맥락에서 할 수 있는 '인정받지 못한 자기invalidated self' 연습을 살펴보도록 하자.

여러분이 괴로워하고 있을 때, 누군가 여러분의 고통을 인정해 주지 않았던 때를 떠올려 보세요. 여러 기억을 살필 때, 옳거나 틀린 기억은 없다는 것을 기억하시길 바랍니다. 여러분이 제대로 인정받지 못했다고 느꼈던 어떤 시기라도 이 연습에서 다뤄볼 수 있습니다…… 한 가지 기억을 정했다면, 오른손 검지를 위로 올려 주세요…… 그때 볼 수 있었던 색깔들을 떠올려 봅니다…… 그때 들려오던 소리도 떠올려 보세요…… 그때 여러분이 하던 생각에 접촉해 보세요…… 그때 여러분의 느낌과도 접촉해 보세요…… 이제 부드럽게 여러분의 호흡으로, 지금 그리고 여기로 돌아옵니다…… 여러분이 그때 거기에 있었던 것을, 그리고 지금은 여기에 있는 것을 알아차려 보세요. 이제 우리는 다른 기억으로 갈 겁니다…… 다른 누군가 괴로워하고 있을 때, 여러분이 그 사람의 고통을 인정해 주지 않았던 때를 떠올려 보세요. 다른 사람의 고통을 인정하지 않았던 어떤 때라도 이 연습에서 다뤄볼 수 있습니다…… 한 가지 기억을 정했다면, 오른손 검지를 위로 올려 주세요…… 그때 볼 수 있었던 색깔들을 떠올려 봅니다…… 그때 들려오던 소리도 떠올려 보세요…… 그때 여러분이 하던 생각에 접촉해 보세요…… 그때 여러분의 느낌과도 접촉해 보세요…… 그때의 여러분에게 친절함을 전해 주세요…… 이제 부드럽게 여러분의 호흡으로, 지금 그리고 여기로 돌아옵니다…… 여러분이 지금은 여기에 있고, 인정받지 못했을 때는 거기에 있었고, 다른 누군가를 인정하지 않았을 때는 거기에 있었다는 것을 알아차려 봅니다…… 이제 여러분이 시간을 거슬러 올라가 그 사람에게 다르게 반응하는 모습을 상상해 보세요…… 부드럽게 여러분의 호흡으로, 지금 그리고 여기로 돌아옵니다.

거듭 강조하지만, 참여자들이 그들의 모든 경험 속에서 항상 존재하는 변치 않는 안정된 관점을 인식할 수 있도록 관점을 옮겨 보도록 유도하는 것이 핵심이다. 이 예시에서는 대인 관계에서 인정받지 못했던 경우와 관련된 서로 다른 순간을 참여자에게 떠올려 보게 하며 이 작업을 진행했다. 서로 다른 경우를 통해, 참여자는 인정받지 못했던 사람과 다른 사람을 인정하지 않았던 사람 모두의 관점을 취해야 한다. 이런 식의 반대되는 역할로 이동하는 작업은 서로 다른 경험들 속에서 관점의 통합을 강조하는 방법으로써 특히 강력한 효과를 가진다.

이상적으로는 관점을 옮겨 보도록 하는 안내를 통해, 내담자는 경험들을 가로지르는 안정된 자기에 대한 감각을 얻게 되기 시작할 것이다. 그런 다음 관점에 대한 감각에 기반을 두는 것, 그리고 안정된 자기에 대한 감각이 자기를 구성하는 경험, 느낌, 기억 등 모든 것의 상위에 존재한다는 사실을 내담자가 알아차리도록 돕는 것에 초점을 맞춘 연습들을 통해 이러한 관점은 더욱 강조될 수 있다.

그릇으로서의 나 I as Container

지금까지 우리는 내담자가 경험들의 다양성을 알아차리도록 돕는 작업의 중요성과 시간에 따라서도 안정적인 넓은 자기에 대한 감각(변치 않는 관찰자)을 촉진하는 관점 취하기 기술을 발전시키는 작업의 중요성에 대해 살펴보았다. 이들은 자기의 중요한 측면들에 대한 알아차림을 촉진하는 중요한 기술일 뿐만 아니라, 특히 중요하다고 여겨지는 유연한 자기화 레퍼토리와 관련된 세 번째 요소에 핵심적인 지지를 제공한다.

앞서 살펴보았듯 일관성은 인간 언어에 내재한 속성으로, 인간 언어 경험의 특히 중요한 측면이다. 우리는 사람들이 어떻게 일관성의 함정에 빠지는지, 그리고 사람들이 자신의 가치에 따라 사는 것을 일관성이 어떻게 방해하는지에 대한 예들을 논의한 바 있다. 예를 들자면 *파티에 가게 되면 나는 바보 같은 짓을 할 테니, 나는 집에 있어야만 해* 같은 생각을 믿고, 그에 따라 행동하는 것이다. 이는 일관성과 관련된 잠재적 문제들을 보여 주면서도, 일관성이 심리적으로 중요하며 중심이 된다는 점 또한 제시하고 있다. 이렇듯 내담자가 맥락 안에서의 일관성, 즉 심리적으로 건강하며 작동 가능하다는 의미에서의 일관성을 발견하도록 돕는 것은 유연한 자기화 레퍼토리를 발전시키는 데 특히 중요한 부분이다. 이 작업은 경험 다양성과 경험에 대한 관점이라는 의미에서의 안정성을 계층 관계에 기초한 일관된 관계망으로 묶어 내는 더욱 맥락적인 자기에 대한 감각의 발전을 촉진하는 것이기도 하다.

계층적으로 자기를 보는 것, 즉 모든 경험에 대한 맥락으로서 자기를 보는 것은 경험 과정에 대한 알아차림과 관점 취하기의 핵심 개념 두 가지 모두를 통합하는 더욱 넓은 상징적 관계망을 가능케 한다. 달리 말하자면 나는 나의 모든 경험을 담는 그릇 또는 맥락이다. 그것들은 나의 모든 경험이기에 분명 '언어적 나'에 일조해 왔지만, 내가 경험들과 대등한 것은 아니기에 나는 한 걸음 물러나 경험들에 대한 관점을 취할 수 있다. 이 구성은 경험에 대한 행동 유연성을 촉진하는 핵심이며, 결과적으로 행동 유연성은 가치 추구에 특히 중요하다.

이러한 자기의 계층적 차원은 수용전념치료의 체스판 은유를 비롯한 수많은 은유와 연습이 목표로 삼는 것이다(Hayes et al., 2011, p.231을 참조). 이 연습에서 임상가는 흰 말(즐거움 같은 '좋은' 또는 유인적인 정신적 내용을 나타냄)과 검정 말(절망 같은 '나쁜' 또는 혐오적인 정신적 내용을 나타냄) 사이의 전투가 벌어지는 체스 게임을 내담자의 심리 경험에 빗댄다. 이 은유가 제시하는 핵심 통찰은 내담자는 좋은 쪽이든 나쁜 쪽이든 어떤 체스 말도 아니며, 대신 그 모든 말을 담고 있는 체스판이라는 것이다. 이와 같은 연습들은 한 수준에서는 자기와 심리 경험들 사이에 변별이 존재한다(즉, 체스판은 말들과 별개이다)는 점을 시사한다. 그러나 더 높고 통합된 수준에서는 자기와 경험들 사이에는 계층 관계가 존재하며, 그 이유로 체스판이 게임을 위한 맥락이듯 자기는 우리의 모든 경험의 맥락이라는 점 또한 제시한다.

임상가는 모든 경험의 다양성에 대한 알아차림을 비롯한 이 은유의 중요한 기능적 측면들을 계속 촉진해야 한다. 이러한 측면에는 경험들에 대한 변별 감각과 관점에 대한 감각, 그리고 계층 구성에서 이들을 통합하는 감각 등이 있다. 표 7.2에서는 자기와 경험 간 관계를 계층 관계로 구성하는 것과 대등 관계로 구성하는 것의 차이를 보여 주고 있다.

표 7.2 자기에 대한 대등 관계 대(對) 계층 관계

경험	관계 구성	
	경직된 자기 꼬리표 붙이기 (대등 관계)	관점 취하기 (계층 관계)
생각(들)	나는 나의 생각(들)*이다*.	나는 내 생각(들)을 *가지며 포함한다*.
감각(들)	나는 나의 감각(들)*이다*.	나는 내 감각(들)을 *가지며 포함한다*.
느낌(들)	나는 나의 느낌(들)*이다*.	나는 내 느낌(들)을 *가지며 포함한다*.

그림 7.1 '그릇으로서의 나' 연습[*]

치료자는 내담자나 집단에 말한다.

이번 연습에서는 당신(여러분)은 자신의 신체 감각이나 감정, 생각이 오고 가는 대로 따라가 보도록 초대될 겁니다.

치료자는 내담자 또는 집단 구성원들에게 형용사들의 목록이 딸린 사람의 신체가 그려진 종이를 나누어 준다. 그림 아래에는 써넣을 수 있는 줄이 그어져 있다.

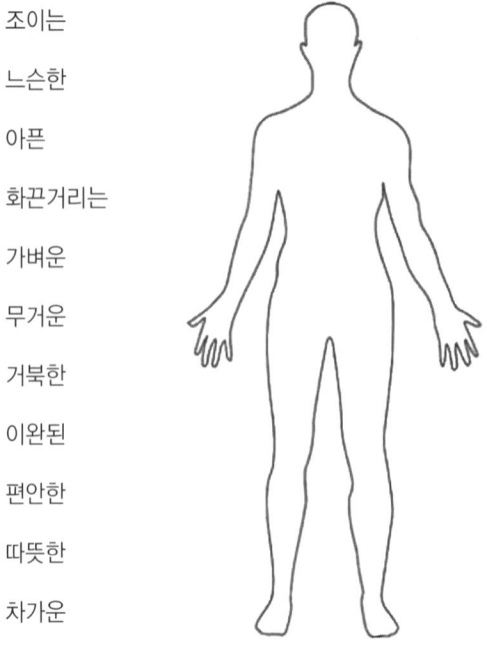

조이는
느슨한
아픈
화끈거리는
가벼운
무거운
거북한
이완된
편안한
따뜻한
차가운

_____

_____

치료자가 말을 이어 간다.

사람의 몸이 그려진 그림, 그리고 그 옆에 적힌 우리의 몸에서 흔히 일어나는 다양한 감각을 묘사한 단어들을 살펴보세요. 이 연습을 하기 위해서, 당신(여러분)의 호흡을 통해 이 순간에 접촉하는 시간을 잠시 가져 보겠습니다. 그런 다음 당신(여러분)의 몸에서 나타나는 서로 다른 감각들을 알아차리기 시작해 보세요. 어쩌면 일터에서 너무 많은 것을 들어 올리느라 등이 아플지도 모릅니다. 또는, 어

---

[*]C. Hayes, K. D. Strosahl, K. G. Wilson이 집필한 Acceptance and commitment therapy: The process and practice of mindful change (p.236) 및 S. C. Hayes와 S. Smith가 집필한 Get out of your mind and into your life: The new acceptance and commitment therapy (p.102)에서 허가를 받아 인용함.

쩌면 신경과민으로 위장이 꼬여 있을지도요. 그저 당신의 몸이 어떻게 느껴지는지 알아차려 보세요.

치료자는 이 작업을 하는 개별 내담자나 집단에 의미가 있는 것을 연상시키는 대안적이거나 부가적인 특정 단서를 제공할 수도 있다.

치료자가 이어서 이야기한다.

느낌이 올라오면 그림에 X자로 표시하세요. 예를 들어 어깨가 딱딱하게 굳어 있다면, 그림 속 어깨 부분에 X로 표시하세요. 이제 우리의 몸에 찾아들었다가 사라지는 신체 감각들을 알아차리는데 1분 정도 시간을 들여 보겠습니다. 이 연습에 실패라는 건 없습니다. 우리는 그저 당신(여러분)이 생각하고 있는 것, 또는 느끼고 있는 것이 무엇이든 그저 바라볼 것입니다. 그러니 어떤 것이 올라와도 괜찮습니다.

치료자는 1분 동안 멈춘다.

치료자가 말을 이어 간다.

이제 당신(여러분)의 몸을 알아차리는 것으로 돌아오세요. 의자에 어떻게 앉아 있는지 알아차려 보세요. 거기에 있는 어떤 신체 감각이라도 알아차려 보세요. 각각의 감각들을 알아차릴 때 그 느낌을 그저 인정해 주고, 그림 위에 X자로 표시하며 몸 어디에 그것이 있는지 확인해 보세요.

치료자가 멈춘다.

치료자가 이어서 이야기한다.

이제 당신(여러분)이 가지고 있는 어떤 감정이라도 알아차려 보시고, 가지고 있는 어떤 감정이라도, 그저 그것들을 인정해 주세요. 그리고 당신이 감정을 느끼는 신체 부위에 O로 표시해 주세요.

치료자가 멈춘다.

치료자가 말을 이어 간다.

이제 당신(여러분)의 생각들과 접촉해 보시고, 신체 그림 옆에다 생각 풍선을 그려 그 안에 당신(여러분)의 현재 생각을 적어 보세요.

치료자가 멈춘다.

치료자가 이어서 이야기한다.

이제 당신(여러분)이 이것들을 알아차리는 동안, 당신(여러분)의 한 부분이 이것들을 알아차렸다는 것을 알아차려 보시길 바랍니다. 당신(여러분)은 그 감각들을…… 그 감정들을…… 그 생각들을…… 그리고 우리가 '관찰자 당신'이라고 부를 당신(여러분)의 그 부분을 알아차렸습니다. 이제 당신(여러분)이 지난여름에 일어났던 어떤 일을 기억해 보시길 바랍니다. 한 기억을 선택했다면, 그때의 이미지를 마음으로 가져와 보세요. 눈을 감는 것이 그 기억을 떠올리는 데 도움이 된다면, 그렇게 해도 됩니다. 그때 일어났던 모든 것들을 떠올려 보세요. 당신이 볼 수 있었던 색깔들을 떠올려 보세요…… 장면들…… 소리들…… 당신의 감정들…… 그것들을 떠올려 보면서, 우리가 보통은 고려하지 않는 무언가를 알아차릴 수 있는지 살펴보세요. 당신(여러분)은 자신이 알아차리고 있던 것을 알아차리면서 그때 거기에 있었습니다. 당신(여러분)은 그때는 거기에 있었고, 지금은 여기에 있습니다. 그저 알아차리는 경험을 알아차리며, 깊은 감각에서 지금 여기에 있는 자신이 그때 거기에도 있었던 것은 아닌지 살펴보세요. 당신(여러분)이 알아차리는 것을 알아차리는 사람은 지금 여기에 있으며, 그때 거기에도 있었습니다. 믿음이 아닌 경험 수준에서의 깊은 감각으로, 당신(여러분)이 평생 당신(여러분)으로 존재해 왔다는 본질적인 연속성을 알아차릴 수 있는지 살펴보세요. 이 연습을 마치고 나면, 몇 분 동안 종이의 빈 줄에 당신(여러분)이 경험한 것에 대해 간단히 적어보시길 바랍니다.

또 다른 많은 기법을 계층적인(관찰자) 자기에 대한 감각의 촉진을 돕기 위해 이용할 수 있다. 자기의 계층적 차원(맥락으로서의 자기)을 강조하기 위하여 임상가는 의도적으로 계층 구성을 이용한다. 이는 내담자가 자신의 경험을 *자기 그 자체*로 구성하는 대신 *자기가 가지고 있는 무언가*로 구성하도록 도울 것이다. 비단 '관점으로서의 나' 과정만이 아닌 자기의 계층적 차원을 강조하는 것이 중요한 이유는 계층적 관계 구성이 더욱 복잡하며, 그저 단순한 차이와 분리가 아닌 함유와 관련되어 있다는 사실에 있다. 관계가 더 복잡하면 할수록 그 관계는 거의 틀림없이 당시 상황에서의 심리와 더 잘 일치하는데, 이는 상황의 복잡성이 필요에 따라 자신의 경험들로부터의 분리를 허용하며 그 경험들이 자신의 것이라는 것을 인정하고, 이러한 분리는 해당 경험들에 관한 유연성을 촉진하기 때문이다. 다음은 계층의 정점에 내담자의 관점을 놓고, 계층 안에 포함된 차원으로서 내담자의 경험들을 배치한 계층 관계를 사용한 예시이다.

내담자 제 가장 친한 친구가 새로운 사람을 만나는 중인데, 거기에 대해 질투가 나서 견딜 수가 없어요. 걔는 다음 주에 저와 함께 더블데이트하길 바라는데, 제 질투심이 드러날까 봐 걱정돼요.

임상가 그 친구와의 우정이 당신에게는 상당히 중요한 것처럼 들리네요.

내담자 네, 정말 그래요. 저는 걔를 정말 좋아하고 걔가 행복하길 바라요. 그런데 무슨 이유인지 질투하는 마음이 들어요. 이건 진짜 말이 안 돼요. 전 정말 끔찍한 친구예요.

임상가 혼란스러울 것 같아요. 그럼 질투나 행복 같은 서로 다른 감정들을 한 번 살펴보죠. 거기에다 *나는 끔찍한 친구야* 같은 생각들도 추가할 수 있겠고요. 당신의 생각이나 느낌이 체스판 위의 말과 같다고 상상해 보세요. 긍정적인 것들은 흰 말, 부정적인 것들은 검은 말로요.

내담자 좋아요.

임상가	지금 상태는 긍정적인 생각이나 느낌으로 부정적인 생각이나 느낌을 물리치려고 애쓰는 것과 같아요. 마치 흰색 말이 이기기를 바라는 체스 게임 같은 걸 하고 있다는 거죠. 그런데 이 게임을 할 때, 우리는 우리 자신을 체스 말이라고 생각해요. 만약 말은 단지 우리의 일부이고, 우리는 그 이상의 존재라면 어떨까요?
내담자	어떤 것처럼요?
임상가	자, 체스 게임에는 체스 말 이상의 것도 있죠. 어떤 다른 게 있을까요?
내담자	음…… 체스판도 있네요.
임상가	맞아요. 정확해요. 당신은 체스 말 이상의 것, 그러니까 체스판과 같아요. 모든 체스 말이 그 위에 있을 수 있죠. 당신에게는 흰 말이나 검은 말 중 어느 한쪽이 이길 필요가 없어요. 마치 모든 방향으로 무한히 뻗어 있는 체스판으로 존재하는 것과 같아요. 그 판은 흰 체스 말들과 검은 체스 말들로 덮여 있죠. 말들은 편을 갈라 움직이죠. 마치 체스에서 흰 말들이 검은 말들을 상대로 싸우듯이. 당신은 *나는 끔찍한 친구야* 같은 생각들, 질투나 행복 같은 느낌들, 그리고 *나는 내 친구를 위해 행복해져야 해* 같은 믿음들을 체스 말들로 생각해 볼 수 있어요. 이것들 또한 편을 갈라서 뭉치죠. 게임을 할 때는 어느 쪽이 이기길 바라는지 선택하고요. 하지만 이 게임은 이기려고 노력하면 문제가 생겨요. 당신의 일부가 당신 자신의 적이 아니라는 견해로 봤을 때 생기는 문제예요. 다른 말로 해 보자면, 만약 당신이 그 전쟁에 참여하게 되면 당신에게 무언가 문제가 생긴다는 거죠. 그리고 우리가 우리 자신을 체스 말로 여기게 되면, 말들이 우리 자신만큼 크게, 심지어는 우리보다 훨씬 더 크게 보일 수도 있어요. 말들은 단지 우리의, 그리고 우리 경험의 일부일 뿐인데도 말이죠. 당신은 이 게임을 하면서, 게임에서 이길 수 있을 만큼의 말들을 체스판에서 쓸어버리려 애쓰고 있죠. 문제는 당신의 경험은 정확히 반대의 상황이 일어났다는 걸 알려주고 있다는 거예요. 그러니 게임은 계속되고요. 이 게임에 참전하는 건 혼란스러울 뿐만 아니라, 절대 이길 수 없는 삶의 방식인 거죠.
내담자	그러네요!
임상가	그렇다면 당신이 체스 말 수준 대신 체스판 수준에서 움직인다면, 질투를 느끼는 동시에 친구의 행복에 마음을 쓰는 것이 가능할까요?

내담자 두 가지가 모두 판 위에 올라와 있는 것 같지만, 저는 그것들 이상이죠. 저는 행복이 체스판 위에 있게 하려고 굳이 질투와 싸워서 쫓아낼 필요가 없어요.

임상가 네. 질투든 행복이든, 당신은 그것들 하나하나보다 더 큰 존재예요. 그것들은 단지 당신의 일부분인, 당신이 가진 경험들일 뿐이죠. 그리고 이러한 경험 모두를 알아차리는 체스판 같은 더 넓은 당신이 있지요.

 앞선 예시에서 임상가는 내담자가 자신과 자신의 경험들 사이의 계층 관계를 도출해 내도록 돕고 있다. 내담자는 자신의 경험과 같은(대등한) 것이 아니다. 그러나 또한 동시에 그것들은 여전히 *내담자*의 경험이므로 내담자는 경험들과 완전히 구분되거나 분리되어 있지도 않다. 대신 내담자는 경험들을 가지고 있거나 또는 포함하며(계층 관계), 이는 내담자가 경험들로부터 독립적으로 행동하면서 안전하게 그것들을 인정할 수 있다는 사실을 의미한다.

 자기화에 대한 논의가 지나치게 지적인 토론으로 빠지지 않도록 하는 것이 중요하다. 앞선 예에서 체스판 은유는 내담자가 관련 주제에 다가가도록 하는 데 이용되지만, 경험적으로 이 은유는 자기화 레퍼토리 간 변별을 만들어 내지는 않는다. 내담자는 '만약 그렇다면, 저는 어떻게 체스판으로 머물러 있을 수 있는 건가요?'라고 질문할지도 모른다. 이 작업에서는 지적인 자기에 대한 감각이 아닌 경험적인 자기에 대한 감각을 발달시키고 있는 것이므로, 이 질문에 대해서는 직접 대답하지 않는 것이 최선이다. 경험적인 자기에 대한 감각은 새로운 것이지만, 지적인 자기에 대한 감각은 단지 자기 내용의 몸집만 키울 수 있다. 여기에 대해 답하는 한 가지 방법은 '우리는 새로운 기술을 배우는 중이니, 질문하신 것에 대해서도 곧 이해하실 수 있을 거예요. 하지만 지금 당장은 만약 생각과 느낌이 우리 자신이라면, 그것들과 씨름하지 않는 것은 불가능하다는 점을 그저 알아차려 보도록 하죠.'라고 말하는 것이다. 내담자가 '그릇으로서의 나' 과정에 대한 감각을 이해하는 것을 도울 때, 우리는 내담자의 자기가 심리적 내용의 맥락 혹은 그릇으로서 작용하는 경험을 내담자에게 제공할 수 있기를 바란다. '그릇으로서의 나'라는 계층 관계는 내담자가 자기를 자신의 경험으로부터 분리하고, 경험들과 독립적으로 행동하는 것을 돕는 데 매우 중요하다. 언급하였듯이 이 맥락에서 계층이 효과적인 중요한 이유는 계층이 동등, 차이, 함유를 포함한 수많은 다른 관계들을 포괄하는 비교적 복잡한 관계이기 때문이며, 이 맥락 속 관계들의 특정 조합은 우리가 심리 경험을 비교적 정교하게 이해하는 데 기여한다. 사실 계층은 관계 구성으로 기술하는 것보다 관계 레퍼토리나 관계망으로 기술하는 것이 아마도 더 정확할 것이다. 그러나 요점은 수많은 다른 관계들을 이런 방식으로 포괄하는 일관성 안에서, 계층은 유용한 기능의 변형을 허용하는, 달리 말하자면 유용한 행동 변화를 촉진하는 심리적 상황에 대한 이해를 만들어 낼 수 있다는 것이다.

맥락으로서의 자기에서 계층적 감각의 통합(즉, 일관성) 기능은 상당히 중요하다. 경험 다양성과 관점 취하기의 요소들을 일관된 구성체계 안에 엮어 넣을 때, 자기에 대한 계층적 감각이 이 요소들에 대한 통찰을 담아내기 때문이다. 이 감각은 이해와 소통을 촉진하며, 치료적으로 유용한 기능의 변형이 더 일어나기 쉽게 만들 것이다. 아울러 이런 변화를 촉진하는 것이 단순히 계층 레퍼토리의 일부 특별한 측면이 아닌 바로 계층 관계 반응 자체라는 개념은 실증 연구에서 확인된 근거로 뒷받침된다(Foody, Barnes-Holmes, Barnes-Holmes, & Luciano, 2013; Gil, Luciano, Ruiz, & Valdivia Salas, 2014). 예를 들어 Foody 등(2013)에 의한 연구는 효과적인 맥락으로서의 자기 중재 기법을 고안할 때 차이 관계보다 계층 관계를 사용할 것을 지지한다. 보다 구체적으로 이 연구자들은 관점 취하기와 계층 관계를 조합한 중재가 관점 취하기와 변별 관계를 조합한 중재보다 사람들이 괴로움에 대처하도록 돕는 데 더 효과적이라는 결과를 제시하였다. 연구 참여자들은 부정적 자기 평가('나는 충분히 좋은 사람이 아니야' 같은)를 글로 쓴 다음 그것을 큰소리로 읽어야 했다. 그다음 그들은 서로 다른 두 가지 맥락으로서의 자기 유형 중재를 받았다. 한 중재에서는 참여자가 자기를 자신의 사적 내용(생각, 느낌, 신체 감각)과 구별하여 보도록 다음 설명처럼 유도했다. "그것은 단지 생각이나 기억이라는 것을 기억하세요…… 당신은 그것에 대해 어떤 것도 할 필요가 없습니다. 그저 그것을 관찰하세요. 당신은 여기에 있고, 당신이 숙고하는 생각은 거기에, 글로 쓰여 당신 앞에 있다는 것을 알아차리려 해 보세요. 그 생각을 바라보고 있는 사람은 당신이라는 것을 그저 알아차려 보세요." 다른 중재에서는 참여자가 자신의 내용과 계층 관계를 도출해 내도록(즉, 참여자가 그 내용을 포함하고 있다는 것을 알도록) 다음과 같이 유도했다. "이제 당신을 매우 큰 존재로, 오늘날까지 살아오면서 가져왔던 모든 생각, 모든 감각, 모든 느낌, 모든 기억을 전부 다 담아낼 수 있을 정도로 큰 존재라고 상상해 보세요. 당신의 생각들과 느낌들이 당신 몸에 있는 점이나 주근깨와 같다고 상상해 보세요. 우리는 모두 점이나 주근깨가 있고, 그것들을 몸에 지닌 채 우리가 원하는 어디로든 걸어갈 수 있습니다." 이 연구에서는 두 가지 중재 모두 괴로움을 감소시켰지만, 계층-근거 중재가 괴로움 감소에 더욱 효과적이라는 결과를 보여 주었다. 이는 서로 다른 관계 구성이 각자 다른 기능적 결과를 가져올 수 있다는 점을 제시하고, 관계 구성 용어를 통한 심리 경험 분석의 유용성을 보여 주었다는 면에서 관계구성이론 전반에 중요한 결과였다. 무엇보다 심리적 유연성을 유도하는 데 계층 관계 구성의 유용함을 보여 주었다는 점이 더 구체적인 의미에서 중요한 부분이다.

'그릇으로서의 나' 과정을 키워가기 위해 이용할 수 있는 한 가지 연습으로 '관찰자 당신' 연습이 있다(Hayes et al., 2011, p. 236을 참조). 그림 7.1은 Hayes와 Smith(2005) 의 연습 일부를 각색한 양식으로, 치료자가 개별 내담자나 집단에 읽어주는 대본으로 되어 있다. 이 연습을 마친 내담자가 자신이 경험한 것에 대해 메모를 적고 나면, 치료자는 내담자에게 그가 '그때에는 거기'에 있었고 '지금은 여기'에 있다는 것을 알아차려 보도록 요청할 수 있다. 그다음 치료자는 내담자에게 연습하는 동안 알아차린 것들에 관해 물어볼 수 있다. 예컨대 내담자가 시간에 따라 변화한 자기의 측면들을 알아차렸는지, 항상 같은 상태로 머물렀던 측면들은 알아차렸는지 질문한다. 그런 다음 치료자는 시간의 흐름에도 안정적인 우리의 부분이 있다는 것을 강조한다. 이와 같은 연습은 안정적인 자기에 대한 안정적인 감각을 촉진하고, 자기의 일부이지만 자기를 정의하지는 않는 내용을 알아차리는 것을 가능케 한다. 이 '관찰자 자기'는 내담자의 자기 내용에 구애받지 않고 내담자가 가치 있게 여기는 방향으로 향할 수 있다. 중요하게 여기는 것에 따라 방향을 정하는 건강한 자기화의 이러한 측면은 지금부터 우리가 살펴볼 측면인 '유연한 나' 과정이다.

유연한 나 I as Flexible

'그릇으로서의 나' 과정에 따라 움직이는 것은 가치와 연결된 반응을 촉진한다. 내담자가 '다양한 나', '관점으로서의 나', '그릇으로의 나' 과정들의 본보기를 가지게 되고 여기에 따라 반응할 수 있게 되면, 내담자는 자기 내용 및 자신의 현재 과정에 의한 제한을 덜 받는 더욱 광범위한 자기에 대한 감각을 가지게 될 것이다. 그로써 내담자는 자신의 가치를 유연하게 추구하려 할 때, 자신의 행동에 대한 맥락 변수의 영향과 자신의 상황에 대한 자기 행동의 영향 모두를 더 잘 알아차릴 수 있게 될 것이다. 아래 이어지는 내용에서 내담자의 유연한 가치 지향적 행동을 촉진하기 위해 임상가가 이들 과정 각각을 격려하고 지지할 수 있는 방법에 대해 살펴볼 것이다.

맥락의 영향을 알아차리기 NOTICING THE IMPACT OF CONTEXT

임상가는 내담자의 행동에 영향을 주어 왔을 다양한 현재 및 과거의 요소들에 관해 관찰하고 질문함으로써, 내담자의 행동에 대한 맥락의 영향을 내담자가 의식할 수 있도록 도울 수 있다.

- 당신의 역사를 생각해 보았을 때, 당신이 그런 선택을 했다는 건 놀라운 일은 아니네요.
- 당신이 그런 식으로 행동하도록 이끌어갔을지도 모를, 그날을 특징지을 만한 것들에 대해 떠올려 볼 수 있을까요?
- 지금, 이 순간 당신이 저라면, 이 상황을 어떻게 보시겠어요?
- 당신의 역사를 고려해 본다면, 이 상황은 달리 어떻게 될 수 있었을까요?

아래에 이어지는 내용은 내담자가 자신의 행동에 대한 맥락의 영향을 알아차리도록 임상가가 도울 수 있는 방법에 대한 한 가지 예시이다. 이를 알아차리면 내담자는 자신을 앞으로 나아가게 하는 데 도움이 되지 않거나 유용하지 않은 방식으로 자신의 상황에 대한 모든 책임을 질 필요는 없다는 것을 알게 될 수 있다.

내담자 전 금연에 실패했어요. 지난주에 약속했던 금연 날짜를 지키지 못했어요. 그날이 되었을 때 완전히 잊어버렸어요. 저는 일 망치기 선수예요.

임상가 무슨 일이 일어난 거라고 생각하나요?

내담자 그냥 잊어버렸어요. 정말 바빴거든요. 제가 금연하기로 한 그날, 종일 회의가 있었고, 그리곤 잊어버렸어요.

임상가 이해해요. 그렇다면 정말 바쁠 때는 일들을 깜빡하곤 하는군요?

내담자 네. 정말 바쁠 때는 할 일들을 잊어버려요. 그냥 깜빡해 버리는 거죠. 제가 금연하기로 한 날에 끊는 데 실패하고 나니까, 이게 아무 소용없는 일처럼 보였어요. 마치 제가 이 습관을 버릴 만큼 결코 강해지지 못할 거란 걸 알게 된 것 같았거든요.

임상가 당신이 바쁠 때, 당신이 할 일들을 기억할 수 있도록 도와줄 수 있는 것들이 무엇이 있을까요?

내담자 잘 모르겠어요.

임상가 당신이 바쁠 때, 당신이 할 일들을 기억하는 데 도움이 되지 *않는* 것들은 무엇이 있을까요?

내담자	해야 할 일들을 다이어리에 써 두지 않는 것? 맞아요. 저는 금연하는 날을 떠올릴 수 있도록 다이어리에 적어둘 수 있었어요. 실은 담배를 피우기 전에 먼저 볼 수 있도록 옷장 문에 메모를 붙여 놓을 수도 있었어요.
임상가	붙여 놓은 메모를 본다면 무엇을 할 수 있을까요?
내담자	금연한다는 걸 기억할 수 있을 거예요. 여전히 힘들기는 할 거예요. 하지만, 솔직히 말해서, 담배 피우는 것도 힘들기는 마찬가지예요. 제가 담배를 피운다는 게 지긋지긋해요. 사실 밖에 나갈 때마다 창피해요. 제가 나약하게 느껴져요.
임상가	자신이 나약하다고 자책하는 게 당신이 바쁠 때 할 일들을 기억하는 데 도움이 되나요?
내담자	아니요. 실은 그건 제가 더 집중하지 못하게 만들어요.
임상가	네. 저도 그럴 것 같다는 생각이 드네요.
내담자	어떤 면에서는 상황이 닥쳤을 때 성공할 기회를 더 높이기 위해 제 환경을 제가 정리할 수 있네요. 지금 보니 제가 리마인더를 사용하지 않고 있었다는 게 이상하게 보여요.
임상가	약간 어떻게 보면 진짜로 성공하려 하지는 않았던 것 같기도 하네요. 그리고는 성공하지 못했다고 스스로를 힘들게 하고 있었고요!
내담자	그러네요! (웃음)

이 예시에서, 처음에 내담자는 가치와 일치하는 행동을 하지 못한 것에 대해 자신이 실패자이며 나약하다고 보고했다. 그러나 자신의 행동에 대한 맥락 변수의 영향을 알아차려 보도록 촉진된 다음, 내담자는 매우 심하게 바빴던 상황과 리마인더의 부재 같은 환경으로부터 자신의 행동이 영향받았다는 사실을 볼 수 있게 되었다.

행동의 영향을 알아차리기 NOTICING THE IMPACT OF BEHAVIOR

임상가는 또한 내담자가 맥락 변수에 대한 자기 행동의 영향을 변별할 수 있도록 도와야 한다. "이런 이해를 통해, 당신에게 중요한 것과 일치하는 무엇을 해 볼 수 있을까요?" 아울러 임상가는 내담자가 자기 행동의 영향을 좀 더 직접적으로 변별할 수 있도록 도와야 한다. "당신이 공부하는 게 당신의 성적이나 부모님과의 관계에 어떻게 영향을 주나요?" 다음은 내담자가 자기 행동의 영향을 알아차리며 자신이 경험하는 결과들을 변화시키는 방식으로 반응할 수 있다는 것을 알도록 임상가가 도울 수 있는 한 가지 예시이다.

내담자 제가 정말 바라는 건 여자 친구를 만나는 거예요. 여자 친구가 있으면 정말 제 사회생활과 삶의 질이 향상될 것 같지만, 잘 풀리지 않았죠. 거기에 대해 제가 할 수 있는 게 별로 없어요.

임상가 치료에 온 다음부터 어떤 것들이 변했나요?

내담자 솔직히 말하자면, 그다지 변한 게 없어요. 사실.

임상가 몇 주 전에 처음 오셨을 때가 기억나네요. 당신이 연애하는 걸 바랄 리가 없다고 이야기하셨죠. 그렇게 하려고 애를 쓸 생각도 없다고 하셨고요.

내담자 그랬죠. 그리고 제가 맞았다고 생각해요. 선생님도 아시다시피, 저는 또다시 거의 같은 상황에 있으니까요.

임상가 새로운 관계를 시작하기 위해 해 본 것들은 무엇이 있지요?

내담자 글쎄요. 데이트 웹사이트에 가입했고, 몇 번 매칭이 되어서 거기에 나갔죠. 하지만 현재로서는 계속 원점이에요. 아무런 성과도 없어요.

임상가 그 웹사이트에 가입하기 전에 당신에게는 무슨 일이 일어나고 있었나요? 혹은 데이트를 나가기 전에는 어땠지요? 그때는 지금과 무엇이 달랐나요?

내담자 제 생각에 그때는 정말 혼자서만 지냈던 것 같아요. 더 소외되어 있었죠. 그때보다는 지금이 더 활동적인 것처럼 보이지만, 여전히 제자리걸음이에요. 전에는 가만히 서 있는 것 같았다면, 지금은 다람쥐 쳇바퀴 위에 있는 것 같아요. 여전히 같은 자리에 있는 거죠.

임상가 같은 자리지만, 쳇바퀴 위에 있는 거고요?

내담자 네.

임상가 더 활동적이 되었다는 게 당신에게 의미가 있을까요?

내담자 그럼요, 그렇죠. 집 밖으로 나가고 좀 더 외향적으로 되는 게 제게 중요하니까요.

임상가 그렇다면 어떤 의미에서는, 다람쥐 쳇바퀴 위에 있는 게 가만히 서 있는 것보다는 더 나은 위치에 있는 게 아닐까요? 당신에게 중요한 무언가에서 변화가 일어나고 있는 거죠?

내담자 그러네요. 삶 속으로 더 들어가는 게 치료에 오게 된 가장 중요한 동기였으니까요.

이 예시에서는 내담자의 행동이 맥락 변수들에 주는 영향으로 내담자의 주의가 향하도록 임상가가 도울 수 있는 방법을 보여 준다. 이 사례에서 임상가는 치료를 시작한 이후로 내담자의 상황이 가치 있는 방향으로 실제로 변화해왔다는 것을 내담자가 알 수 있도록 이끈다. 비록 내담자가 희망하는 만큼보다는 느리지만, 그의 행동에서 일어난 변화는 바라던 결과들을 이끌어내고 있으며, 그런 의미에서 내담자의 반응은 작동하고 있다.

자기화 문제 평가하기
Assessing for Selfing Problems

이번 장의 목표는 기능적 접근을 이용한 자기화 문제 평가를 살펴보는 것이다. 기능 평가의 기본 개념은 행동이 특정 맥락에서 목적(기능)을 수행한다는 것과 어떤 맥락 변수(선행 사건 및 결과)들이 행동에 영향을 주는지를 고려하면 개인의 행동을 실용적으로 이해할 수 있다는 것이다. 비록 자기화의 다른 많은 행동 양식보다 더욱 복잡하다는 것은 부정할 수 없는 사실이지만, 다양한 자기화 양식 또한 이러한 개념으로 접근할 수 있으며, 특히 효과적인 중재를 잠재적으로 제공한다는 관점으로 문제가 되는 자기화 양식을 확인할 수 있다. 자기화 자체에 대한 평가나 치료에 임상가와 의료진이 어느 정도 초점을 맞출지는 주요한 임상 목표 중 하나이며, 이는 내담자의 상황에 따라 달라질 것이다. 일반적으로 자기화 작업은 여러 치료 접근 중 한 가지 측면일 뿐이지만, 우리는 이 책의 주제를 고려하여 자기화 문제의 평가에 초점을 맞출 것이다.

인간 행동에 대한 기능 평가 Functional Assessment of Human Behavior

자기화에 대한 기능 평가를 특정하여 살펴보기 전에 우리는 더 광범위한 인간 행동에 대한 기능 평가를 간단하게나마 다루고자 한다. 모든 행동은 맥락으로부터 영향을 받는다. 아기의 울음에 영향을 주는 맥락 변수(선행 사건과 결과)들을 예로 들어 보자. 아기가 울음을 터뜨릴 가능성은 음식을 주지 않는 선행 사건과 음식을 제공받는 결과 모두에서 영향을 받을 것이다. 이는 환경 변수가 행동에 영향을 주는 방식에 대한 분명한 예시이다. 그러나 이는 또한 특별히 단순한 예시이기도 하며, 이를 단순하게 만드는 주된 요인은 예시 속 아기가 비언어적 상태라는 것이다. 아기가 아동이 되어 관계 구성 능력을 발달시키기 시작하면 상황은 훨씬 더 복잡해질 것이다.

5세 아동의 우는 행동을 고려해 보자. 이 아동의 넘어진 다음 우는 행동을 예로 들자면, 부모의 동정이나 관심이 이런 행동 패턴을 유지하거나 강화할 경우 이 행동은 여전히 비교적 단순한 조작자로 볼 수 있다. 그러나 관계 구성을 통한 기능의 변형으로 인한 결과로 상황은 훨씬 더 복잡해질 것이다. 이제 이 조작의 세 가지 모든 측면, 즉 선행 사건, 행동, 결과(ABC)의 기능이 변형될 수 있다. 예컨대 아동이 만약 형이 건 발에 넘어졌던 거라면 형을 비난하고 미워하게 되는 반면, 다른 사람의 개입 없이 혼자 넘어졌고 이 때 특히 발을 삐끗했던 다른 경우들을 떠올릴 수 있다면 아동 자신에게 서투르다는 꼬리표를 붙이게 될지도 모른다. 아동의 넘어짐에 대한 반응이 우연히 그 자리에 있던 누군가, 예를 들어 친구의 연민이라면 아동은 상대를 친절하고 배려심 많은 사람으로 여길 것이다. 반면 친구가 반응을 보이지 않거나 비웃는다면 아동은 상대를 불친절하고 잔인한 사람으로 판단할지도 모른다. 이러한 명명은 상황에 대한 아동의 감정 반응 또한 변화시킬 수 있는데, 첫 번째 경우에는 친구에 대한 애정이 커질 수 있고, 두 번째 경우에는 분노의 감정이 고조될 수 있다. 다른 사람의 반응 또한 행동 자체의 기능을 변형시킬 수 있다. 예를 들어 부모가 아동에게 다 큰 아이는 울지 않는다고 말했다면, 아동은 울었던 것에 부끄러움을 경험하고 다음번에 넘어질 때는 울지 않으려 애쓰게 될지도 모른다. 이와 비슷한 반응이 일어날 수 있는 다른 경우로는 아동이 넘어지자 친구가 비웃어버린 상황을 들 수 있을 것이다.

이렇듯 행동 자체의 기능과 행동이 일어나는 맥락의 기능 두 가지 모두 관계 구성하기를 통해 상당히 조정된다. 그뿐만 아니라 핵심 주제와 특별히 관련하여, 이와 같은 어떠한 관계 구성하기도 아동의 발달하는 자기 개념에 기여할 수 있다. 앞선 예에서 만약 아동이 가상의 양육 개입에 근거하여 자기 평가를 도출한다면, 아동의 경험은 아동 자신을 미숙하고, 약하고, 감정적으로 지각하도록 유도할 수 있다. 관계 구성하기의 영향은 이 예에서 분명하게 확인되는데, 이는 언어 레퍼토리 발달이 아직 초기 단계에 있는 인간 행동과 관련된다. 복잡한 자기화 레퍼토리를 가진 언어적으로 정교한 성인의 경우, 행동과 맥락의 측면은 관계 구성하기를 통해 더 복잡하고, 미묘하고, (적어도 일부 측면에서는) 광범위한 기능의 변형을 겪을 가능성이 크다. 따라서 기능 평가는 일반 성인 내담자와 작업하는 임상가에게는 비교적 더 복잡해질 수 있다.

그럼에도 불구하고, 치료자가 할 일은 그런 잠재적으로 복잡한 행동에 대한 기능 평가를 제공하는 것이다. 성인 내담자의 임상 상황에서의 한 가지 예시를 살펴보도록 하자. 내담자 프레드는 친밀함과 관련된 어려움을 겪고 있다. 그는 관계가 어떤 수준에 이르면 태도를 모호하게 하고, 교제 중이던 사람에게 연락하지 않으며, 관계로부터 빠져나갈 길을 찾는다. 이는 일반적으로 부적절하다는 꼬리표가 붙여질 수 있는 행동이다. 하지만 이는 목적을 달성한다. 프레드는 이 행동을 통해 관계에서 지나치게 친밀해지는 것을 피할 수 있다. 그가 자신의 행동이 어떻게 기능하는지 알아차리지 못하고 있더라도, 그의 행동은 친밀함의 회피를 달성하는 데 효과적이다. 앞서 언급하였듯이 기능 평가의 핵심 부분은 내담자의 인생에서 특정 행동 유형들의 선행 사건과 결과를 확인하는 것이다. 그러나 언어적으로 정교한 자기화 레퍼토리를 가진 개인에게는, 앞선 예시 속 비언어적인 아기에서 가능해 보이는 시간적으로 행동에 근접하며 각각 구별되는 선행 사건과 결과에 대한 단순한 확인보다 상황이 더욱 복잡해진다. 또 다른 예로, 7장 도입부에서 다루었던 짐의 경우를 생각해 보자. 첫 번째 시나리오에서 짐의 최근 실직은 그가 자신을 어떻게 보는지에 대해 그리고 자신이 해 오던 자기 평가에 대해 각기 다른 많은 방식으로 자신에게 부정적인 영향을 미쳤다. 이러한 견해와 평가들은 관계 구성을 통한 기능의 변형으로 인한 결과이다. 자신이 직장을 잃은 지금, 자신이 누구인지에 대한 짐의 관계 구성은 언어적 선행 사건(실패자라는 생각)과 회피와 같은 행동을 유지시키는 결과(다른 사람들의 평가로부터 일시적으로 안전하다는 느낌)를 포함한다. 표 8.1은 짐과 프레드 두 사람의 ABC를 요약한 내용이다.

표 8.1 '두 가지 회피 행동에 대한 선행 사건, 행동, 결과

내담자	선행 사건	행동	결과
짐	실직(실패자가 되었다는 생각과 함께)	집에 머무르며 밖에 나가지 않기	예상되는 다른 이들의 판단으로부터 일시적으로 안전하다고 느낌
프레드	더욱 진지해지기 시작한 새로운 관계	교제하던 사람과 연락 끊기	친밀감 회피

자기화의 기능 평가는 단순한 작업이 아니다. 언어적 인간은 상당히 복잡하고 시간적

으로 확장된 행동 양식(가치 등)을 촉진하는 비교적 복잡한 언어를 사용하기 때문이다. 더욱이 자기화 행동은 생각, 느낌, 감정을 비롯한 상당한 정도의 사적 행동을 포함하며 이로부터 영향을 받는데, 이는 자기화의 평가에서 사적 행동의 평가가 매우 중요하다는 것을 의미한다. 대부분의 경우 사적 행동은 임상가에 의해 직접 관찰될 수 없으며, 이는 당연하게도 일부 상황에서는 기대되는 정도보다 덜 직접적으로 행동에 영향을 주게 된다는 것을 의미한다. 그러나 동시에 사적 행동은 여전히 기능적으로 평가될 수 있고, 이를 평가하기 위해 이용되는 방법은 행동의 예측과 영향에 대한 기초를 제공해 줄 수 있다. 그럼에도 불구하고 자기화와 같은 언어 행동에 대한 기능 평가는 언어 행동이 복잡할 뿐만 아니라 임상가가 선호하는 것보다 종종 덜 직접적으로 영향을 받기에 도전적인 작업이 된다.

자기화의 평가 Assessment of Selfing

이 책의 후반부에서는 자기화에 대한 맥락행동과학적 설명, 즉 어디에서 어떻게 자기화 문제가 나타나는지 파악하고 문제가 발생했을 때 이를 교정할 방안을 제공했다. 7장에서는 건강한 자기화에 대해 과정으로서의 자기화와 맥락으로서의 자기화 두 가지에 대한 꾸준한 연습, 내용으로서의 자기와 관련된 경직된 관계 구성의 최소화 촉진, 가치와 일치하는 행동의 최대화로 설명한 바 있다. 이와는 대조적으로 건강하지 않은 자기화는 자기에 관한 경직된 관계 구성으로, 내담자가 자신의 현재 경험과 접촉하지 못하게 하며 자신의 가치 실현에 도움이 되지 않는 경향이 있다고 언급하였다.

자기화 문제에 대한 평가는 다음과 같은 4가지 영역을 검토해야 한다.

1. 내담자가 자신의 진행 중인 경험들을 언어적으로 변별할 수 있는지(과정으로서의 자기, 4장과 5장 참조)
2. 내담자가 유창한 직시적 관계 반응 목록을 가지고 있는지(4장 참조)
3. 내담자가 가지고 있는 내용으로서의 자기 문제는 무엇인지(6장 참조)
4. 내담자가 자기에 대한 맥락적 감각 contextual sense of self을 가지고 있는지(7장 참조)

각 영역을 검토하는 방법으로, 내담자의 자기화 문제를 평가할 필요가 있을 때 임상가는 다음과 같은 기본적인 3가지 자원을 사용할 수 있다.

1. 내담자는 이미 내려진 공식적인 진단을 가지고 방문할 수 있다. 분류된 특정 질환(성격 장애나 우울증 같은)에 대한 여러 진단 기준은 자기화 레퍼토리(자기에 대한 과대한 감각, 낮은 자기 가치 등)와 명백하게 연관되어 있다. 따라서 내담자의 공식 진단은 평가 대상이 될 잠재적 자기화 문제를 시사한다.

2. 내담자의 자기화를 평가하는 특정 측정법들을 이용할 수 있다.

3. 내담자의 회기 내 행동을 관찰하거나, 내담자의 자기 보고를 이용할 수 있다.

이어지는 부분에서 이들 자원에 대해 하나씩 차례로 살펴볼 것이다.

진단적 고려 사항 Diagnostic Considerations

임상 상황과 일차 의료 상황에서, 임상가에게 오는 많은 의뢰는 이전에 내려진 공식적인 진단과 함께 오기도 하고, 적어도 일부 경우에는 임상가 본인이 공식적으로 진단을 내리기도 한다. 분류적 진단이 맥락 행동 임상가의 일차적인 관심사는 아니지만, 진단적 분류가 임상가가 평가하고 싶어 하는 자기화 문제의 유형에 관한 정보 일부를 제공해줄 수 있다. 비록 맥락행동과학이 분류적 진단 그 자체에는 관심을 두지 않을지라도, 동일한 자기화 문제가 특정 질환의 진단 중심에 있을 때는 감별 진단이 한 가지 또는 그 이상의 자기화 문제에 대한 숙고를 촉진할 수 있다. 예를 들어 자폐 스펙트럼 장애의 진단 기준의 하나는 사회적 의사소통의 결여이다(America Psychiatric Association, 2013). 직시적 관계 구성이 이 집단에서 더 취약하다는 것이 입증되었고(Rehfeldt et al., 2007), 따라서 직시적 관계 반응의 유창성에 대한 평가가 이 집단에서 신중히 고려되어야 할 것이다. 자기애적 성격 장애로 진단된 사람들에게서 종종 확인되는 한 가지 특징은 자기에 대한 과대한 감각인데, 이는 맥락행동과학 관점으로 보았을 때 자신에 대한 긍정적인 관계 구성을 경직되게 하는 것으로 볼 수 있다(Almada, 2016). 우울증의 특징인 낮은 자기 가치는 자기에 대해 부정적으로 관계 구성을 하는 것으로 개념화할 수 있을 것이다(Zettle, 2007). 따라서 자기화 문제를 평가할 때 내담자의 기존 진단을 고려하는 것이 유용할 수 있다. 특정 진단에 관련하여 기능적으로 정의된 과정에 대한 맥락행동과학 기반 분석으로 무장한다면, 머지않아 임상가는 문제들을 더 쉽게 효과적으로 확인하고 다룰 수 있을 것이다.

자기화 평가 도구 Selfing Assessment Tools

여기에서 우리는 자기화 문제의 평가에 쓸 수 있는 몇 가지 기존 측정 방법을 강조하고자 한다. 이러한 측정 방법들은 자기화 관련 중재의 필요성이나 성공 여부를 알기 위해, 중재 전후와 중재 도중 내담자의 자기화 행동을 평가하기 위해 이용할 수 있다.

- 관계구성이론 관점 취하기 프로토콜 The RFT Perspective Taking Protocol (McHugh, Barnes-Holmes, & Barnes-Holmes, 2004)
- 직시적 관계 과제 The Deictic Relational Task (Vilardaga, Estevez, Levin, & Hayes, 2012)
- 맥락으로서의 자기 척도 The Self-as-Context Scale (Grid, Zettle, Webster, & Hardage-Bundy, 2012)
- 자기 경험 질문지 The Self Experience Questionnaire (Yu, McCracken, & Norton, 2016)
- 3차원 리노 자기 관점 목록 The 3-Dimensional Reno Inventory of Self Perspective (Jeffcoat, 2015)
- 자기 경험 척도 The Experience of Self Scale (Kanter, Parker, & kohlenberg, 2001)
- 기능적 자기변별 측정 인터뷰 The Functional Self-Discrimination Measure and Interview (Styles & Atkins, 2018)

표 8.2에서 측정 방법에 대한 요약을 제시한다. 이들 방법 모두가 명백한 맥락행동과학적 방법인 것은 아니라는 점을 주의하라. 실제로 이 도구들 중 원래 의도한 목적은 기능분석이 아닌 것들도 있다. 그러나 그럼에도 불구하고 이 도구들은 유용하다. 정확하게만 해석된다면 이 도구들을 통해 잠재적으로 중요한 자기화 지표를 구성하고, 내담자가 첫 회기에 치료에 가져오는 자기화 문제에 관한 중요한 정보를 얻을 수 있기 때문이다.

표 8.2 맥락행동과학적 자기화 측정 방법

측정 방법 및 출처	측정 방법에 대한 설명 및 측정되는 자기화의 측면	측정 대상
관계구성이론 관점 취하기 프로토콜(RFT PT) McHugh, Barnes-Holmes, & Barnes-Holmes (2004)	직시적 관계 유형(나-너, 여기-거기, 지금-그때) 및 관계 복잡성의 수준(단순 역전, 이중 역전)을 측정	3세 이상 아동과 성인 자폐스펙트럼 장애 아동 조현병 환자 무쾌감증 내담자 다운증후군 내담자
직시적 관계 과제(DRT) Vilardaga, Estevez, Levin, & Hayes (2012)	직시적 관계(RFT PT에서처럼)를 측정하나, 그러나 나-너 관계 반응이 아닌 너-나 관계 반응을 검사함	성인
맥락으로서의 자기 척도(SACS) Grid, Zettle, Webster, & Hardage-Bundy (2012)	맥락으로서의 자기를 측정	성인

자기 경험 질문지(SEQ) Yu, McCracken, & Norton (2016)	맥락행동과학의 3가지 자기 모델에 근거함. 3가지 모든 자기화 차원을 반영하지는 않으나(즉, 자기로의 자기는 측정하지 않음), 내용-기반 자기와 맥락적 자기를 분명하게 변별함	만성 통증을 가진 성인
3차원 리노 자기 관점 목록(3D-RISP) Jeffcoat (2015)	자기 내용과의 융합, 중심화된 자기 관점 취하기 능력(과정으로서의 자기), 그 관점의 초월적 본질에 대한 언어적 인식(맥락으로서의 자기)을 측정	대학생 성인 청소년
자기 경험 척도(EOSS) Kanter, Parker, & Kohlenberg (2001)	기능분석정신치료 기반. 자기 경험에 대한 공개적, 사적 조절 정도를 측정	성인 대학생 경계성 성격 장애 내담자
기능적 자기변별 측정 인터뷰(FSDM-FSDI) Styles & Atkins (2018)	질적 측정. 인터뷰 대상자의 경험 및 자신에 대한 관점을 취하는 방식에 대한 반응의 기능적 단위를 분류	성인

관찰 및 내담자 자기 보고 Observations and Client Self-Reports

비록 임상가가 물어봐야 할 질문들을 알고 있더라도, 답하는 이는 자신의 경험을 끌어내는 내담자 자신이다(Vilatte et al., 2016). 관계를 유도하는 능력을 통해 중재 회기 밖에서 일어나는 일을 회기 안으로 가져올 수 있다. 치료 과정을 내담자 자신의 경험에 연결하는 평가는 세 가지 자료를 통해 얻을 수 있다.

1. 내담자 자기 보고
2. 경험적으로 유도된 내담자 보고
3. 내담자-임상가 상호 작용

내담자 자기 보고는 내담자가 치료에 가지고 오는 내용 및 당면한 문제로 보고하는 내용이 있다(예를 들어, '저는 매우 자기 비판적이에요'). 경험적으로 유도된 보고는 치료자 주도의 질문과 연습의 결과이다. 예를 들어 치료자는 '당신의 마음이 당신을 비난하고 있을 때 제가 당신 마음속 소리를 들을 수 있다면, 제가 들을 수 있는 당신 마음이 당신에 대해 말하는 내용 중 가장 못된 건 무엇일까요?'와 같은 간단한 질문을 할 수 있다. 내담자-임상가 상호 작용 또한 자기화 문제에 대한 중요한 정보를 제공한다. 즉, 내담자가 임상가와 상호 작용하는 방식은 내담자의 사회적 상호 작용에 대한 예시를 제공한다. 이장 시작 부분에서 언급되었듯이, 임상가는 유용한 중재 계획을 선택하기 위해 내담자의 자기화 레퍼토리를 평가하고자 한다.

무엇을 평가할 것인가 What to Assess For

우리는 건강한 자기화에 중요한 여러 레퍼토리, 즉 현재 진행 중인 경험을 언어적으로 정확히 변별할 수 있는 능력인 *과정으로서의 자기*, *직시적 관계 구성(4장)*, *내용으로서의 자기 문제(6장)*, *자기에 대한 맥락적 감각(5장과 7장)*을 살펴보았다. 자기화 문제를 평가하는 임상가는 이러한 레퍼토리 각각을 고려할 수 있기를 바랄 것이다.

진행 중인 경험의 언어적 변별: 과정으로서의 자기
Verbal Discrimination of Ongoing Experiences: Self-as-Process

*과정으로서의 자기*라고도 불리는 진행 중인 경험(생각, 느낌, 감각 등)에 대한 언어적

변별은 우리의 자기에 대한 감각에 대단히 중요하다. 임상가는 내담자가 자신의 내적 경험을 변별할 수 있는지 평가해야 하고, 이 레퍼토리에 어떤 제한이나 왜곡이 있는지 살펴야 한다. 예를 들어 내담자가 자신의 경험이 무엇인지 확인하는 것을 힘들어한다면, 임상가는 내담자가 내적 경험을 변별하는 힘이 약하다는 것을 발견한 것이다. 여기에 이러한 내담자와 치료자 간 대화의 예시가 있다.

치료자   저는 당신이 오늘 산만해 보인다는 걸 알아차렸습니다. 지금 무엇을 느끼고 있나요?

내담자   아무것도 안 느껴지는데요.

치료자   당신은 종종 아무것도 못 느끼나요?

내담자   거기에 대해 별로 생각하지 않아요.

치료자   무언가를 느꼈다고 기억하는 마지막 때가 언제인가요?

내담자   몇 주 전에 남동생에게 정말로 화가 났었어요.

이러한 결핍은 발달되지 않은 또는 단지 부분적으로만 발달된 레퍼토리(어린 아동이나 발달 지연 성인에게서 볼 수 있음)의 결과이거나, 특정 내적 경험에 대한 왜곡된 학습(예를 들어, 어린 시절 불안은 나약하다는 이야기를 반복적으로 들었던 경우) 또는 대응 전략으로서 내적 경험에 대한 학습된 회피의 결과일 수도 있다.

진행 중인 경험을 변별하는(과정으로서의 자기) 능력의 향상을 추적할 때, 회기 내 각 순간들로 평가하거나 치료실 밖 내담자의 상호 작용에 대한 보고를 통해 평가할 수 있다. 회기 내 내담자의 진행 중인 경험에 대한 변별의 개선 여부는 내담자가 이전에는 부정확하거나 명명하지 못하던 내적 경험에 대해 정확하게 지칭 언어 행동을 할 때 분명해질 것이다. 예를 들어 임상가의 초기 질문('지금 무엇을 느끼나요?')에 내담자는 '모르겠는데요', '아무것도 없어요', '나빠요' 같은 반응을 했을 수 있다. 회기가 진행되며 진행 중인 경험에 대한 변별이 더 정확해지면서, 내담자는 자신이 경험하고 있는 어떤 느낌이나 감각을 식별하기 시작하게 된다('제 심장이 빠르게 뛰고 있어요, 그리고 불안의 파도가 밀려오고 있어요'). 또 다른 회기 내 지표는 예전에는 속도를 늦추며 현재의 경험들을 확인하는 경험적인 연습(마음챙김 연습 같은)을 불편해하던 내담자가, 그런 연습을 할 때 더 적은 저항을 보이게 되는 것이다. 지표는 치료실 밖 사건으로부터 내담자에 의해 보고될 수도 있는데, 내담자가 예전에는 식별하지 않았던 감정을 적절한 상황에서 식별하게 되는 경우와 같다. 예컨대 예전에는 삶 속 중요한 상황에서 아무것도 느끼지 않는 다고 말했던 내담자가 느낌에 대해 다음과 같이 보고하기 시작할 수 있다. "첫 번째 만남에서는 정말 아무것도 느끼지 못한다고 생각했었어요. 그런데 이번 주에 첫 번째 데이트에 나갔을 때, 제가 뭔가 바보 같은 말을 할 때 정말 당황스러워한다는 것을 알아차렸어요." 진행 중인 경험에 대한 정확한 변별을 평가하고 관찰하는 작업은 중재 과정 전반에서 수행할 수 있다. 자기변별에서의 변화를 추적한다면 임상가는 자기변별 문제의 지속 여부와 치료 계획의 진전 여부를 결정할 수 있을 것이다.

직시적 관계 반응 레퍼토리 Deictic Relational Responding Repertoire

내담자의 직시적 관계 반응 레퍼토리에 대한 기능 평가는 대인 관계(*나-너*), 공간(*여기-거기*), 시간(*지금-그때*) 관계 구성에 걸친 반응에 대한 검사로 진행된다. 이들 레퍼토리는 매우 어리거나 발달 지연이 있는 내담자들을 제외하면, 결핍되어 있기보다는 연습 부족일 가능성이 더 크다. 이 경우 임상가가 레퍼토리를 평가할 수 있는 한 가지 방법은 Mchugh et al.(2004; 표 8.2 참조)가 개발한 직시적 관계 프로토콜을 이용하는 것이다. 이 검사는 내담자의 나이나 언어 기술에 따라 다양하게 진행한다. 이 목록이 결핍되기보다 단순히 연습이 덜 된 경우, 임상가는 다음과 같이 다른 사람의 관점 취하기와 연관된 질문을 던짐으로써 유창성에 대해서 평가할 수 있다. "당신이 만약 당신의 아버지라면, 어떻게 생각하시겠어요?" 임상가는 또한 다음과 같이 직시적 관계를 통해 감정 기능의 변형(즉, 공감)에 대해 평가할 수도 있다. "당신이 만약 당신의 남편이고, 이 외도에 대해 막 알게 되었다면, 어떻게 느낄 것 같은가요?"

특정 주제, 상황, 사람에 대한 내담자의 관점 취하기 능력은 다른 맥락에서보다 더 나쁠 수 있지만, 이것이 내담자의 관점 취하기 레퍼토리 자체가 결핍되었다는 것을 의미하지는 않는다. 실제로 이는 회피 증상과 더 관련될 수 있다(다시 말해, 내담자가 이러한 특정 맥락에서 관점 취하기를 내켜 하지 않음). 이 경우, 직시적 관계에 걸친 기능의 유도와 변형이 일어나지 않을 수 있으며, 이는 아마도 내적 경험에 관한 회피의 결과일 것이다. 예를 들어 어려서 아버지에게 버림받은 남성은 떠날 당시 아버지의 관점을 취하는 것을 원치 않을 수 있다. 사실 이것은 자신의 고통을 위협하거나 수인하지 않는 것으로 느껴질 수 있다. 이 경우에서 관점 취하기가 유용하다고 여겨진다면(예를 들어 이 특정 사례에서 아버지를 용서하는 것이 내담자를 가치 있는 방향으로 움직이도록 도울 수 있다고 여겨진다면), 중재의 목표는 직시적 관계의 유창성보다는 내적 사건을 기꺼이 경험하려는 수용이 될 것이다. 물론 잠재적 이득이 내담자에게 분명해야 하고, 치료에 대한 내담자의 목적과 명백하게 연결되어 있어야 한다.

직시적 관계 반응의 개선을 추적하는 경우, 이 레퍼토리는 앞서 언급했던 것처럼 결핍되어 있기보다는 덜 연습되어 있을 가능성이 크다. 처음부터 직시적 관계 반응이 결핍되었던 경우(발달 지연에서처럼), 개선에 대한 확인은 임상가가 내담자의 직시적 관계 반응에 대한 유창한 레퍼토리 기술 및 다양한 수준의 복잡성에 걸친 *나-너, 여기-거기, 지금-그때*의 관계 유형과 관련된 질문에 반응하는 능력을 추적하는 것으로 진행된다. 자기화 문제를 확인하려는 임상가는 다음과 같은 직시적 질문을 던져 이 레퍼토리가 잘 자리 잡고 있는지 평가하고자 할 것이다. "만약 제가 당신이라면, 저는 지금 어디에 앉아 있을까요?"(매우 기초적인 것에서부터 좀 더 복잡한 일련의 관련 질문에 대해서는 표 4.1을 참조하라.) 레퍼토리가 어떤 맥락에서는 존재하는데 다른 맥락에서는 존재하지 않는다면, 이는 그 상황에 대한 회피를 나타내는 것일 수 있다(예컨대 내담자가 어떤 한 사람의 관점을 취하기 어려워하는 상황). 따라서 개선을 확인하는 방법은 직시적 관계 실패의 근원이 무엇인지에 따라 달라질 것이다. 즉, 원인이 기본 레퍼토리의 결핍인지, 연습의 부족(사회적 상호관계에서 즐거움을 얻지 못하는 사회적 무쾌감증의 경우 발생할 수 있음, Villatte et al., 2008을 참조)인지, 또는 특정 맥락(주제, 상황, 개인)의 특이성인지에 따라 달라진다. 예를 들어 어떤 내담자는 유창한 직시적 관계 반응 레퍼토리를 가지고 있고, 치료 환경이나 압박을 받지 않는 상황에서는 관점 취하기 연습에 쉽게 반응하지만, 화가 나거나 불안할 때 등에서는 관점을 취하지 못할 수 있다. 임상가는 관점 취하기에 대한 이러한 맥락-특이적 어려움과 이 어려움이 내담자의 삶에 어떻게 영향을 주는지에 대해 확인하고자 할 것이다. 맥락행동과학 관점에서, 관점 취하기 기술은 자기에 대한 건강한 감각의 기초이므로 효과적인 자기화 작업을 위해 잘 준비돼야 한다.

내용으로서의 자기 문제 Self-as-Content Issues

내용으로서의 자기 문제에 대한 평가는 내담자가 자신의 자기를 어떻게 개념화하는지 관찰하고, 내담자의 개념화 양식이 양호한지 아니면 의미 있는 삶을 사는 것을 방해하고 있는지 밝혀내는 과정이다. 이 목적을 위해서는 자기 내용과 관련된 경직성에 초점을 맞추는 것이 핵심이다.

자기 내용 문제에 대한 평가 ASSESSING FOR SELF CONTENT ISSUES

자기 내용은 내담자가 자신에 관해 가지고 있는 명칭, 평가, 서술을 포함한다. 6장에서 기술했듯이 자기 내용에 대해 우리가 어떻게 반응하는지가 중요하다. 해당 부분에서 다루었던 것처럼, 자기 내용에 대해 적어도 가끔은 *그때-거기*로 반응하는 관점을 취하는 대신 자기 내용이 *지금-여기*인 것처럼 지속적으로 반응한다면, 강력한 기능의 변형 양식이 수반되며 자신을 자기 내용과 동일시하게 되고, 이러한 동일시는 우리의 자기에 대한 감각을 제한하게 된다. 이것이 수용전념치료에서 융합이라 일컫는 것이다. 이전에 논의하였듯 언어 행동(일관성, 글자대로의 해석, 규칙 추종)과 아동의 사회 언어 훈련(부적절한 이상, 부정확한 규칙, 지나치게 단순한 명칭, 역할)의 몇 가지 특징이 이러한 양식에 영향을 주고 이를 악화시킬 수 있다. 임상가는 내담자에게 자기 내용을 넘어서는 자기화에 대한 감각을 확장시키는 영역에 대한 자기화 작업이 필요한지 결정하기 위해 자기 내용 문제를 평가하고자 할 것이다. 거의 모든 내담자에게 자기 내용 문제는 적어도 어느 정도로는 존재할 것이다. 자기 내용에 경직되게 집착하는 잠재적 문제를 임상가가 확인할 수 있는 특정 지표 중 일부에 대한 목록을 표 8.3에서 정리하였다.

내담자는 명칭, 역할, 평가, 서술(강사, 여성, 친절한, 보살피는, 공격적인)에 따라서 자신을 볼 수 있다. 회기 중 임상가는 자기 내용에 대한 경직된 집착을 평가할 수 있다. 이러한 평가는 내담자가 회기 중에 언급하는 '저는 내성적인 사람이에요', '저는 재수 없어요' 등 '나는 ……이다' 진술에 근거할 것이다.

표 8.3 자기 내용에 대한 경직된 집착에서의 평가 대상 예시

경직된 집착 맥락	평가 대상	내담자 진술 예시
자기 서술	'나는 ……이다' 진술	나는 친절하다. 나는 재수 없다.
자기 서술에 대한 정당화	'……때문에 나는 ……이다' 진술	나는 교육을 받은 적이 없기 때문에 실패자이다. 나는 내성적이기 때문에 지루한 사람이다.
자기 이야기의 일관성	자기 이야기를 정교화 함	나는 멍청하다. 나는 고등학교를 중퇴했다. 나는 3개월 이상 한 가지 일을 참고 해낸 적이 없다. 나는 종종 사람들이 무슨 이야기를 하는지 이해하지 못한다.

자기 규칙	'만약…… 그렇다면' 진술	만약 내가 결점이 있다면, 나는 사랑 받을 자격이 없다.
자기 내용	자기에 관한 이야기가 진실이라는 믿음, 이야기가 사실인 것처럼 방어함	하지만 나는 진짜 실패자다. 그것은 명백한 사실이다.

　게다가 때때로 내담자는 왜 특정 서술이 자신에게 해당되는지에 대해 다음과 같이 이유를 대기도 한다. "저는 내성적이기 때문에 지루한 사람이에요. 그리고 여기에 대해 제가 할 수 있는 것은 아무것도 없어요." 이 예에서 내담자는 내성적이라는 점을 자신이 재미없는 사람이라는 이유로 보고 있다. 이 진술은 그가 갇혀 있다는 것을 의미한다. 즉, 내담자는 자신이 내성적인 사람이라는 것을 바꿀 수 없고, 따라서 재미없는 사람이라는 내용에 갇혀 있다. 임상가는 또한 평가에서 내담자가 가지고 있는 자기 규칙을 평가하고 내담자가 이러한 자기 규칙들에 어떻게, 왜 반응하는지 알아내고자 할 것이다. 자기 규칙은 종종 회기 중에 내담자에 의해 다음과 같이 자발적으로 표현된다. "만약 제가 아버지를 짜증나게 한다면, 아버지는 저를 유언장에서 빼 버릴 거예요." 그러나 만약 자기 규칙이 자발적으로 표현되지 않는다면, 임상가는 내담자의 특정 행동에 대해 질문을 던질 수 있다. 예를 들어 치료 도중 어떤 시점에서 얼어붙어 이야기를 중단해 버린 내담자를 상상해 보자. 이때 치료자는 '굳어버린 채 이야기를 멈추기 전에 무엇을 생각하고 있었나요?'라고 물어볼 수 있다. 문제가 되는 행동의 선행 사건을 내담자가 확인할 수 있도록 돕는 것이다. 다른 방식으로, 임상가는 내담자가 자신의 행동에 대한 추정되는 결과를 진술하도록 다음과 같이 요청할 수도 있다. "만약 당신이 계속 이야기했다면 무슨 일이 일어났을까요?"

　주목해야 할 최종적으로 매우 중요한 한 가지는 지형(형태)과는 대조적인 기능의 중요성이다. 궁극적으로 치료자는 단순히 특정 유형의 내용 그 자체를 찾고 있는 것이 아니라, 그 내용에 대한 경직된 집착을 찾고 있는 것이다. 내용(서술, 자기 이야기, 규칙, 이유 등)에 대한 경직된 집착 양식을 확인하는 것이 자기 내용에 대한 대안적이고 더욱 건강한 반응 양식을 촉진하는 첫 번째 단계가 된다.

자기 내용 문제에서의 개선 확인 MONITORING IMPROVEMENT IN SELF CONTENT ISSUES

　내담자의 자기 내용 문제에서의 개선을 측정하기 위해 임상가는 내담자가 다른 관점들을 받아들이고, 새로운 생각들에 대해 호기심을 보이고, 이전에는 간과했을지 모를 행동의 장기 결과와 접촉하고, 선례를 따르는 데 정확성이 증가하며, 사회적 인정에 근거하기보다는 유용한 일관성(개인적인 가치와의 일관성 같은)에 근거해서 반응하는 양식을 찾아야 한다. 임상가는 내담자가 자신에 대해 가지고 있는 평가, 기술, 명칭에 관련하여 유연하게 반응할 수 있는 정도를 평가할 수도 있다. 또한, 이전에는 자신에게 제한을 가해 왔을 수 있는 자기 규칙들에 대해 내담자가 유연성을 보이는 정도를 관찰할 수도 있다. 예를 들어 내담자는 '내가 부자가 아니라면, 내 인생은 실패한 인생이야' 같은 이전에는 중요하게 지켜왔던 규칙에 대해, 해당 규칙의 옳음과 진실성 측면보다 의미 있는 삶을 사는 데 도움을 주는 여부 측면에서 평가할 수 있게 된다. 다음은 내담자가 다른 관점들을 취하기 시작하는 대화의 예시이다.

내담자 선생님도 아시다시피 제가 처음 여기에 왔을 때, 저는 제가 부자가 아니니까 실패자라고 믿었어요. 완전 100%로 믿었죠. 지난 몇 주 동안 저는 제 마음이 제게 말하는 것, 그리고 이것이 언제 제게 유용한지 살펴봐 왔어요. 이번 주에 제가 알아차린 한 가지는, 제가 저를 실패자라고 생각할 때, 이게 실은 제가 중요한 일들을 하는 걸 가로막는다는 거예요.

치료자 이번 주에 그게 당신을 가로막았나요?

내담자 네. 일요일 오후에 아들과 함께 있었는데, 아들이 저랑 밖에서 공놀이를 하고 싶어 했어요. 저는 실패자처럼 신세 한탄에 빠져 있었고, 아들에게 나가서 이웃집 아이랑 놀라고 했어요. 그때 깨달았어요. 아들을 밖에 내보내고 아들과 같이 시간을 보내지 않는 게 바로 저를 실패자로 만든다는 걸. 저는 제 아들을 사랑하고, 좋은 아버지가 되기를 바라니까요.

내담자의 자기 내용 문제에 대한 개선을 추적하여, 임상가는 내담자가 아직 자기 내용에 경직된 상태로 집착하는지, 또는 자신을 건강하지 못한 행동 양식에 묶어 두었던 자신에 대한 명칭, 규칙, 이유에 대해 유연성을 가지고 있는지 확인할 수 있다.

자기에 대한 맥락적 감각 A Contextual Sense of Self

궁극적으로, 치료 중재의 목적은 건강하고 유연한 자기화 레퍼토리를 확립하는 것이어야 한다. 이 과정의 중요한 측면은 당연하게도 우리가 방금 논의했던 바와 같이 자기화의 문제가 되는 양식을 확인하는 것이다. 그러나 문제를 관찰하는 작업의 이면은 심리적 건강의 징후를 살피는 것이다. 달리 말해 임상가는 자기에 대한 더욱 유연하고 맥락적인 감각의 출현 또한 평가하고자 할 것이다. 우리는 이미 세 가지 자기화 레퍼토리(과정으로서의 자기, 내용으로서의 자기, 맥락으로서의 자기)의 다양한 측면을 측정하도록 고안된 몇 가지 자기 보고 설문지를 언급한 바 있다. 임상가는 내담자의 회기 내 반응을 통해서나 치료실 밖 사건에 대한 내담자의 보고에 근거하여 내담자의 자기에 대한 맥락적 감각을 회기 중에 평가할 수 있다. 자기에 대한 맥락적 감각에 대해서 평가할 때, 임상가는 다음 네 가지 중요 영역에서 내담자가 유연한 자기화 레퍼토리를 가지고 있는지 파악해 보아야 한다.

1. 자신의 경험 다양성을 알아차림(다양한 나)
2. 관점에서의 안정성(관점으로서의 나)
3. 자기에 대한 계층적 감각(그릇으로서의 나)
4. 자신의 가치에 따라 반응할 수 있는 능력(유연한 나)

따라서 임상가는 내담자가 자신의 경험이 변화한다는 것을 알아차리는지, 자신의 경험에 걸쳐 관점에 대한 공통된 감각을 가지고 있다는 것을 아는지('당신의 어떤 부분이 그것을 알아차리고 있나요?'), 자신의 경험에 대한 관점의 계층적 감각('그러한 경험들을 담고 있는 당신의 한 부분이 있습니다.')을 가지고 있는지, 자기 개념이나 자기 규칙으로부터 방해받지 않고 가치 있는 방향으로 유연하게 반응할 수 있는지 검사한다. 그러나 이장 후반부에 나올 세 번째 사례와 같은 발달 지연 사례에서는 처음 두 가지 레퍼토리가 임상가의 주된 관심사가 된다는 점에 유의하자.

자기에 대한 맥락적 감각이 개선되면 내담자는 자신의 경험이 가진 다양성을 알아차리고 유연하게 관점을 취하며 관찰자 자기의 입장에서 이야기하기 시작할 것이다('저의 한 부분이 제 생각을 알아차렸어요'). 또한, 자기 내용을 자신의 핵심 자기로 여기는 대신 그저 내용으로 알아차릴 것이다('저는 제가 적합하지 않다는 생각을 가지고 있어요'). 더불어 자기 내용에 의해 차단되기보다 가치에 따라 행동하기 시작할 것이며, 임상가는 이러한 변화들을 통해 내담자의 자기에 대한 맥락적 감각의 발달을 확인할 수 있을 것이다. 내담자가 다음과 같이 말할 때 이러한 변화가 회기 안에서 일어난다고 볼 수 있다. "저는 제가 불안을 느끼고 자리를 피할 구실을 만들고 싶어 한다는 걸 알아차렸어요. 그리고 그건 제게 머물러야만 한다고 말하는 것 같아요.", "선생님이 제가 바라는 게 무엇인지 물어보셨을 때, 나는 좋은 사람이 아니라는 생각이 마음에 나타났어요. 그리고 이건 단지 제가 가지고 있는 생각인 것 같아요." 치료실 밖 경험들에 대한 보고에서도 이러한 변화가 또한 다음과 같이 관찰될 수 있다. "지난주에 저는 완전히 극도의 생리 전 증후군 상태였고, 늘 나타나는 불안한 제가 거기에 있었어요. 마치 진실을 말하는 것처럼 보이더라고요. 제 생각과 그 생각이 얼마나 믿을만하게 보이는지 알아차리고, 불안이 얼마나 강렬하게 보이는지 알아차렸어요. 그리고 생각했어요. *나는 이 경험 이상이다. 그리고 내가 계속 이것에 반응한다면 내 곁에 남는 친구는 하나도 없을 거다.* 그리고는 재미 삼아 그 불안과 함께 파티에 가기로 했어요. 어쨌든 불안은 거기에 있었지만, 그걸 품을 수 있는 더 큰 제가 있었어요." 가치 있는 삶의 방향으로 움직이는 자기에 대한 맥락적 감각이 회기 내 자기화 작업의 궁극적 목표이다. 회기에 걸쳐 내담자가 자기에 대한 맥락적 감각을 보여 주기 시작함에 따라 자기화 작업의 더 큰 부분이 완성될 것이며, 이 레퍼토리를 꾸준히 연습하고 유창하게 유지하기 위해 리마인더나 보충 체험 연습을 이용할 수 있다.

자기화 문제: 세 가지 사례 Selfing Problems: Three Case Examples

이 부분에서 우리는 세 가지 특정한 사례의 맥락에서 자기화 문제를 살펴볼 것이다. 첫 사례는 부정적인 자기 내용의 경직된 구성이 특징이다. 두 번째 사례는 긍정적인 자기 내용의 경직된 구성 사례이다. 세 번째 사례는 직시적 관계 반응의 결핍에 관한 사례이다. 처음 두 사례에서 자기 문제들의 형태는 다를지라도(각각 주로 긍정적 그리고 부정적 자기 개념 문제와 관련됨), 자기 내용에 관한 경직된 반응이라는 기능적으로 정의된 현상은 두 사례에서 유사하다. 자기 내용에 관한 경직된 반응을 보이거나 직시적 구성에서의 결핍을 보이는 내담자가 공식적으로 정의된 특정 질환의 진단 기준을 만족시키지 않을 수 있다는 점에 유의하라. 그렇지 않으면 기능적으로 같게 정의된 행동을 가진 내담자들이 서로 다른 임상 진단의 기준을 충족할 수도 있다. 더욱이 앞으로 다룰 사례 같은 자기화 문제에 대해 평가하고 개입해야만 하는 사람은 임상가뿐만 아니라 다양한 응용 영역(코칭, 스포츠 심리학, 교육 환경 등)에 걸친 전문가들도 포함된다. 따라서 기능 평가는 전통적인 임상 진단과 겹칠 수 있으나 반드시 그래야 하는 것은 아니며, 여기에서 논의될 사례들은 단순히 임상 문제와의 관련을 넘어 더욱 광범위한 영역과 관련될 것이다.

사례 1. 네사: 자기에 관해 부정적으로 경직된 관계 구성

네사는 45세 여성으로, 자신의 경험을 다음과 같이 설명한다.

저는 그저…… 아무것도 아닌 존재예요. 저는 제 시간이나 노력을 들일 가치조차 없어요. 어떤 중요한 일도 하지 않아요. 저는 제 아이들에게 되고 싶었던 그런 엄마가 아니에요. 저는 아이들과 있을 때 집중하지 못하고, 그러니 엄마라면 당연히 해야 하는 것처럼 아이들과 놀아줄 수도 없어요. 그리고 제가 정말 노력하는 부분을 항상 어떤 식으로든 망쳐버려요. 제 삶 속 사람들에게 제가 완전히 하찮은 존재가 되지 않는다면, 저는 그 사람들에게 불필요한 고통을 주는 존재가 될 거예요. 저 자신을 견딜 수가 없어요. 다른 누군가가 그래줄 수 있을 거라 상상할 수도 없고요. 그저 멀리 떨어져 모든 사람에게 폐를 끼치지 않아야 해요.

무가치하고 부담되는 존재라는 네사의 자기에 대한 평가는 치료, 사회생활, 그리고 자신의 삶에 대한 참여 전반을 제한하고 있다. 아울러 그녀는 철수하는 행동을 통해 가치-기반 강화의 잠재적 근원(남편 및 아이들과의 연결된 관계 같은)과의 접촉, 다시 말해 자신, 세상, 다른 사람들에 대한 경험의 개선과 함께 행동의 다양성을 증가시킬 수 있는 접촉을 제한하고 있다.

맥락행동과학 접근은 네사가 자신에 대해 가지고 있는 단순한 명칭이나 평가 이상으로 자신을 경험하는 것을 도울 수 있다. 임상가는 네사의 대인 관계, 치료, 그리고 삶을 그저 그녀 자신을 중요하게 여기지 않거나 다른 이들에게 해를 끼치는 현장 그 이상으로 폭넓게 경험하도록 돕고자 할 것이다.

내담자 자기 보고 CLIENT SELF-REPORTS

네사는 자신이 '매 순간 이렇게 끔찍하게 느끼는 것이 넌더리가 났'기 때문에 '마침내' 치료를 찾게 되었다고 말한다. 그녀는 '우울과 수치심' 외에는 어떤 것도 느끼지 못하고 산 지 5년이 되었다고 한다. 그녀는 '우울해지기 전의 진짜 나'와 '내가 되어 버린 이 사람'의 측면에서 자신의 삶을 서술한다. 그녀는 '다만 너무 부끄럽기' 때문에 아무 데도 가지 않고 아무것도 하지 않으며, 이 수치심이 '내 삶에서 좋았던 모든 것을 가져가 버린다'고 말한다. 그녀는 가족이 자신을 이런 식으로 보도록 만드는 게 너무 싫다고 말한다.

경험적으로 유도된 내담자 보고EXPERIENTIALLY EVOKED CLIENT REPORTS

네사는 우울한 감정을 다루려 했던 자신의 시도를 확인하는 서면으로 된 회기 중 연습을 마쳤다. 그녀는 반응의 단기와 장기 효과 정도에 대해 각 시도들을 평가했다. 그녀는 저조한 기분을 다루기 위해 자신이 시도한 한 가지 방법으로 사회적 상호관계를 피하는 행동을 언급했다. 이 행동은 단기적으로 그녀가 다른 사람으로부터 자신의 우울을 숨기는 데 도움이 되었지만, 장기적으로는 자신에 대해 더욱 비참하고 수치스럽게 느끼도록 만들었다고 보고했다. 그녀는 또한 주의를 돌리기 위해 침실에서 낮 시간에 TV를 보는데, 이 행동은 자신을 '무가치한 사람'처럼 느끼도록 만든다고 말했다. 끝으로 치료에 오는 행동 또한 자신의 저조한 기분을 없애려는 시도이지만, 지금까지는 이 행동의 단기적, 장기적 이득은 분명하지 않다고 말했다.

내담자-치료자 상호 작용CLIENT-THERAPIST INTERACTION

치료자와 상호 작용하는 동안, 네사는 눈물을 자주 보이며 현재의 느낌들을 탐색하는 것과 관련된 경험적 연습에 대해 불편함을 표현했다. 네사는 회기 중에 수치심을 바라보는 것이 자신에게 매우 고통스러울 거라고 언급했고, 이 연습이 시작될 때 연습이 자신에게 얼마나 어려운 것인지 치료자가 이해하지 못한다고 이야기하며 주제에서 벗어나려는 경향을 보였다. 회기 중에 네사는 지속적으로 눈물을 보이며, 지시를 따르거나 수반성 반응을 보이는 데 곤란을 겪고 있다.

자기화 문제에 대해 평가하기ASSESSING FOR SELFING ISSUES
경험을 변별하고 내적 경험을 정확하게 명명하는 능력
Ability to Discriminate Experiences and Accurately Label Internal Experiences

네사의 자기 보고와 경험적으로 유도된 보고, 그리고 내담자-치료자 상호 작용으로부터 우리는 진행 중인 경험들에 대한 그녀의 변별 능력이 다소 제한되어 있다는 것을 알 수 있다. 네사는 자신의 우울한 기분에 대해 그전에는 무슨 일이 일어나는지, 그 후에는 무슨 일이 일어나는지, 언제 일어날 것 같은지, 어떤 특정 장소에서, 특정 사람들과 함께 있을 때 일어나는지 등의 측면에 대해서는 어느 정도 알아차리고 있다. 그러나 자신의 우울과 수치심이라는 내적 경험들을 제거하려는 시도가 더 많은 우울과 수치심을 유발한다는 점은 알아차리지 못하고 있다. 내적 경험을 회피하려는 이러한 시도는 그녀 자신이 무가치하다는 생각과 자신이 한때 그랬던 그 사람이 더 이상 아니라는 생각 또한 유발하고 있다. 아울러 그녀는 지난 5년 동안 '오로지' 우울과 수치심만을 느껴왔다고 보고한다. 여기서 우리는 그녀가 시간에 따른 경험의 변화를 알아차리는 능력이 부족하다는 것을 알 수 있다. 비록 그녀의 시간 중 많은 부분이 우울과 수치심의 경험과 연관되어 왔겠지만, 그녀는 다른 종류의 경험들 또한 겪어 왔을 것이다.

직시적 관계 반응 레퍼토리Deictic Relational Responding Repertoire

네사는 유창한 직시적 관계 반응 목록을 가지고 있지만, 자신의 경험에 대한 그녀의 관점의 부족이 보여 주듯이 이 목록은 일부 상황에서는 연습이 덜 되어 있다. 연습이 덜 되어 있는 한 가지 이유는 지난 5년 동안 지속된 사회적 차단일 것이다. 네사는 또한 자신에게 가까운 사람들의 관점을 취하는 것을 회피하는 것처럼 보인다. 이것은 그녀의 회피 행동일 수 있는데, 그들이 무엇을 느낄지 매우 창피하고 두렵기 때문일 것이다. 현재-순간 연습이 소개되었을 때 네사가 주제에서 벗어났듯이 이 행동은 또한 임상가와의 관계에서도 일어나고 있을 수 있다. 현재-순간 연습이 자신에게 얼마나 어려운 것인지 치료자가 이해하지 못한다고 언급했기 때문이다.

자기 관련 일관성 문제Self-Related Coherence Issues

네사의 유창성, 유연성 및 자기 규칙을 살펴볼 때, 우리는 그녀가 자신에 대해 가지고 있는 명칭, 평가, 기술에 경직성이 있다는 것을 알 수 있다(예를 들어 그녀는 자신이 '진짜 자기'가 아니며, 자신이 '무가치'하다고 말한다). 네사는 자신의 수치심을 아무 데도 가지 않고 아무것도 하지 않는 이유로 여기며, 일관성의 함정에 사로잡혀 있다. 만약 수치심이 그녀가 아무 데도 갈 수 없고 아무것도 할 수 없다는 것을 의미한다면, 그러한 활동들을 하기 위해서는 먼저 수치심을 없애야 하는데, 그것은 그녀가 할 수 없는 일이기 때문이다. 여기서 우리는 부정확한 선례 따르기의 예를 볼 수 있다. 즉 네사는 우울과 수치심이 있을 때에도 자신의 가치에 따라 행동할 수 있다는 사실을 변별할 수 없다. 네사가 '저는 제 아이들에게 되고 싶었던 그런 엄마가 아니에요'라고 말할 때, 자기 역할 및 엄마는 어때야 하는가에 관한 경직된 관계 구성을 알 수 있다. 게다가 그녀는 자신이 '민폐'라는 자기 규칙을 믿고 있으며, 따라서 자신이 모든 사람들로부터 떨어져 있어야 한다고 말하고 있다('그저 멀리 떨어져 모든 사람에게 폐를 끼치지 않아야 해요').

자기에 대한 맥락적 감각Contextual Sense of Self

네사는 취약하거나 전무한 자기에 대한 맥락적 감각을 보여 주고 있다. 첫째로 그녀는 자신의 경험이 다양하다는 것을 알아차리기 위해 고군분투하고 있다. 자신이 오직 우울과 수치심만을 경험하고 있다고 생각한다. 둘째, 그녀 자신을 특정 느낌이나 명칭('무가치한' 같은)과 동등하게 본다는 면에서 계층적 관점에 대한 감각이 없다. 셋째, 그녀는 자기 자신을 비난하며 자신이 가치에 따라 반응할 가능성을 알지 못한다. 그녀의 자기 개념은 경직되어 있고 유연성이 없으며, 그녀의 행동은 자신의 가치(좋은 부모 되기 같은)와 접촉되지 못한 채 동떨어져 있다.

효과적 중재 방법 개념화하기 CONCEPTUALIZING A POTENTIAL INTERVENTION

네사에 대한 중재를 개념화하고 계획하는 방식 중 하나는 더 넓고 유연한 자기에 대한 감각을 만드는 측면일 것이다. 치료 목표는 밖으로 나가 더 많은 것들을 하고, 자신의 가치와 접촉하며, 회기와 삶 속에서 현재에 더 머무르고, 자신을 그저 많은 선택지를 가진 늘 존재하는 같은 사람으로서 경험할 때 더욱 유연해지는 연습을 네사가 할 수 있는 맥락을 만드는 것이다.

네사의 자기 보고와 경험적으로 유도된 보고, 그리고 내담자-치료자 상호 작용으로부터 우리는 경험 다양성에 대한 알아차림 작업이 중재의 유용한 전략 중 하나가 될 것이라는 점을 알 수 있다(즉, 다양한 *나*). 네사는 자신의 경험이 다양하다는 것을 알아차리기 위해 고군분투하고 있다. 이 지점에서부터 치료자는 개념화된 자기(네사의 경우, 관계 구성의 경직성)보다 관점에 대한 감각(즉, 관점으로서의 *나*)의 안정성을 지지하는 방향으로 움직일 수 있다. 이는 자기에 대한 안정된 감각에 기반을 두고 자기에 대한 맥락적 감각(즉, 그릇으로서의 *나*)을 발전시키는 더 명백한 작업으로 이어질 수 있는데, 이 작업으로 더 많은 유연성을 제공할 수 있다. 아울러 네사가 자신의 가치에 따라 반응할 수 있다는 사실(즉, 유연한 *나*)을 알도록 돕는 것이 작업 내내 중요할 것이다. 치료자는 그녀가 현재 상황을 탓하지 않고, 이제 의미 있는 방향으로 반응할 수 있다는 것을 볼 수 있도록 해야 한다(내담자가 자기에 대한 맥락적 감각이 부족하거나 없을 때 이를 촉진하는 방법에 대한 자세한 설명은 7장을 참고하라).

사례 2. 제프: 자기에 관해 긍정적으로 경직된 관계 구성

일부에서는 주로 부정적인 자기 내용에 관련된 경직성과 씨름하는 반면, 다른 이들은 긍정적인 자기 내용에 관련된 경직성과 고군분투한다. 긍정적인 자기 내용에 관한 유연하지 않은 관계 구성은 부정적인 자기 내용에 관한 유연하지 않은 관계 구성보다는 아닐지라도, 적어도 그만큼은 문제가 될 수 있다. 실제로 이러한 양식들은 서로 밀접하게 연결되어 있다. 기능적 측면에서, 긍정적인 자기 내용에 관한 유연하지 않은 관계 구성은 매우 빈번하게 부정적인 자기 내용에 대한 회피와 연결되어 있다. 예를 들어 만약 개인의 정체성과 자기 가치(쓸모)가 자신이 다른 사람들보다 우월하다는 생각과 연결되어 있다면, 어떤 면에서 더 우월해 보이는 사람들과 맞닥뜨릴 때 자신이 가치 있다고 여기기 위해 그들을 과소평가하거나 회피해야 한다고 느낄 수 있다. 그리고 여기에 더 많은 문제가 발생할 수 있다. 예를 들어, 이런 종류의 반응 양식은 이 사람의 대인 관계에 부정적인 영향을 줄 수 있으며, 사회적 고립이나 이러한 행동 레퍼토리를 강화시킬 뿐인 불건전한 관계 역동으로 귀결될지도 모른다.

제프는 32세 남성으로, 최근에 성인 자녀를 둔 48세 이혼녀와 결혼했다. 성인이 된 아내의 자녀들과 제프의 관계는 껄끄럽고, 이 결혼과 관련된 문제로 야기된 스트레스를 해결하기 위해 치료하러 오게 되었다. 그는 초기 치료 회기 내내 몹시 짜증스러운 어조로 말했다.

내담자 자기 보고 CLIENT SELF-REPORTS

제프는 이 문제는 정말 자기 탓이 아니라고 보고한다. 저는 멋진 여자를 만나 사랑에 빠졌고, 그래서 우리는 결혼했죠. 불행하게도 아내의 자식들은 그녀에게 믿을 수 없을 정도로 무례해요. 우리의 관계는 환상적이지만, 다른 사람들은 우리 관계가 마음에 안 드는 것 같아요. 저는 그들이 우리의 상황을 질투하는 건 아닌지 의심스러워요. 아내의 자식들은 엄마가 그저 행복하도록 기꺼이 놓아줄 생각이 없어요. 저들 생각대로 되어야만 하죠. 걔들은 그냥 너무 이기적이에요. 아들 녀석인 마크는 특히 엄마를 존경하지 않고, 제 엄마가 자식들의 감정적인 필요를 무시한 채 너무 빨리 움직이고 있다고 불평하죠. 걔들의 아버지는 알코올 중독자였고, 우리가 만나기 몇 년 전에 이미 떠났어요. 설마 제 엄마가 영원히 혼자 살 거라 기대하진 않았겠죠. 그러지 않겠어요? 걔들은 아내가 비참해지길 원하는 걸까요? 저는 굉장히 사교적인 사람이지만, 걔들은 저한테도 어렵네요. 마크 내외가 방문할 때는 항상 걔들 엄마와 싸움으로 끝나요. 저는 걔네들 결혼 생활이 비참해서 이렇게 싸움을 건다고 생각해요. 이 모든 상황이 저에게 엄청난 스트레스를 주고 있어요. 저라면 제 부모님께 결코 그렇게 버릇없이 굴지 않을 거예요. 그리고 단언컨대 자식들을 그렇게 무례하게 키우지도 않을 거고요. 저는 제 아내의 자식들이 어떻게 분별력을 찾도록 만들 수 있을지 조언을 좀 얻으러 여기 오게 되었어요.

경험적으로 유도된 내담자 보고 EXPERIENTIALLY EVOKED CLIENT REPORTS

제프에게 아내의 성인 자녀들의 관점에 대해 이야기해 보도록 요청했을 때, 그는 그 상황에서 자녀들의 입장이나 느낌이 어떨지 확인하는 데 큰 어려움을 겪었다. 그는 자녀들이 제프 자신에 대해 가지고 있을 어떤 느낌에 관한 내용보다, 자신이나 아내의 상황을 그들이 질투한다는 내용을 더 많이 이야기했다. 다음은 제프와 치료자가 나눈 대화 중 일부이다.

치료자   엄마가 재혼하겠다고 말했을 때, 마크는 어떤 생각을 했을 거라고 생각하세요?

제프   모르겠어요. 마크를 아는 것은 너무 어려워요. 걔는 매우 극적이고 과해요. 모든 면에서 그래요. 저는 걔가 우리의 행복을 질투하고 있다고 확신해요. 이것이 제게 큰 스트레스와 혼란을 주고 있다는 건 알아요. 걔네가 올 거라는 이야기를 들으면 제 스트레스 수준이 올라가죠.

치료자   마크가 느끼고 있을지도 모르는 다른 것들도 있을까요?

제프   제가 아는 한은 없어요. 그리고 선생님이 여기에 대해 어떤 방향으로 가려고 하는지도 정말 모르겠어요. 이런 질문이 걔네와 제 문제를 어떻게 해결한다는 거죠? 어떻게 하면 걔들이 더 잘해야 한다고 설득할 수 있을까요? 걔들은 그냥 제 관점을 이해하지 못하는 거예요. 너무 이기적이고요. 어떻게 하면 걔들을 덜 이기적으로 만들 수 있죠? 저는 여기서 선생님이 뭘 하고 있는 건지 알고 싶네요.

내담자-치료자 상호 작용 CLIENT–THERAPIST INTERACTION

제프는 이 상황에 양면이 있다거나 자신이 잘못하고 있을지도 모른다는 점을 암시하는 대화에 대해 방어적이다. 그는 종종 치료자의 말을 끊고 정정하려 한다. 현재 상황에 대해 비난받아야 하는 사람은 자신이 아닌 다른 사람들이라는 입장을 완강히 고수하고 있다. 그는 치료자의 자격에 의문을 제기하고, 자신을 다른 누군가의 관점을 취하게 하려 할 때 치료자를 경멸하듯 무시하는 태도를 보인다.

자기화 문제에 대해 평가하기 ASSESSING FOR SELFING ISSUES
경험을 변별하고 내적 경험을 정확하게 명명하는 능력
Ability to Discriminate Experiences and Accurately Label Internal Experiences

제프의 자기 보고 및 경험적으로 유도된 보고, 그리고 내담자-치료자 상호 작용으로부터 우리는 제프가 아내의 자녀들의 관점 또는 자신의 관점을 공유하지 않는 다른 누군가의 관점으로 보는 데 어려움이 있다는 것을 알 수 있다. 이러한 능력의 부재는 그가 자신의 행동을 변별하는 데 겪는 어려움과 연관되어 있다. 다시 말해, 제프는 자신을 좋게 보이게 만드는 관점으로만 보려 하고, 그 자신이나 자신의 행동에 대한 불편함 같은 내적 경험을 변별하는 능력이 제한되어 있다.

직시적 관계 반응 레퍼토리 Deictic Relational Responding Repertoire

제프는 두 성인 자녀와 그들 어머니와의 관계가 그들과 자신의 관계와 어떻게 다른지 이해하지 못하고 있다. 자녀들의 관점을 취하는 데 실패한 것은 *너-너* 직시적 관계 반응의 결여 또는 유창성 부족이 원인일 수 있다. 즉 다른 사람의 관점 취하기가 자기를 참조하지 않을 때, 다른 사람의 관점을 취하는 연습을 해오지 않은 결과일지도 모른다. 임상가는 *너-너* 직시적 관계 반응 결여를 확인하는 검사를 해 볼 수 있다. 한 가지 방법으로는 우선 제프가 치료자 그리고 이상적으로는 다른 이의 관점을 취할 수 있는지 확인하는 것이다. 예를 들어 치료자는 '친구가 직장을 잃어 정말 우울한 상태라고 상상해 보세요. 내가 내 친구라면, 나는 무엇을 느끼고 있을까요?'라고 물어볼 수 있다. 이 질문에 정확히 대답하는 제프의 능력 및 반응의 유창성 모두를 평가해야 한다.

자기 관련 일관성 문제 Self-Related Coherence Issues

제프의 유창성, 유연성 및 자기 규칙을 살펴볼 때, 우리는 그가 상호 작용의 자기 입장 측면에서 옳고 긍정적인 것으로 가지고 있는 명칭, 평가, 기술에 경직성이 있다는 것을 알 수 있다. 그는 자신의 행동이 문제에 영향을 줄 수도 있다는 점을 보지 않는다. 제프는 아내의 자녀들을 유일하게 비난받아야 하는 사람으로 보는 자신의 관계 구성에 경직되어 있다.

자기에 대한 맥락적 감각 Contextual Sense of Self

제프는 관찰자로서의 자기에 대한 맥락적 감각이 제한적이다. 그는 옳은 사람이라는 자신의 서사에 경직되어 있고, 자신을 긍정적인 자기 명칭과 동등하게 여긴다. 그는 긍정적 자기 개념을 경직되게 방어하고 있어, 자신의 경험에 대한 계층적 맥락 관점을 취할 수 없다.

효과적 중재 방법 개념화하기 CONCEPTUALIZING A POTENTIAL INTERVENTION

제프의 자기 보고 및 경험적으로 유도된 보고, 그리고 내담자-치료자 상호 작용을 자세히 살펴보았을 때, 치료자가 시작점으로 쓸 수 있는 부분은 제프가 그의 가치에 따라 반응할 수 있는지(유연한 나) 알아보는 작업일 것이다. 이 작업이 제프 자신을 비난하게 만들지 않을 거라는 점을 강조하는 것이 중요하다. 다시 말해, 비난이 다른 사람들이나 자신에게 향할 필요가 없다는 점을 강조해야 한다. 대신 더 가치 있고 더욱 작동 가능한 방식으로 반응하도록 제프를 가르치는 것이 유용할 것이며, 이 방식은 자신이 옳다는 자기 개념의 변화 여부와는 무관하다. 상황에 대한 어떤 책임을 지는 것도 저항하는 이와 같은 내담자의 사례에서 유용할 수 있는 첫 단계는, 치료 의제를 '다른 이들에게 효과적으로 영향 주기'로 재구성하는 것이다.

치료자 그렇다면 만약 여기서 하는 우리 작업이 당신 인생에서 그런 어려운 사람들에게 더욱 효과적으로 영향을 주는 걸 배울 수 있게 한다면, 그건 그럼 유용할까요?
내담자 네. 그건 정말 도움이 될 것 같아요.
치료자 그럼 당신이 바라는 대로 영향을 주려고 이제까지 시도해 봤지만, 딱히 큰 효과가 없었던 말이나 행동을 한번 살펴볼까요?

이런 형식의 대화는 제프가 치료에 오게 된 이유와 일치하며, 그와 치료자가 같은 의견을 가지고 있다는 생각과 함께 치료자가 자기에 대한 건강한 감각을 만드는 중요한 단계들을 걸쳐 자신이 나아가도록 도울 수 있다고 믿게 한다. 치료에 머무를 가치가 일단 정해지고 나면, 제프의 직시적 관계 반응 레퍼토리가 결핍되어 있는지, 덜 연습되었는지, 아니면 단지 아내의 성인 자녀들과의 특정 맥락에서만 부족한지 평가하는 방향으로 치료자가 움직일 수 있다. 레퍼토리가 결핍되어 있거나 연습이 덜 되어 있다면, 치료자는 이 레퍼토리를 발달시키는 훈련 연습에 제프를 노출시켜 볼 것이다(지시적 관계 반응이 결핍되어 있거나 연습이 부족한 사람의 발달을 돕는 방법의 예시는 4장을 참고하라). 여기서부터 치료자는 그의 경험이 다양하다(다양한 나)는 것을 제프가 이해하도록 작업해 볼 수 있다. 이 작업에는 제프가 현재 순간과 접촉하고 자기 생각이나 느낌이 시간에 따라 다양하다는 것을 알아차리는 연습이 포함된다. 다음으로는 관점에 대한 감각의 안정성을 획득하고, '나는 옳다'는 제프의 서사를 확장시키는 작업(관점으로서의 *나*)을 할 수 있다. 이 작업 다음에는 자기에 대한 맥락적 감각을 만드는 작업(*그릇*으로서의 *나*)이 따를 수 있다(다시 한번, 자기에 대한 더 넓은 맥락적 감각을 촉진하는 개입의 시작 방법에 대해서는 7장을 참고하라).

자신이 생각하기에 오로지 다른 사람들 때문에 생긴 문제를 해결하기 위해 찾아온 내담자를 치료할 때, 임상가는 내담자에게 '책임을 지우게 될' 작업의 필요성을 강조하는 것이 중요하다. 이를 위해 임상가는 두 가지를 작업해야 한다.

1. 특정 목표 및 전반적으로 중요한 가치 측면에서 내담자가 바라는 것이 무엇인지 확인하라.
2. 다른 누군가의 행동이 변하기를 기다리는 대신 내담자 자신의 행동에 초점을 맞추도록 도우라.

임상가가 여기에서부터 시작하지 않는다면, '다양한 나' 과정이나 '관점으로서의 나' 과정에 대한 어떤 작업도 내담자가 하기를 원하지 않을 것이기에 효과가 없을 것이다. 보통 이러한 경우 임상가는 가치로 나아가기 전에 목표부터 시작할 것이다. 이 작업은 '다른 사람들이 어떻게 다르게 말하거나 행동하기를 바라나요?'나 '그렇다면 우리의 목표는 당신이 다른 사람들의 행동에 어떻게 유연하게 영향을 줄 수 있는지 탐색해 보는 거라고 할 수 있을까요?' 같은 질문으로 시작해 볼 수 있다. 이 시점에서 임상가는 '당신은 당신을 나쁜 사람으로 보이게 만들고, 관계를 악화시키는 방식, 예컨대 공격이나 비판, 거짓말이나 위협, 또는 비난하기를 통해 그들에게 영향을 줄 수도 있고, 아니면 당신을 좋은 사람으로 보이게 하며 그들과의 관계를 개선시키는 방식으로 그들에게 영향을 줄 수도 있습니다.' 같은 표현을 통해 부드럽게 가치로 넘어갈 수 있다.

사례 3. 오웬: 관점 취하기 영역에서의 발달 지연

오웬은 자폐 스펙트럼으로 진단받은 7세 아동으로, 평가와 함께 오웬이 다른 아이들을 사귀고 놀 수 있도록 도와줄 중재 프로그램 개발을 위해 교육 심리학자를 만나게 되었다. 학교에서 오웬은 쉬는 시간에 보통 혼자서 논다. 동화 속 증기 기관차인 토마스와 친구들을 좋아하며 토마스에 대해 끊임없이 이야기하고 싶지만, 반 친구들은 거기에 관심이 없다. 자신이 반 친구들과 토마스를 가지고 놀고 싶을 때, 왜 친구들이 토마스 놀이를 하려고 하지 않는지 오웬은 이해할 수 없다. 오웬은 토마스에 대해 이야기하고 싶을 때, 배고플 때, TV를 보고 싶을 때, 간식을 먹고 싶을 때를 제외하고는 다른 사람들과 대화를 시작하려 하지 않는다.

내담자 자기 보고 CLIENT SELF-REPORTS

오웬은 혼자 노는 것과 학교에 친구가 없는 것에 대해 이야기하며, 이것이 그를 슬프게 만든다고 말한다. 그는 임상가와 어떤 대화도 먼저 시작하지 않고, 대부분의 질문에 한 단어로 대답한다.

경험적으로 유도된 내담자 보고 EXPERIENTIALLY EVOKED CLIENT REPORTS

치료자는 관계구성이론 관점 취하기 프로토콜(Mchugh et al., 2004)을 가지고 오웬을 평가했다. 오웬은 프로토콜의 단순 과제인 *나-너, 여기-거기, 지금-그때* 직시적 과제에는 정확하게 반응할 수 있었지만, 역전 및 이중 역전 관계 반응(각각 '만약 여기가 거기라면'과 '만약 내가 너이고, 지금이 그때라면' 같은)을 요구하는 과제에는 정확히 반응할 수 없었다. 이 결과는 오웬이 제한적인 직시적 관계 레퍼토리를 가지고 있다는 점을 시사한다. 따라서 직시적 관계, 특히 역전 및 이중 역전 *나-너, 여기-거기, 지금-그때* 관계에 대한 훈련이 필요하다. 지금 어떻게 느끼는지에 대한 질문을 받았을 때 오웬은 괴로워하며 혼란스러워했다.

내담자-치료자 상호 작용 CLIENT-THERAPIST INTERACTION

오웬은 눈 맞춤을 잘하지 못했고, 사회적 의사소통이 제한되어 있었다. 오웬은 임상가와의 상호 작용에 관심이 없는 것처럼 보였고 오로지 토마스와 친구들에 대해서만 이야기하기를 원했다. 직시적 관계에 대한 질문을 받았을 때('너는 오늘 무엇을 입고 있니?', '나는 지금 무엇을 쥐고 있니?'), 그는 대답을 거부하거나 부정확하게 대답했다.

자기화 문제에 대해 평가하기 ASSESSING FOR SELFING ISSUES
경험을 변별하고 내적 경험을 정확하게 명명하는 능력
Ability to Discriminate Experiences and Accurately Label Internal Experiences

오웬은 자신의 진행 중인 경험들을 변별하는 힘이 약하며, 자신이 어떻게 느끼는지 질문받았을 때 힘들어하며 혼란스러워했다. 오웬은 자기 경험을 감정으로 표현emote하고 자신의 좋아하는 것과 필요에 대해 지칭 언어 행동을 하도록 촉진되어야 한다.

직시적 관계 반응 레퍼토리 Deictic Relational Responding Repertoire

앞서 언급하였듯이, 오웬은 관계구성이론 관점 취하기 프로토콜(McHugh et al., 2004)을 이용한 평가를 받았다. 오웬은 *나-너, 여기-거기, 지금-그때*에 대한 단순 과제를 제외하고는 모든 직시적 관계 과제에서 매우 약한 반응을 보이는 것으로 밝혀졌다.

자기 관련 일관성 문제 Self-Related Coherence Issues

제한적인 직시적 관계 반응 레퍼토리로 인해, 오웬의 자기 개념은 비교적 제한적이다.

자기에 대한 맥락적 감각 Contextual Sense of Self

오웬은 관찰자로서의 자기에 대한 맥락적 감각이 없다. 오웬에게는 기본적인 직시적 그리고 계층적 관계 기술이 부족하다.

효과적 중재 방법 개념화하기 CONCEPTUALIZING A POTENTIAL INTERVENTION

오웬은 약한 직시적 관계 반응 레퍼토리를 가지고 있다. 또한, 자신의 내적 경험 변별을 학습하는 것과 연관된 상호 작용에 제한적으로 노출되어 왔다. 오웬의 기본적인 직시적 관계 반응 레퍼토리 발달을 촉진하기 위해, *나-너, 여기-거기, 지금-그때* 훈련을 비롯한 직시적 관계 반응 과제에 대한 다중-표본 훈련이 필요할 것이다. 이 훈련은 단순한 지금-그때 훈련으로 시작하여, 역전 및 이중 역전 *나-너, 여기-거기, 지금-그때* 훈련으로 나아가게 된다. 이 훈련에는 오웬이 자신과 다른 사람들의 감정 경험들을 알아차리도록 돕기 위한 명확한 변별 훈련이 동반되어야 한다.

자기 작업이 필요하다는 징후 Signs That Self Work Is Needed

표 8.4에서는 자기 문제를 표현하는 전형적인 진술 목록과 함께 앞서 표 I.1에서 보았던 자기 문제들을 반복해서 보여 주고 있지만, 각 경우 임상가가 자기화에 대한 중재를 시작할 수 있는 지점 또한 함께 제시하고 있다. 많은 맥락에 걸쳐 실효성 있는 중재 방법과 함께 중재의 잠재적인 출발점을 보여 주고 있으나, 당연하게도 각 행동이 일어나는 맥락을 알지 못한 채 주어진 행동의 기능을 결정하는 것은 불가능하다. 맥락행동과학 관점에서 건강한 자기화란 표에서 제시한 모든 자기화 레퍼토리, 즉 직시적 관계 반응, 과정으로서의 자기, 다양한 *나*, 관점으로서의 *나*, 그릇으로서의 *나*, 유연한 *나*에서 유연성을 가지는 것이다. 만약 제시된 중재에 자신이 없다면, 각각의 세부 내용에 대해 4장(지시적 관계 훈련과 연습, 과정으로서의 자기 및 자기변별 훈련)과 7장(다양한 *나*, 관점으로서의 *나*, 그릇으로서의 *나*, 유연한 *나*)을 참고하길 바란다.

표 8.4 자기 작업이 필요하다는 징후 및 자기화에 대한 중재를 위해 제안된 시작 지점

문제	내담자 진술의 예	자기화에 대한 중재 시작 지점
가치에 관한 명료성 부족	내가 무엇에 관심이 있는지 정말 모르겠어.	과정으로서의 자기
자기 옳음(독선)	나는 너보다 정직해. 그런 거짓말은 절대 안 해.	관점으로서의 나
마음의 자동조종 모드	미안, 깜박했나 봐. 너무 바빠서 감당이 안 돼.	과정으로서의 자기
내적 경험으로부터 위협을 느낌	이런 느낌을 참을 수 없어.	다양한 나
관점의 결여	그 사람 마음이 어떤지는 관심 없어. 자기가 자초한 거라고!	직시적 관계 훈련/연습
다른 사람의 시선에 과도하게 주의를 기울임	제가 기분을 상하게 했나요? 저한테 화나셨어요?	과정으로서의 자기
다른 사람과의 연결성 부족	나랑 안 맞는 것 같아. 난 걔네들과는 달라.	그릇으로서의 나
개인적 경직성	그렇지만 이게 나인걸.	다양한 나
공허감	텅 빈 느낌이야. 나에겐 아무것도 없어.	관점으로서의 나
고통스러운 자기 판단	뭐라고 말을 했어야만 했어. 난 너무 나약해!	유연한 나

후기

응용 심리학, 특히 임상 분야에서 발생하는 많은 도전은 자기와 관련이 있다. 따라서 임상가가 자기 및 자기 관련 문제에 대해 유용하고 과학적으로 타당한 근거를 가지고 있어야 한다.

이 책에서 우리의 목표는 맥락행동과학의 실용적이고 과학적인 관점에서 자기를 설명하는 것이었다. 우리는 맥락행동과학의 기본 철학(기능적 맥락주의)과 심리 과학(행동분석)에 대한 소개로 이 여정을 시작했다. 맥락행동과학 관점에서 모든 행동은 맥락에 따라 배치되고 잠재적으로 유도할 수 있는 것으로 볼 수 있다.

그러나 상징 언어에 대한 우리의 능력은 인류가 진정으로 특별한 존재가 되게 만들었고, 다른 종들을 넘어서는 자기 이해와 알아차림을 획득하게 하였다. 관계구성이론은 언어를 관계 구성하기의 학습된 레퍼토리로 설명한다. 이 막대한 생산적이며 변형적인 레퍼토리를 일단 획득하고 나면, 우리는 어떤 비언어적 존재도 할 수 없는 방식으로 세상을 바라보고 또 반응하게 된다. 레퍼토리 획득에서 가장 강력하며 경험적으로 깊이 있는 측면 중 하나는 우리가 자기화 레퍼토리 또한 획득한다는 것이다. 이 책의 여덟 장을 통해 우리는 자기화의 획득을 다루었으며, 유아기에 관찰되는 자기화의 기원에서부터 성인기에서 자기화의 완전한 출현에 이르기까지, 자기화의 각 차원인 내용, 과정, 맥락에서 자기화의 획득을 설명하였다.

맥락행동과학/관계구성이론 접근의 핵심은 자기 내용에 대한 경직된 집착을 특징으로 하는 자기화 문제가 어떻게 현재 순간의 일관된 자기화 연습(과정으로서의 자기화)과 동시에 자기를 자신의 경험을 담는 심리적 그릇으로 여기는 자기화 연습(맥락으로서의 자기화)을 통해 개선될 수 있는지에 대한 질문이다. 이러한 접근 방식을 기반으로 우리는 심리적 고통의 발생과 해결 방법을 검토하고, 내담자의 자기화 문제를 평가하고 개선하기 위한 체계의 윤곽을 그리고자 하였다. 이 책이 실증적 관점에서 자기를 이해할 수 있는 매우 실용적이며 유용한 단계를 제공할 것이라 믿으며, 맥락행동과학/관계구성이론 접근에 대한 우리의 설명이 명확하고 유용했기를 바란다.

역자 후기

3동향 인지행동치료가 현대 심리치료의 한 축으로 자리매김했다는 점은 누구도 부정할 수 없을 것입니다. 국내에도 다양한 3동향 인지행동치료가 소개되어 임상 현장에서 널리 쓰이고 있으며, 이 중 수용전념치료는 한국어로 출판된 여러 저작물을 통해 많은 치료자가 손쉽게 접할 수 있는 치료 기법이 되었습니다. 그러나 수용전념치료의 바탕을 이루는 철학적 가정과 그에 기초한 과학적 설명, 즉 맥락행동과학과 기능적 맥락주의를 치료자의 관점에서 처음부터 차근차근 친절하게 알려주는 책을 찾기란 쉽지 않았습니다. 또한, 맥락행동과학적으로 인간 언어와 인지를 설명하는 이론, 수용전념치료자라면 한 번쯤은 흘려서라도 들어보았을 관계구성이론을 임상적으로 활용할 수 있는 방법이 드물었다는 점도 마찬가지로 아쉬운 부분으로 남아 있었습니다. 더 나아가 임상 현장에서 수용전념치료를 적용할 때 전진기지처럼 쓰이는 육각 모델, 특히 그중에서도 중심성축에 놓인 자기에 관한 명확한 이론적 설명과 이를 임상 실제로 연결 짓는 방법은 역자들에게는 마치 잃어버린 고리처럼 보였습니다.

이 책은 수용전념치료, 더욱 폭넓게는 맥락행동과학에 기반을 둔 치료자가 자신의 치료적 관점을 견지하며 내담자의 자기를 어떻게 발견할 수 있는지 친절하게 안내해 줄 뿐만 아니라, 내담자의 건강한 자기화를 북돋을 지점과 방법을 세세히 짚어주고 있습니다. 치료실에서 발화되는 내담자와 치료자의 언어가 맥락행동과학과 관계구성이론을 통해 내담자의 건강한 자기화로 아름답게 구성되어가는 과정을 만끽하는 여정을 담은 책이기에 원서에 쓰인 '가이드'라는 단어를 부제로 붙이는 데 주저치 않았습니다. 역자들이 그러하였듯이 독자께서도 이 책을 통해 수용전념치료의 중심성축 작업을 비롯한 자기 작업을 하시는 데 든든한 지원군을 얻으셨기를 바랍니다.

끝으로 본래의 언어에서 새로운 언어로 변형되면서 독자께서 보시기에 아쉽거나 덜 그럭거리는 부분이 있다면, 혹은 본래의 기능을 온전히 옮겨 담지 못한 부분이 있다면 그것은 모두 역자의 부족함 탓입니다. 모쪼록 너른 마음으로 헤아려 주시길 바랍니다.

- 역자 일동

참고문헌

Allyon, T., & Azrin, N. H. (1964). Reinforcement and instructions with mental patients. *Journal of the Experimental Analysis of Behavior, 7*, 327–331.

Almada, P. (2016). *Examining the role of deictics, empathic concern, and experiential avoidance in prosocial and coercive behavior: Contributions from relational frame theory.* (Unpublished doctoral dissertation). University of Wollongong.

American Psychiatric Association. (2013). *Diagnostic and statistical manual of mental disorders* (5th ed.). Washington, DC: American Psychiatric Association.

Baer, D., M., Peterson, R. F., & Sherman, J. A. (1967). The development of imitation by reinforcing behavioral similarity to a model. *Journal of the Experimental Analysis Behavior, 10*, 405–416.

Barnes-Holmes, D., & Barnes-Holmes, Y. (2000). Explaining complex behavior: Two perspectives on the concept of generalized operant classes. *Psychological Record, 50*, 251–265.

Barnes-Holmes, D., Barnes-Holmes, Y., Hussey, I., & Luciano, C. (2016). Relational frame theory: Finding its historical and intellectual roots and reflecting upon its future development: An introduction to Part II. In R. D. Zettle, S. C. Hayes, D. Barnes-Holmes, & A. Biglan (Eds.), *The Wiley handbook of contextual behavioral science* (pp. 117–128). Chichester, West Sussex, England: Wiley-Blackwell.

Barnes-Holmes, D., Barnes-Holmes, Y., Luciano, C., & McEnteggart, C. (2017). From the IRAP and REC model to a multi-dimensional multi-level framework for analyzing the dynamics of arbitrarily applicable relational responding. *Journal of Contextual Behavioral Science, 6,* 434–445.

Barnes-Holmes, D., Hayes, S. C., & Dymond, S. (2001). Self and self-directed rules. In S. C. Hayes, D. Barnes-Holmes, & B. Roche (Eds.), *Relational frame theory: A post-Skinnerian account of human language and cognition* (pp. 119–140). New York: Kluwer Academic Press/Plenum Press.

Barnes-Holmes, D., O'Hora, D., Roche, B., Hayes, S. C., Bissett, R. T., & Lyddy, F. (2001). Understanding and verbal regulation. In S. C. Hayes, D. Barnes-Holmes, & B. Roche (Eds.), *Relational frame theory: A post-Skinnerian account of human language and cognition* (pp. 103–118). New York: Kluwer Academic Press/Plenum Press.

Barnes-Holmes, Y. (2001). *Analysing relational frames: Studying language and cognition in young children.* (Unpublished doctoral dissertation). National University of Ireland.

Baron, A., Kaufman, K., & Stauber, K. (1969). Effects of instructions and reinforcement-feedback on human operant behavior maintained by fixed-interval reinforcement. *Journal of the Experimental Analysis of Behavior, 12,* 701–712.

Biglan, A., & Hayes, S. C. (1996). Should the behavioral sciences become more pragmatic? The case for functional contextualism in research on human behavior. *Applied and Preventive Psychology: Current Scientific Perspectives, 5,* 47–57.

Davlin, N., L., Rehfeldt, R. A., & Lovett, S. (2011). A relational frame theory approach to understanding perspective-taking using children's stories in typically developing children. *European Journal of Behavior Analysis, 12,* 403–430.

Dennett, D. (1991). *Consciousness explained.* Boston: Back Bay Books.

Dougher, M. J., Augustson, E. M., Markham, M. R., Greenway, D. E., & Wulfert, E. (1994). The transfer of respondent eliciting and extinction functions through stimulus equivalence classes. *Journal of the Experimental Analysis of Behavior, 62,* 331–351.

Dougher, M. J., Hamilton, D. A., Fink, B., & Harrington, J. (2007). Transformation of the discriminative and eliciting functions of generalized relational stimuli. *Journal of the Experimental Analysis of Behavior, 88,* 179–197.

Downs, A., & Smith, T. (2004). Emotional understanding, cooperation, and social behavior in high-functioning children with autism. *Journal of Autism Developmental Disorders, 34,* 625–635.

Durand, V. M. (1993). Functional communication training using assistive devices: Effects on challenging behavior and affect. *Augmentative and Alternative Communication, 9*, 168–176.

Dymond, S., & Barnes, D. (1994). A transfer of self-discrimination response functions through equivalence relations. *Journal of the Experimental Analysis of Behavior, 62*, 251–267.

Dymond, S., & Barnes, D. (1995). A transformation of self-discrimination response functions in accordance with the arbitrarily applicable relations of sameness, more than, and less than. *Journal of the Experimental Analysis of Behavior, 64*, 163–184.

Dymond, S., & Barnes, D. (1996). A transformation of self-discrimination response functions in accordance with the arbitrarily applicable relations of sameness and opposition. *Psychological Record, 46*, 271–300.

Dymond, S., & Rehfeldt, R. (2000). Understanding complex behavior: The transformation of stimulus functions. *Behavior Analyst, 23*, 239–254.

Dymond, S., May, R. J., Munnelly, A., & Hoon, A. E. (2010). Evaluating the evidence base for relational frame theory: A citation analysis. *Behavior Analyst, 33*, 97–117.

Farb, N. A. S., Segal, Z. V., Mayberg, H., Bean, J., McKeon, D., Fatima, Z., & Anderson, A. K. (2007). Attending to the present: Mindfulness meditation reveals distinct neural modes of self-reference. *Social Cognitive and Affective Neuroscience, 2*, 313–322.

Foody, M., Barnes-Holmes, Y., & Barnes-Holmes, D. (2012). The role of self in acceptance and commitment therapy. In L. McHugh & I. Stewart (Eds.), *The self and perspective taking: Contributions and applications from modern behavioral science* (pp. 125–142). Oakland, CA: New Harbinger.

Foody, M., Barnes-Holmes, Y., Barnes-Holmes, D., & Luciano, C. (2013). An empirical investigation of hierarchical versus distinction relations in a selfbased ACT exercise. *International Journal of Psychology and Psychological Therapy, 13*, 373–388.

Freeman, H. (2014, April 29). So "debonair" George has been "tamed," while "tragic" Jen was "saved"—no surprise there. *The Guardian*, https://www.theguardian.com/commentisfree/2014/apr/29/george-clooney-amal-alamuddin-jennifer-aniston-engagement.

Gallagher, S. (2000). Philosophical conceptions of the self: Implications for cognitive science. *Trends in Cognitive Sciences, 4*, 14–21.

Gallup, G. G. Jr. (1977). Self-recognition in primates: A comparative approach to the bidirectional properties of consciousness. *American Psychologist, 32*, 329–338.

Gil, E., Luciano, C., Ruiz, F., & Valdivia Salas, S. (2014). A further experimental step in the analysis of hierarchical responding. *International Journal of Psychology and Psychological Therapy, 14*, 137–153.

Gird, S., Zettle, R. D., Webster, B. K., & Hardage-Bundy, A. (2012, July). *Developing a quantitative measure of self-as-context: Preliminary findings.* Presentation at the annual conference of the Association for Contextual Behavioral Science, Washington, DC. Retrieved from https://contextualscience.org /files/MeasureSACGrid_.pdf

Giurfa, M., Zhang, S., Jenett, A., Menzel, R., & Srinivasan, M. (2001). The concepts of "sameness" and "difference" in an insect. *Nature, 410*, 930–933.

Gordon, T., & Borushok, J. (2017). *The ACT approach: A comprehensive guide for acceptance and commitment therapy.* Eau Claire, WI: PESI.

Harris, P., Johnson, C. N., Hutton, D., Andrews, G., & Cooke, T. (1989). Young children's theory of mind and emotion. *Cognition and Emotion, 3*, 379–400.

Hayes, S. C. (1984). Making sense of spirituality. *Behaviorism, 12*, 99–110.

Hayes, S. C. (1993). Analytic goals and the varieties of scientific contextualism. In S. C. Hayes, L. J. Hayes, H. W. Reese, & T. R. Sarbin (Eds.), *Varieties of scientific contextualism* (pp. 11–27). Reno, NV: Context Press.

Hayes, S. C. (1995). Knowing selves. *Behavior Therapist, 18*, 94–96.

Hayes, S. C. (2004). Taxonomy as a contextualist views it. *Journal of Clinical Psychology, 60*, 1231–1235.

Hayes, S. C. (2011). Discussion on the Association for Contextual Behavioral Science listserv.

Hayes, S. C., Barnes-Holmes, D., & Roche, B. (Eds.). (2001). *Relational frame theory: A post-Skinnerian account of human language and cognition.* New York: Kluwer Academic Press/Plenum Press.

Hayes, S. C., Barnes-Holmes, D., & Wilson, K. G. (2012). Contextual behavioral science: Creating a science more adequate to the challenge of the human condition. *Journal of Contextual Behavioral Science, 1*, 1–16.

Hayes, S. C., Brownstein, A. J., Haas, J. R., & Greenway, D. E. (1986). Instructions, multiple schedules, and extinction: Distinguishing rule-governed from scheduled-controlled behavior. *Journal of the Experimental Analysis of Behavior, 46*, 137–147.

Hayes, S. C., Fox, E., Gifford, E. V., Wilson, K. G., Barnes-Holmes, D., & Healy, O. (2001). Derived relational responding as learned behavior. In S. C. Hayes, D. Barnes-Holmes, & B. Roche (Eds.), *Relational frame theory: A post-Skinnerian account of human language and cognition* (pp. 21–50). New York: Kluwer Academic Press/Plenum Press.

Hayes, S. C., & Gifford, E. V. (1997). The trouble with language: Experiential avoidance, rules, and the nature of verbal events. *Psychological Science, 8*, 170–173.

Hayes, S. C., Hayes, L. J., & Reese, H. W. (1988). Finding the philosophical core: A review of Stephen C. Pepper's *World Hypotheses: A Study in Evidence*. *Journal of the Experimental Analysis of Behavior, 50*, 97–111.

Hayes, S. C., & Smith, S. (2005). *Get out of your mind and into your life: The new acceptance and commitment therapy*. Oakland, CA: New Harbinger.

Hayes, S. C., Strosahl, K. D., & Wilson, K. G. (2011). *Acceptance and commitment therapy: The process and practice of mindful change*. New York: Guilford Press.

Hayes, S. C., & Wilson, K. G. (1993). Some applied implications of a contemporary behavior-analytic account of verbal events. *Behavior Analyst, 16*, 283–301.

Hayes, S. C., Zettle, R. D., & Rosenfarb, I. (1989). Rule following. In S. C. Hayes (Ed.), *Rule-governed behavior: Cognition, contingencies, and instructional control* (pp. 191–220). New York: Plenum.

Heagle, A. I., & Rehfeldt, R. A. (2006). Teaching perspective-taking skills to typically developing children through derived relational responding. *Journal of Early and Intensive Behavior Intervention, 3*, 1–34.

Hooper, N., Erdogan, A., Keen, G., Lawton, K., & McHugh, L. (2015). Perspective taking reduces the fundamental attribution error. *Journal of Contextual Behavioral Science, 4*, 69–72.

Hooper, N., Saunders, J., & McHugh, L. (2010). The derived generalization of thought suppression. *Learning and Behavior, 38*, 160–168.

Hughes, S., & Barnes-Holmes, D. (2016). Relational frame theory: The basic account. In R. D. Zettle, S. C. Hayes, D. Barnes-Holmes, & A. Biglan (Eds.), *The Wiley handbook of contextual behavioral science* (pp. 129–178). Chichester, West Sussex, England: Wiley-Blackwell.

Jackson, M. L., Mendoza, D. R., & Adams, A. N. (2014). Teaching a deictic relational repertoire to children with autism. *Psychological Record, 64,* 791–802.

James, W. (1981). *The principles of psychology.* Cambridge, MA: Harvard University Press.

Jeffcoat, T. R. (2015). *Development of the Reno Inventory of Self-Perspective (RISP): Measuring self in the ACT model.* (Unpublished doctoral thesis). University of Nevada, Reno.

Kanter, J. W., Parker, C. R., & Kohlenberg, R. J. (2001). Finding the self: A behavioral measure and its clinical implications. *Psychotherapy, 38,* 198–211.

Kaufman, A., Baron, A., & Kopp, R. E. (1966). Some effects of instructions on human operant behavior. *Psychonomic Monograph Supplements, 1,* 243–250. Goleta, CA: Psychonomic Press.

Lattal, K. A. (1975). Reinforcement contingencies as discriminative stimuli. *Journal of the Experimental Analysis of Behavior, 23,* 241–246.

LeBlanc, L. A., Coates, A. M., Daneshvar, S., Charlop-Christy, M. H., Morris, C., & Lancaster, B. M. (2003). Using video modeling and reinforcement to teach perspective-taking skills to children with autism. *Journal of Applied Behavior Analysis, 36,* 253–257.

Lovett, S., & Rehfeldt, R. A. (2014). An evaluation of multiple-exemplar instruction to teach perspective-taking skills to adolescents with Asperger syndrome. *Behavioral Development Bulletin, 19,* 22–36.

Maslow, A. H. (1964). *Religions, values, and peak experiences.* Columbus: Ohio State University Press.

Matthews, B. A., Shimoff, E., Catania, A. C., & Sagvolden, T. (1977). Uninstructed human responding: Sensitivity to ratio and interval contingencies. *Journal of the Experimental Analysis of Behavior, 27,* 453–467.

McAuliffe, D., Hughes, S., & Barnes-Holmes, D. (2014). The dark-side of rulegoverned behavior: An experimental analysis of problematic rule-following in an adolescent population with depressive symptomatology. *Behavior Modification, 38,* 587–613.

McHugh, L., Barnes-Holmes, D., & Barnes-Holmes, Y. (2004). A relational frame account of the development of complex cognitive phenomena: Perspective-taking, false belief understanding, and deception. *International Journal of Psychology and Psychological Therapy, 4,* 303–324.

McHugh, L., Bobarnac, A., & Reed, P. (2011). Brief report: Teaching situationbased emotions to children with autistic spectrum disorder. *Journal of Autism and Developmental Disorders, 41,* 1423–1428.

McHugh, L., & Stewart, I. (Eds). (2012). *The self and perspective taking: Contributions and applications from modern behavioral science.* Oakland, CA: New Harbinger.

Michael, J. (2007). Motivating operations. In J. O. Cooper, T. E. Heron, & W. L. Heward (Eds.), *Applied behavior analysis.* 2nd ed. Upper Saddle River, NJ: Prentice Hall.

Miller, J., Fletcher, K., & Kabat-Zinn, J. (1995). Three-year follow-up and clinical implications of a mindfulness-based stress reduction intervention in the treatment of anxiety disorders. *General Hospital Psychiatry, 17,* 192–200.

Monestès, J. L. (2016). A functional place for language in evolution: The contribution of contextual behavioral science to the study of human evolution. In R. D. Zettle, S. C. Hayes, D. Barnes-Holmes, & A. Biglan (Eds.), *The Wiley handbook of contextual behavioral science* (pp. 100–114). Chichester, West Sussex, England: Wiley-Blackwell.

Monestès, J. L., Villatte, M., Stewart, I., & Loas, G. (2014). Rule-based insensitivity and delusion maintenance in schizophrenia. *Psychological Record, 64,* 329–338.

Montoya-Rodríguez, M. M., McHugh, L., & Molina, F. J. (2017). Teaching perspective-taking skills to an adult with Down syndrome: A case study. *Journal of Contextual Behavioral Science, 6,* 293–297.

Montoya-Rodríguez, M. M., Molina, F. J., & McHugh, L. (2017). A review of relational frame theory research into deictic relational responding. *Psychological Record, 67,* 569–579.

O'Connor, M., Farrell, L., Munnelly, A., & McHugh, L. (2017). Citation analysis of relational frame theory: 2009–2016. *Journal of Contextual Behavioral Science, 6,* 152–158.

O'Neill, J. (2012). *Training deictic relational responding in people with schizophrenia.* (Doctoral dissertation). University of South Florida. Retrieved from http://scholarcommons.usf.edu/etd/4188.

O'Neill, J., & Weil, T. M. (2014). Training deictic relational responding in people diagnosed with schizophrenia. *Psychological Record, 64,* 301–310.

Page S., & Neuringer, A. (1985). Variability is an operant. *Journal of Experimental Psychology: Animal Behavior Processes, 11,* 429–452.

Pepper, S. C. (1942). *World hypotheses: A study in evidence.* Berkeley: University of California Press.

Pliskoff, S., & Goldiamond, I. (1966). Some discriminative properties of fixed ratio performance in the pigeon. *Journal of the Experimental Analysis of Behavior, 9,* 1–9.

Pryor, K., Haag, R., & O'Reilly, J. (1969). The creative porpoise: Training for novel behavior. *Journal of the Experimental Analysis of Behavior, 12,* 653–661.

Rehfeldt, R.A., & Barnes-Holmes, Y. (Eds.) (2009). *Derived relational responding: Applications for learners with autism and other developmental disabilities: A progressive guide to change.* Oakland, CA: New Harbinger.

Rehfeldt, R. A., Dillen, J. E., Ziomek, M. M., & Kowalchuk, R. K. (2007). Assessing relational learning deficits in perspective-taking in children with high-functioning autism spectrum disorder. *Psychological Record, 57,* 23–47.

Rogers, C. (1961). *On becoming a person: A therapist's view of psychotherapy.* London: Constable.

Shimoff, E., Catania, C., & Matthews, B. A. (1981). Uninstructed human responding: Sensitivity of low-rate performance to schedule contingencies. *Journal of the Experimental Analysis of Behavior, 36,* 207–220.

Skinner, B. F. (1945). The operational analysis of psychological terms. *Psychological Review, 52,* 270–277.

Skinner, B. F. (1974). *About behaviorism.* London: Penguin.

Stewart, I. (2016). The fruits of a functional approach for psychological science. *International Journal of Psychology, 51,* 15–27.

Stewart, I., & Barnes-Holmes, D. (2004) Relational frame theory and analogical reasoning: Empirical investigations. *International Journal of Psychology and Psychological Therapy, 4,* 241–262.

Stewart, I., Hooper, N., Walsh, P., O'Keefe, R., Joyce, R., & McHugh, L. (2015). Transformation of thought suppression functions via same and opposite relations. *Psychological Record, 65,* 375–399.

Styles, R. G., & Atkins, P. W. B. (2018). *The Functional Self-Discrimination Measure & Interview: A measure of verbal behaviour that predicts wellbeing.* Leanpub, https://leanpub.com/FSDM_I.

Teper, R., Segal, Z., & Inzlicht, M. (2013). Inside the mindful mind: How mindfulness enhances emotion regulation through improvements in executive control. *Current Directions in Psychological Science, 22,* 449–454.

Törneke, N. (2010). *Learning RFT: An introduction to relational frame theory and its clinical applications.* Oakland, CA: New Harbinger.

Vilardaga, R. (2009). A relational frame theory account of empathy. *International Journal of Behavioral Consultation and Therapy, 5,* 178–184.

Vilardaga, R., Estévez, A., Levin, M. E., & Hayes, S. C. (2012). Deictic relational responding, empathy, and experiential avoidance as predictors of social anhedonia: Further contributions from relational frame theory. *Psychological Record, 62,* 409–432.

Vilardaga, R., & Hayes, S. C. (2011). A contextual behavioral approach to pathological altruism. In B. Oakley, A. Knafo, G. Madhavan, & D. S. Wilson (Eds.), *Pathological altruism* (pp. 31–48). New York: Oxford University Press.

Vilardaga, R., Waltz, T., Levin, M., Hayes, S. C., Stromberg, C., & Amador, K. (2009, July). Deictic relational framing and connectedness among college students: A small analog study. Presentation at the Third World Conference on ACT, RFT, and Contextual Behavioral Science, Enschede, The Netherlands.

Villatte, M. (2016, November). *A manifesto for clinical RFT.* Keynote address at the 10th conference of the Association of Contextual Behavioral Science, Australia and New Zealand chapter (ANZ ACBS), Melbourne.

Villatte, M., Monestès, J. L., McHugh, L., Freiza i Baqué, E., & Loas, G. (2008). Assessing deictic relational responding in social anhedonia: A functional approach to the development of theory of mind impairments. *International Journal of Behavioral Consultation and Therapy, 4,* 360–373.

Villatte, M., Villatte, J., & Hayes, S. C. (2016). *Mastering the clinical conversation: Language as intervention.* New York: Guilford Press.

Wegner, D. M. (1994). Ironic processes of mental control. *Psychological Review, 101,* 34–52.

Weil, T., Hayes, S., & Capurro, P. (2011). Establishing a deictic relational repertoire in young children. *Psychological Record, 61,* 371–390.

Weiner, H. (1970). Human behavioral persistence. *Psychological Record, 20,* 445–456.

Wilber, K. (1997). An integral theory of consciousness. *Journal of Consciousness Studies, 4,* 71–92.

Wilson, D. S., Hayes, S. C., Biglan, A., & Embry, D. D. (2014). Evolving the future: Toward a science of intentional change. *Behavioral and Brain Sciences, 37,* 395–416.

Wilson, K. G., & Blackledge, J. T. (2000). Recent developments in the behavioral analysis of language: Making sense of clinical phenomena. In M. Dougher (Ed.), *Clinical behavior analysis* (pp. 27–46). Reno, NV: Context Press.

Wulfert, E., Greenway, D. E., Farkas, P., Hayes, S. C., & Dougher, M. J. (1994). Correlation between self-reported rigidity and rule-governed insensitivity to operant contingencies. *Journal of Applied Behavior Analysis, 27*, 659–671.

Yu, L., McCracken, L. M., & Norton, S. (2016). The Self Experiences Questionnaire (SEQ): Preliminary analyses for a measure of self in people with chronic pain. *Journal of Contextual Behavioral Science, 5*, 127–133.

Zettle, R. D. (2007). *ACT for depression: A clinician's guide to using acceptance and commitment therapy in treating depression.* Oakland, CA: New Harbinger.

Zettle, R. D., & Hayes, S. C. (1982). Rule-governed behavior: A potential theoretical framework for cognitive behavior therapy. In P. C. Kendall (Ed.), *Advances in cognitive behavioral research and therapy* (pp. 73–118). New York: Academic Press.

Zettle, R. D., Hayes, S., C., Barnes-Holmes, D., & Biglan, A. (Eds.). (2016). *The Wiley handbook of contextual behavioral science.* Chichester, West Sussex, England: Wiley-Blackwell.

색인

ㄱ

가치values :
　과정으로서의 자기self-as-process and • 105-106
　내용으로서의 자기self-as-content and • 101-103
　동기적 증진motivative augmenting and • 49-50
　명료성 부족lack of clarity about • 2, 187
　유연한 나"I as flexible" process and • 134-135, 154-158, 174-175

감각 경험sensory experiences :
　변별하기self-discrimination of • 85-87
　접촉 유도 연습exercise for promoting contact with • 87-89

감별 진단differential diagnosis • 163

감정(정서)emotions :
　정서적 대화 부재absence of talk about • 80-81
　맥락으로서의 자기self-as-context and • 109
　변별과 명명discriminating and labeling • 86, 87-89
　의도된 왜곡deliberate distortion of • 81-83
　접촉 연습exercise for promoting contact with • 87-89
　지칭 언어 행동 훈련teaching the tacting of • 85-89

회피avoidance of unwanted • 83-84

감정표현불능증alexithymia • 80

강화reinforcement • 8, 18, 20-22, 23-24, 59

강화 스케줄reinforcement schedules • 59

강화제reinforcers • 20-21

강화제 표본 제공reinforcer sampling • 49-50

개념화된 자기conceptualized self • 98-103, 109-110, 132

개인석 경직성rigidity, personal • xi, 2, 187

건강한 자기화healthy selfing • xii, 127-158 :
　과정으로서의 자기self-as-process in • 129-133
　관점으로서의 나"I as perspective" process in • 134, 135, 140-145
　그릇으로서의 나"I as container" process in • 134, 135, 145-154
　다양한 나"I as various" process in • 134, 135, 136-140
　맥락으로서의 자기self-as-context in • 133
　유연한 나"I as flexible" process in • 134, 135, 154-158

치료에서 촉진하기fostering in clients • 134-158

결과consequences • 8, 12-13, 15, 18, 20-22

색인 • 203

경직성inflexibility • 101, 102, 132

경험 다양성ariability of experience, experiential variation • 133:
- 과정으로서의 자기self-as-process and • 132, 133
- 다양한 나"I as various" process and • 134-135, 136-140, 174-175

경험으로부터 얻어지는 자기experiential self • 110

경험적 자기empirical self • 109-110

경험적으로 유도된 내담자 보고 experientially evoked client reports • 167, 177, 181, 185

계층 관계hierarchical relations • 33, 146, 150, 152-153

계층 구성hierarchical framing • 108, 146, 150, 153

고전적 조건화classical conditioning • 20

고차원 조작자higher-order operants • 25

공간 차원spatial dimension • 70

공감empathy • 89

공동 주시joint attention • 34, 91

공허감emptiness, sense of • 2, 187

과도하게 주의를 기울임hyperattentiveness • 2, 187

과정으로서의 자기self-as-process • 98, 103-106, 129-133 :
- 경험 다양성variability of experience and • 132, 133
- 기능 평가functional assessment of • 167-169
- 내용으로서의 자기self-as-content vs. • 110, 130, 132
- 유연성 증진flexibility enabled through • 101
- 종교적 및 치료적 전통traditions emphasizing • 110

과학적 세계관scientific worldviews • 9-10, 13-14

관계 구성relational frames • 29, 32-33

관계 구성하기relational framing • 29-54 :
- 규칙 추종rule following and • 45-50
- 긍정적 내용으로서의 자기 예시positive self content example of • 179-184
- 기능의 변형transformation of functions and • 36-38
- 기원developmental origins of • 33-35
- 다차원 다수준 구성체계MDML framework and • 50-54
- 맥락으로서의 자기self-as-context and • 108
- 부정적 내용으로서의 자기 예시negative self content example of • 176-179
- 상호적 함의mutual entailment and • 35
- 생성성generativity and • 41-42
- 설명explanation of • 29-33
- 속성properties of • 35-38
- 언어의 핵심 특징key features of language and • 39-50
- 영향력 평가impact assessment of • 160-161
- 일관성coherence and • 43-45
- 자기화 과정selfing processes and • 62-63
- 조합적 함의combinatorial entailment and • 35-36
- 직시적deictic • 71-72, 74-77, 89-90
- 참조reference and • 39-41

관계 반응relational responding :
- 비임의적nonarbitrary • 29, 30-32
- 일반화된generalized • 26
- 임의 적용적arbitrarily applicable • 29-32
- 직시적deictic • 89-95

관계 종류relation types • 32-33

관계구성이론relational frame theory (RFT) : 2, 9, 27-54, 189-190
- 가치 개념화values conceptualized in • 102-103
- 규칙에 대한 기능분석functional analysis of rules in • 47-48
- 기본 개념basic concepts of • 29-38
- 다차원 다수준 구성체계 적용MDML framework used in • 50-54

맥락으로서의 자기화selfing-as-context in •
129-130

언어의 주요 특징key features of language and
• 39-50

관계구성이론 관점 취하기 프로토콜RFT
Perspective Taking Protocol (RFT PT) •
164, 165, 185-186

관계망relational network • 42, 48, 49, 50,
52-53, 61, 98

관점 취하기perspective taking • 70, 74-75,
89-90, 95 :

    결여 징후(관점의 결여)sign indicating lack of •
2, 187

    관점으로서의 나"I as perspective" process and
• 134, 140-145, 174

    기능 평가functional assessment of • 169-170

    맥락으로서의 자기self-as-context and • 107,
108, 111, 133

    발달 지연developmental delay in • 184-186

관점으로서의 나 과정"I as perspective"
process • 134, 140-145, 174

관찰자 관점observer perspective • 129,
135, 140-141

"관찰자 당신" 연습"observer you" exercise
• 154

관찰하는 자기observing self • 106-109,
150, 154, 174

교육/훈련teaching/training :

    내적 경험에 대한 지칭 언어행동tacting of
internal experiences • 84-89

    직시적 관계 반응deictic relational
responding • 91-95

교정 피드백corrective feedback • 84

구성framing, 관계 구성 참조See also
relational framing :

    계층 구성 • 107-108, 146, 150

    은유적 구성 • 107-108

군(class, 群) 기반 개념class-based
concepts • 23-26

권위주의적 양육자authoritarian caregivers
• 77, 79

규칙rules :

    부정확한inaccurate • xi, 122-123

    자기 주도적self-directed • 105, 172-173

    정의definition of • 45-46

    정형화된stereotypical • 119-110

규칙 추종rule following • 45-50 :

    기능 분석functional analysis of • 47-48

    기능적 범주functional categories of • 48-50

    어두운 면dark side of • 46-47

    응종 대 선례 따르기pliance- vs. tracking-type • 49

    자기 내용self content and • 119-121

    장점advantages of • 46

규칙-기반 수반성 둔감rule-based
insensitivity • 46-47

규칙-지배 행동rule-governed behavior •
47, 48-50, 78

"그건 제가 ……하게 느끼게 해요" 연습"that
makes me feel" exercise • 139-140

그릇으로서의 나 과정"I as container"
process • 134, 135, 145-154

근본 귀인 오류fundamental attribution
error • 90, 95

근원 은유root metaphor • 10-11, 14

글자대로의 해석literality • 117-119

글자대로의 해석 맥락contexts of literality •
117

급진적 행동주의radical behaviorism :

    기능적 맥락주의functional contextualism
and • 15-18

    행동 분석behavior analysis and • 15, 17-18

긍정심리학positive psychology • 3, 94

긍정적인 자기 내용positive self content •
117, 179-184

기계론적 세계관mechanistic worldview •
10, 11, 12

기능function • 8

기능 분석functional analysis • 25

기능 평가functional assessment, 평가 참조 See also assessment :
    인간 행동of human behavior • 159-162
    자기화 문제of selfing issues • 162-187

기능군 개념functional class concepts • 23-26

기능의 변형transformation of functions • 36-38, 41, 42, 47, 117, 118

기능적 맥락주의functional contextualism • 9, 12-14 :
    공유하는 목표shared goals of • 12-13
    급진적 행동주의radical behaviorism and • 15-18
    기능에 대한 강조emphasis on function in • 25
    조작적 학습operant concept in • 18-19
    지지 기준criteria supporting • 13

기능적 자기변별 측정 인터뷰Functional Self-Discrimination Measure and Interview (FSDM-FSDI) • 164, 166

기술적 맥락주의descriptive contextualism • 13

깊이 기준depth criterion • 13

끈끈한 내용sticky content • 132

ㄴ

나-너 직시적 구성I-you deictic frame • 74, 75, 89, 91, 92, 93

나-여기-지금 관점I-here-now perspective • 106

내담자 자기 보고client self-reports • 167, 176, 180, 185

내담자-치료자 상호 작용client-therapist interaction • 167, 177, 181, 185

내용으로서의 자기self-as-content • 98-103, 113 :
    과정으로서의 자기self-as-process vs. • 110, 130, 132
    관련 문제 평가assessing for issues related to • 170-172

    심리학적 접근psychological approaches and • 109-110

내적 경험으로부터 위협을 느낌internal experiences, feeling of threat from • 2, 187

내현 행동covert activity • 16, 57

ㄷ

다양한 나 과정"I as various" process • 134, 135, 136-140

다운증후군Down syndrome • 90

다중 표본 훈련multiple-exemplar training • 90

다차원 다수준 구성체계multidimensional multilevel (MDML) framework • 51 :
    과정으로서의 자기self-as-process and • 104
    내용으로서의 자기self-as-content and • 100-101
    맥락으로서의 자기self-as-context and • 108-109

단방향 조건화unidirectional conditioning • 39

단순 관계 반응simple relational response • 91, 92

단순화된 명칭simplistic labels • 123-124

대등(동일성) 관계coordination relations • 32, 34, 47, 147

대인 관계 차원interpersonal dimension • 70

도피 반응escape response • 22

동기 조작motivating operation • 8, 23

동기적 증진motivative augmenting • 49-50

ㅁ

마음챙김 명상mindfulness meditation • 110-111

만약-한다면 조건 구성if-then frame • 66

맥락context • 8 :
    맥락 내 사건events in • 11
    맥락의 영향력 알아차리기noticing impact of • 154-156

맥락 영향 하 행동behavior affected by • 159-160
맥락 내 일관성coherence in • 115, 116
언어적 맥락linguistic • 117
맥락 내 사건event-in-context • 11
맥락 내 행위act-in-context • 11, 14, 19
맥락 단서contextual cues • 30, 31, 32, 33, 38
맥락 조절contextual control • 38
맥락으로서의 자기self-as-context • 98, 103-106 :
관점 취하기perspective taking and • 107, 108, 109, 110-111, 133, 134-135
자기에 대한 계층적 감각hierarchical self sense and • 129, 146-147, 150, 152
함양을 위한 중재interventions for cultivating • 150, 154
맥락으로서의 자기 척도Self-as-Context Scale (SACS) • 164, 165
맥락주의contextualism, 기능적 맥락주의 참조 See also functional contextualism • 11-12, 13-14, 17-18, 19
맥락행동과학contextual behavioral science (CBS) • 2 :
기능적 맥락주의functional contextualism and • 13-14, 189
심리학 분야에서의 적용(맥락행동심리학) psychological application of • 14-26
자기에 대한 접근approach to the self • 2-4, 7, 55
자기화 개념selfing concept in • 128-129
행동 분석behavior analysis and • 17-18, 189
맥락행동심리학contextual behavioral psychology • 9, 14-26 :
급진적 행동주의radical behaviorism and • 15-18
행동 분석behavior analysis and • 15, 18-26
메타 인지metacognition • 110
모방imitation • 26
무조건 자극unconditioned stimulus • 20

문제 해결problem solving • 43

반대 관계opposition relations • 32
반응 빈도response frequency • 22
반응 유도response induction • 24
반응 차별화response differentiation • 24
반응적 학습/조건화respondent learning/conditioning • 9, 20-22
반향 반응echoic responding • 34
방법론적 행동주의methodological behaviorism • 16
범위 기준scope criterion • 13
변별discrimination • 24
자기변별 참조See also self-discrimination :
사적 경험of private experiences • 73
진행 중인 경험of ongoing experiences • 167-169, 177-178, 181-182, 185
변별 자극discriminative stimulus • 8, 22-23
변수variables :
맥락contextual • 154
조작manipulable • 3, 12, 13, 16
환경environmental • 12-13
변증법적 행동치료dialectical behavior therapy (DBT) • 94
병적 이타주의pathological altruism • 90
복잡성complexity • 51 :
과정으로서의 자기self-as-process and • 104
내용으로서의 자기self-as-content and • 100
맥락으로서의 자기self-as-context and • 108
부적 강화negative reinforcement • 22
부적절한 이상inappropriate ideals • 122
부정적 자기 내용negative self content • 101-102, 118-119, 132, 176-179
부정확한 규칙inaccurate rules • xi, 122-123
분류적 진단categorical diagnosis • 163

분석 재귀성analytic reflexivity • 16

불일치 개념incongruence • 110

비교 관계comparison relations • 32, 34-35, 36, 38

비언어적 자기 인식nonverbal self-awareness • 67, 107

비연속-시행 형식discrete-trial formats • 91

비일관성incoherence • 98, 101

비임의적 관계 반응nonarbitrary relational responding • 29, 30-31

사고(인지)thoughts :
    기반으로서의 언어language as basis of • 28
    융합fusion with • 101-102, 118-119

사적 경험 명명하기labeling private experiences, 내적 경험에 대한 지칭 언어행동 참조See also tacting internal experiences • 72-74
    교육/훈련시키기teaching to individuals • 84-89
    변별과 통합integrating discrimination with • 86, 87-89
    사적 경험에 대한 잘못된 명명mislabeling private experiences • 73

사적 행동(활동)private behavior • 16, 58, 162

사회 불안증social anxiety • 85-86

사회 언어적 공동체 관련 문제socioverbal community issues • 121-125 :
    단순화된 명칭simplistic labels • 123-124
    배정된 역할assigned roles • 124-125
    부적절한 이상inappropriate ideals • 122
    부정확한 규칙inaccurate rules • 122-123

사회적 무쾌감증social anhedonia • 90

사회적 판단social judgments • 94-95

상관 분석correlational analysis • 14

상징적 언어symbolic language • 28

상호적 함의mutual entailment • 35, 36, 51

상황에 따른 감정situation-based emotions • 84

생성성generativity • 41-42

서사적 자기narrative self • 110

선례 따르기tracking • 49, 78

선행 사건antecedents • 8, 12, 15, 18, 22

세계관worldviews • 9 :
    근원 은유root metaphor of • 10, 11, 14
    기계론mechanistic • 10, 12
    기능적 맥락주의자functional contextualist • 12-14
    맥락주의자contextualist • 11
    진리 기준truth criterion of • 10, 11, 14

소거extinction • 8, 21, 68

수용전념치료acceptance and commitment therapy(ACT) • 94, 102, 146

시간 관계temporality relations • 33, 47

시간 차원temporal dimension • 70

시공간 구성spatiotemporal frames • 74

신경과학적 근거neuroscientific evidence • 110

신경인지 접근neurocognitive approach • 3

신체 이미지 문제body image issues • 85, 86

실용주의pragmatism • 11

실행 기능executive functioning • 110

심리적 고통suffering :
    언어적 자기 이해verbal self-knowledge and • 66
    인간 언어human language related to • 28

스키너(B. F. 스키너)Skinner, B. F. • 14-17, 56, 57-58, 59-60

아동방임, 또는 학대child neglect/abuse • 106

아스퍼거 증후군Asperger's syndrome • 76

알아차리는 자기knowing self • 103-106, 110

암묵적 관계 평가 절차Implicit Relational Assessment Procedure • 52

양방향 관계bidirectional relating • 33-34, 39-40, 40-41

언어language :
  규칙 추종rule following and • 119-121
  글자대로의 해석literality and • 117-119
  양방향 관계bidirectional relating and • 33-34
  유연성flexibility in use of • 118
  인간 언어의 중요성importance of human • 28
  일관성coherence and • 114-117
  자기 내용self content and • 114-121
  주요 특징key features of • 39-50

언어 폭발language explosion • 42

언어적 변별verbal discrimination • 167-169

언어적 소거verbal extinction • 68

언어적 자기verbal self • 60-62, 107

언어적 자기 이해verbal self-knowledge • 65-67

여기-거기 직시적 구성here-there deictic frame • 74, 75, 89, 91, 92, 93

역전 관계 반응reversed relational response • 91, 92

역할 할당role assignments • xi, 124-125

연결성 부족connectedness, lack of • 2, 187

예측prediction • 12, 13, 14

예측 검증predictive verification • 10, 11

"왓 아이 비" 프로젝트What I Be Project1 • 23-124

외현 행동overt activity • 16, 57

우울증depression • 163

유기체론organicism • 11

유도 소거derived extinction • 68

유도성derivation • 51 :
  과정으로서의 자기self-as-process and • 103-104
  내용으로서의 자기self-as-content and • 100

맥락으로서의 자기self-as-context and • 108

유연성flexibility :
  건강한 자기화healthy selfing and • 129-158
  과정으로서의 자기self-as-process and • 104, 132-133
  관계 구성하기relational framing and • 52, 54
  내용으로서의 자기self-as-content and • 101, 102
  맥락으로서의 자기self-as-context and • 108-109
  언어 사용language use and • 118

유연한 나 과정"I as flexible" process • 134, 135, 154-158

유인적 자극appetitive stimulus • 8, 22

유추 관계analogy relations • 33

은유적 구성metaphorical framing • 107-108

은유적 확장metaphorical extension • 61

응종pliance :
  규칙 추종rule following and • 48, 78-79
  문제적 우세problematic dominance of • 77-80
  정의definition of • 48-49, 78

의도된 왜곡distortion, deliberate • 81-83

의도적 회피deliberate avoidance • 132

의미 부여sense making • 43

의식consciousness • xi, 58

이상화된 역할idealized roles • 124-125

이중 역전 관계 반응double reversed relational response • 91, 92

이차 강화제secondary reinforcers • 20, 21

이차 처벌제secondary punishers • 21

인본주의 심리학humanistic psychology • 110, 111

인본주의 전통humanist tradition • 3

"인정받지 못한 자기" 연습"invalidated self" exercise • 144-145

인지 발달 접근cognitive developmental approach • 3

인지 심리학cognitive psychology • 10, 62, 94, 110

인지 융합cognitive fusion • 102, 111, 118, 171

인지-행동 설명cognition-behavior explanation • 16

인지행동치료cognitive behavioral therapy (CBT) • 3

일관성coherence • 43-45, 51-52 :
    과정으로서의 자기self-as-process and • 104
    글자대로의 해석literality related to • 118-119
    내용으로서의 자기self-as-content and • 100-101, 114-117, 131
    맥락으로서의 자기self-as-context and • 108, 146
    어두운 면dark side of • 44-45, 114-117
    자기 관련 문제self-related issues with • 178, 182, 186
    장점advantages of43-44

일반화generalization • 8, 24

일반화된 관계 반응generalized relational responding • 26

일반화된 조건적 변별 학습generalized conditional discrimination learning • 33

일반화된 조작자generalized operants • 25-26

일차 강화제primary reinforcers • 20, 21

일차 처벌제primary punishers • 21

임의 적용적 관계 반응arbitrarily applicable relational responding, 관계 구성하기 참조 *See also* relational framing • 29

임의 적용적 동일성arbitrarily applicable sameness • 30

자극 동등성stimulus equivalence • 63

자기self :
    개념화된conceptualized • 98-103, 109-110

계층적 감각hierarchical sense of • 145-147, 150, 152-153

관계구성이론relational frame theory and • 55-68

관련된 흔한 문제common issues related to • 2

관찰하는observing • 106-109, 150, 154, 174

낯선 접근 방식unusual approach to • 58-59

맥락적 감각contextual sense of • 134, 173-175, 178-179, 182, 186

비인간 모델nonhuman model of • 59-60

알아차리는knowing • 103-106, 110

언어적verbal • 60-62, 107

조작적 개념화operant conceptualization of • 56-57

초월적transcendent • 107

자기 개념self-conceptx • xi, 98, 100-101, 110

자기 경험 질문지Self Experiences Questionnaire (SEQ) • 164, 166

자기 경험 척도Experience of Self Scale (EOSS) • 164, 166

자기 내용self content • 113-125 :
    가치values as type of • 102-103
    개선 확인monitoring improvements with • 172-173
    건강한 자기화healthy selfing and • 130-132
    경직된 관계 구성inflexible relational framing of • 176-184
    규칙 추종rule following and • 119-121
    글자대로의 해석literality and • 117-119
    끈끈한 내용sticky content as • 132
    단순화된 명칭simplistic labels and • 123-124
    문제 평가assessing for issues with • 170-172
    부적절한 이상inappropriate ideals and • 122
    부정확한 규칙inaccurate rules and • 122-123
    사회 언어적 공동체 문제socioverbal community issues and • 121-125
    역할 할당role assignments and • 124-125
    유연성flexibility and • 101-102
    일관성coherence and • 114-117, 132

자기 보고self-reports • 167, 176, 180, 185

자기 서술self-descriptions • x-xi, 66, 68, 111

자기 도식schemas, self • 110

자기 옳음self-righteousness • 2, 187

자기 이해self-knowledge • 57, 66, 107

자기 인식self-awareness • xi, 58, 59, 60, 66-67, 68

자기 조절self-regulation • 66-67

자기 주도적 규칙self-directed rules • 105, 172-173

자기 참조self-reference • 110

자기 초월self-transcendence • 111

자기 판단self-judgments • 2, 187

자기 효능감과 과업 수행task self-efficacy • 16

자기변별self-discrimination :

    과정으로서의 자기self-as-process and • 167-169

    맥락으로서의 자기self-as-context and • 107

    명명 기술과 통합labeling integrated with • 86, 87-89

    언어적 대 비언어적verbal vs. nonverbal • 65-68

    훈련training others in • 57-58, 85-89

자기실현self-actualization • 111

자기애적 성격 장애narcissistic personality disorder • 163

자기에 대한 계층적 감각hierarchical sense of self • 146-147, 150, 153, 174

자기에 대한 맥락적 감각(맥락적 자기감)contextual sense of self • 134, 145, 173-175, 178-179, 182, 186

자기화selfing :

    건강한/유연한healthy or flexible • xii, 127-158

    관계 구성relational framing and • 62-63

    기반 기술skills foundational to • 71-72

자기화 레퍼토리selfing repertoires • 69-95, 97-112 :

    과정으로서의 자기self-as-process • 101, 103-106

    내용으로서의 자기self-as-content • 98-103

    내적 경험(사적 사건)에 대한 지칭 언어 행동tacting of internal experiences • 72-74, 77-84

    대안적 접근alternative approaches to • 109-112

    맥락으로서의 자기self-as-context • 106-109

    적정 획득 환경optimal environment for acquiring • 70-72

    직시적 관계 구성deictic relational responding • 89-95

    획득 과정processes involved in acquiring • 69-70

자기화 문제selfing problems • 159-187 :

    4가지 관찰 영역four areas to examine for • 162

    작업 필요 징후signs that work is needed on • 168

    평가assessment of • 162-175, 177-179, 181-182, 185-186

자기화 문제: 세 가지 사례case examples of selfing problems • 175-186 :

    관점 취하기 영역에서의 발달 지연developmental delay in perspective taking • 184-186

    자기에 관해 긍정적으로 경직된 관계 구성inflexible framing of positive self content • 179-184

    자기에 관해 부정적으로 경직된 관계 구성inflexible framing of negative self content • 176-179

자동조종 모드autopilot, operating on • 2, 187

자비중심치료compassion-focused therapy • 94

자신의 반응에 대한 반응responding to one's own responding • 56-60, 63-64

자아 초월 심리학transpersonal psychology • 111

자폐 스펙트럼 장애autistic spectrum disorder (ASD) • 76, 84, 90, 163, 184

절정 경험peak experience • 111

정량적 차이quantitative difference • 60

정밀성 기준precision criterion • 13

정서중심치료emotion-focused therapy • 94

정성적 차이qualitative difference • 60

정신분석psychoanalysis • 3

정신역동적 접근psychodynamic approach • 3, 62

정신주의 설명mentalistic explanation • 16

정적 강화positive reinforcement • 22

정형화된 역할stereotypical roles • 124, 125

조건 반응conditioned response • 20

조건 자극conditioned stimulus • 20

조건화된 강화제conditioned reinforcers • 20

조작 가능한 변수manipulable variables • 3, 12, 13, 16, 19

조작자operant • 9, 15, 18-19, 25-26, 29

조작적 심리학operant psychology • 14, 56

조작적 학습operant learning • 8, 18-26 :
    결과consequences in • 20-22
    군(群) 기반 개념class concepts and • 23-26
    선행 사건antecedents in • 22-23; 조작적 행동 유형으로서의 언어language and • 29
    행동behavior in • 19-20

조합적 함의combinatorial entailment • 35-36, 51

조현병schizophrenia • 90

조형shaping • 9, 24

준(準)임상적 자기애subclinical narcissism • 90

중재, 개념화interventions, conceptualizing • 179, 183-184, 186

증진augmenting • 49

지금-그때 직시적 구성now-then deictic frame • 74, 75, 89, 90, 91, 92

지배적인 조작자overarching operants • 25

지연 만족delayed gratification • 66

지칭 언어 행동tacting internal experiences • 77-89 :
    교육/훈련teaching or training others in • 84-89
    기반이 되는 자기화 기술foundational selfing skills and • 71-72
    부정확한problems related to inaccurate • 77-84
    설명explanation of • 72-74
    언어적으로 발달한 개인verbally advanced individuals and • 85-89

지형학적 측면topography • 11, 25, 26

직시적 관계deictic relations • 33, 47

직시적 관계 과제Deictic Relational Task (DRT) • 164, 165

직시적 관계 구성deictic relational framing • 71-72, 74-77, 89

직시적 관계 반응deictic relational responding • 70, 89-95 :
    복잡성 수준levels of complexity in • 91, 92
    전제 조건 기술prerequisite skills for • 91
    치료적 연습 예시examples of exercises involving • 94
    평가assessment of • 169-170, 178, 182, 185-186
    획득acquisition of • 89-90
    훈련 프로토콜training protocol for • 91-95

진단적 고려 사항diagnostic considerations • 163-164

진리 기준truth criteria • 10, 11, 14

차이 관계distinction relations • 32, 153

참조reference • 39-41

처벌punishment • 8, 18, 21, 22-23

처벌제punishers • 21

체스판 은유chessboard metaphor • 146, 152

체험(경험) 회피experiential avoidance •
41, 106
초월적 자기transcendent self • 107
초월적인 경험transcendental experiences
• 107, 111
충동성impulsivity • 115-116, 117
치료 관계therapeutic relationship • 110

ㅌ

타임-랩스 촬영 은유time-lapse
photography metaphor • 136, 141

ㅍ

파국화catastrophizing • 38
파블로프 조건화Pavlovian conditioning • 20
폐지 조작abolishing operations • 23
표본-짝짓기 과제match-to-sample task •
30-31

ㅎ

학습learning :
　조작적 학습operant • 8, 12, 18-26
　반응적 학습respondent • 9
행동behavior • 8 :
　3항 수반성in three-term contingency • 15, 18, 19
　규칙 지배rule-governed • 47, 48-50
　기능 평가functional assessment of • 159-162
　영향influence over • 12-14
　자기 조절self-regulation of • 66
　지형학적topography of • 11
행동 분석behavior analysis • 18-26 :
　급진적 행동주의radical behaviorism and •
　15, 17
　맥락주의적 해석contextualist interpretation
　of • 18
　조작적 학습operant learning and • 14, 18-26

주요 전문 용어key technical terms in • 8-9
행동주의와의 구별behaviorism distinguished
from • 16
행동 영향behavioral influence • 12-13, 14
행동주의behaviorism :
　급진적 행동주의radical • 15-18
　방법론적 행동주의methodological • 16
　행동 분석behavior analysis • 16
행동주의 심리학behavioral psychology • 10
행동-행동적 설명behavior-behavior
explanation • 16
혐오적 자극aversive stimulus • 8, 22
형성적 증진formative augmenting • 40
형식주의formism • 11
확립 조작establishing operations • 23
환경 변수environmental variables • 12-13,
15
회피avoidance • 22, 83, 106, 132, 161

3차원 리노 자기 관점 목록3-Dimensional
Reno Inventory of Self Perspective
(3D-RISP) • 164, 166
3항 수반성ABC contingency; three-term
contingency • 15, 18, 22, 161